U0438376

恢复、道学、权臣

南宋中期政治研究

李超 著

杭州市社会科学院 编
南宋及南宋都城临安研究系列丛书
专题研究

浙江省哲学社会科学重点研究基地南宋史研究中心项目

国家社科基金青年项目
"南宋中期的权臣政治与道学研究（1194—1207）"（19CZS021）
结项成果

《南宋及南宋都城临安研究系列丛书》
编辑委员会

主　　编　王国平

执行主编　周国如　何忠礼

执行副主编（以姓氏笔画为序）

　　　　　　朱学路　杨　毅　范立舟　周小忠

　　　　　　徐吉军　章　琪　楼大为

编撰办公室工作人员（以姓氏笔画为序）

　　　　　　尹晓宁　李　辉　魏　峰

序　言

徐规

靖康之变,北宋灭亡。建炎元年(1127)五月初一日,宋徽宗第九子、钦宗之弟赵构在应天府(河南商丘)即帝位,重建宋政权。不久,宋高宗在金兵的追击下一路南逃,最终在杭州站稳了脚跟,并将此地称为行在所,成为实际上的南宋都城。

南宋自立国起,到最终为元朝灭亡(1279),国祚长达一百五十三年之久。对于南宋社会,历来评价甚低,以为它国力至弱,君臣腐败,偏安一隅,一无作为。但是近代以来,一些具有远见卓识的史学家却有不同看法,如著名史学大师陈寅恪先生在二十世纪四十年代初指出:

华夏民族之文化,历数千载之演进,造极于赵宋之世。[1]

著名宋史专家邓广铭先生更认为:

宋代是我国封建社会发展的最高阶段,两宋期内的物质文明和精神文明所达到的高度,在中国整个封建社会历史时期之内,可以说是空

---

[1] 陈寅恪:《金明馆丛稿二编》,生活·读书·新知三联书店2001年出版。

前绝后的。①

很显然,对宋代的这种高度评价,无论是陈寅恪还是邓广铭先生,都没有将南宋社会排斥在外。我以为,一些人所以对南宋贬抑至深,在很大程度上是出于对患有"恐金病"的宋高宗和权相秦桧一伙倒行逆施的义愤,同时从南宋对金人和蒙元步步妥协,国土日朘月削,直至灭亡的历史中,似乎也看到了它的懦弱和不振。当然,缺乏对南宋史的深入研究,恐怕也是其中的一个原因。

众所周知,南宋历史悠久,国土虽只及北宋的五分之三,但人口少说也有五千万左右,经济之繁荣,文化之辉煌,人才之众多,政权之稳定,是历史上任何一个偏安政权所不能比拟的。因此,对南宋社会的认识,不仅要看到它的统治集团,更要看到它的广大人民群众;不仅要看到它的军事力量,更要看到它的经济、文化和科学技术等各个方面,看到它的人心之所向。特别是由于南宋的建立,才使汉唐以来的中华文明在这里得到较好的传承和发展,不至于产生大的倒退。对于这一点,人们更加不应该忽视。

北宋灭亡以后,由于在淮河、秦岭以南存在着南宋政权,才出现了北方人口的大量南移,再一次给中国南方带来了充足的劳动力、先进的技术和丰富的生产经验,从而推动了南宋农业、手工业、商业和海外贸易的显著的进步。

与此同时,南宋又是中国古代文化最为光辉灿烂的时期。它具体表现为:

一是理学的形成和儒学各派的互争雄长。

南宋时候,程朱理学最终形成,出现了以朱熹为代表的主流派道学,以胡安国、胡宏、张栻为代表的湖湘学,以谯定、李焘、李石为代表的蜀学,以陆九渊为代表的心学。此外,浙东事功学派也在尖锐复杂的民族矛盾和阶级矛盾的形势下崛起,他们中有以陈傅良、叶适为代表的永嘉学派,以陈亮、唐

---

① 邓广铭:《关于宋史研究的几个问题》,载《社会科学战线》1986年第2期。

仲友为代表的永康学派,以吕祖谦为代表的金华学派。理宗朝以前,各学派之间互争雄长,呈现出一派欣欣向荣的景象。

二是学校教育的大发展,推动了文化的普及。

南宋学校教育分中央官学、地方官学、书院和私塾村校,它们在南宋都获得了较大发展。如南宋嘉泰二年(1202),仅参加中央太学补试的士人就达三万七千余人,约为北宋熙宁初的二百五十倍。[①] 州县学在北宋虽多次获得倡导,但只有到南宋才真正得以普及。两宋共有书院三百九十七所,其中南宋占三百十所,[②]比北宋的三倍还多,著名的白鹿洞、象山、丽泽等书院,都是各派学者讲学的重要场所。为了适应科举的需要,私塾村校更是遍及城乡。学校教育的大发展,有力地推动了南宋文化的普及,不仅应举的读书人较北宋为多,就是一般识字的人,其比例之大也达到了有史以来的高峰。

三是史学的空前繁荣。

通观整个南宋,除了权相秦桧执政时期,总的说来,文禁不密,士大夫熟识政治和本朝故事,对国家和民族有很强的责任感,不少人希望借助于史学研究,总结历史上的经验和教训,以供统治集团作为参考。另一方面,南宋重视文治,读书应举的人比以前任何时候都多,对史书的需要量极大,许多人通过著书立说来宣扬自己的政治主张,许多人将刻书卖书作为谋生的手段。这样就推动了南宋史学的空前繁荣,流传下来的史学著作,尤其是本朝史,大大超过了北宋一代,南宋史家辈出,他们治史态度之严肃,考辨之详赡,一直为后人所称道。四川、两浙东路、江南西路和福建路都是重要的史学中心。四川以李焘、李心传、王称等人为代表。浙东以陈傅良、王应麟、黄震、胡三省等人为代表。江南西路以徐梦莘、洪皓、洪迈、吴曾等人为代表,福建路以郑樵、陈均、熊克、袁枢等人为代表。他们既为后世留下了宝贵的史料,也创立了新的史学体例,史书中反映的爱国思想也对后世史家产生了

[①] 徐松辑:《宋会要辑稿》崇儒一之三九,中华书局1987年影印本。
[②] 参见曹松叶《宋元明清书院概况》,载《中山大学语言历史研究所周刊》第十集,第111—115期,1929年12月至1930年出版。

重大影响。

四是公私藏书十分丰富。

南宋官方十分重视书籍的搜访整理,重建具有国家图书馆性质的秘书省,规模之宏大,藏书之丰富,远远超过以前各个朝代。私家藏书更是随着雕板印刷业的进步和重文精神的倡导而获得了空前发展。两宋时期,藏书数千卷且事迹可考的藏书家达到五百余人,生活于南宋的藏书家有近三百人,①又以浙江为最盛,其中最大的藏书家有郑樵、陆宰、叶梦得、晁公武、陈振孙、尤袤、周密等人,他们藏书的数量多达数万卷至十数万卷,有的甚至可与秘府、三馆等相匹敌。

五是文学、艺术的繁荣。

南宋是中国古代文学、艺术繁荣昌盛的时代。词是两宋最具代表性的文学形式,据唐圭璋先生所辑《全宋词》统计,在所收作家籍贯和时代可考的八百七十三人中,北宋二百二十七人,占百分之二十六;南宋六百四十六人,占百分之七十四,李清照、辛弃疾、陆游、姜夔、刘克庄等都是南宋杰出词家。宋诗的地位虽不及唐代,但南宋诗就其数量和作者来说,却大大超过了北宋。由北方南移的诗人曾几、陈与义;有"中兴四大诗人"之称的陆游、杨万里、范成大、尤袤;有同为永嘉(浙江温州)人的徐照、徐玑、翁卷、赵师秀;有作为江湖派代表的戴复古、刘克庄;有南宋灭亡后作"遗民诗"的代表文天祥、谢翱、方凤、林景熙、汪元量、谢枋得等人。此外,南宋的绘画、书法、雕塑、音乐舞蹈以及戏曲等,都在中国文化史上占有一定的地位。

在日常生活中,南宋的民俗风情,宗教思想,乃至衣、食、住、行等方面,对今天的中国也有着深刻影响。

南宋亦是我国古代科学技术发展史上最为辉煌的时期,正如英国学者李约瑟所说:"对于科技史家来说,唐代不如宋代那样有意义,这两个朝代的气氛是不同的。唐代是人文主义的,而宋代较着重科学技术方面……每当

---

① 参见《中国藏书通史》第五编第三章《宋代士大夫的私家藏书》,宁波出版社2001年出版。

人们在中国的文献中查找一种具体的科技史料时,往往会发现它的焦点在宋代,不管在应用科学方面或纯粹科学方面都是如此。"①此话当然一点不假,不过如果将南宋与北宋相比较,李约瑟上面所说的话,恐怕用在南宋会更加恰当一些。

首先,中国四大发明中的三大发明,即指南针、火药和印刷术而言,在南宋都获得了比北宋更大的进步和更广泛的应用。别的暂且不说,仅就将指南针应用于航海上,并制成为罗盘针使用这一点来看,它就为中国由陆上国家向海洋国家的转变创造了技术上的条件,意义十分巨大。再如,对人类文明有重大贡献的活字印刷术虽然发明于北宋,但这项技术的成熟与正式运用却是在南宋。其次,在农业、数学、医药、纺织、制瓷、造船、冶金、造纸、酿酒、地学、水利、天文历法、军器制造等方面的技术水平都比过去有很大进步。可以这样说:在西方自然科学东传之前,南宋的科学技术在很大程度上代表了中国封建社会科学技术的最高水平。

南宋军事力量虽然弱小,但军民的斗争意志却异常强大。公元1234年,金朝为宋蒙联军灭亡以后,宋蒙战争随即展开。蒙古铁骑是当时世界上最为强大的军队,它通过短短的二十余年时间,就灭亡了西夏和金,在此前后又发动三次大规模的西征,横扫了中亚、西亚和俄罗斯等大片土地,前锋一直打到中欧的多瑙河流域。但面对如此劲敌,南宋竟顽强地抵抗了四十五年之久,这不能不说是世界战争史上的一个奇迹。从中涌现出了大量可歌可泣的英雄人物,反映了南宋军民不畏强暴的大无畏战斗精神,他们与前期的岳飞精神一样,成为中华民族宝贵的精神财富。

古人有言:"以古为镜,可以知兴替。"近人有言:"古为今用,推陈出新。"前者是说,认真研究历史,可为后人提供历史上的经验和教训,以少犯错误;后者是说,应该吸取历史上一切有益的东西,通过去粗取精,改造、发展,以造福人民,总之,认真研究历史,有利于加强精神文明的建设,也有利于将我国建设成为一个和谐的、幸福的社会。我觉得南宋可供我们借鉴反

---

① 《中国科学技术史·导论》中译本,科学出版社、上海古籍出版社1990年出版。

思和保护利用的东西实为不少。

  以前,南宋史研究与北宋史研究相比,显得比较薄弱,但随着杭州市社会科学院主持的 50 卷《南宋史研究丛书》编撰出版工作的基本完成,这一情况发生了一些令人欣喜的改变。但历史研究没有穷尽,关于南宋和南宋都城临安的研究,尚有许多问题值得进一步探讨,也还有一些空白需要填补。近日,欣闻杭州市社会科学院南宋史研究中心拟进一步深化和扩大南宋史研究,同时出版"博士文库",加强对南宋史研究后备人才的培养,对杭州凤凰山皇城遗址综保工程,也正从学术上予以充分配合和参与,此外还正在点校和整理部分南宋史的重要典籍。组织编撰《南宋及南宋都城临安研究系列丛书》,对于开展以上一系列的研究,我认为很有意义。我相信,在汲取编撰《南宋史研究丛书》成功经验的基础上,新的系列丛书一定会进一步推动我国南宋史研究的深入开展,对杭州乃至全国的精神文明建设都有莫大的贡献,故乐为之序。

2010 年 11 月于杭州市道古桥寓所

目　录

序　言 …………………………………………… 徐　规（ 1 ）

绪　论 ………………………………………………………（ 1 ）
　一、选题缘起 ……………………………………………（ 1 ）
　二、研究回顾 ……………………………………………（ 4 ）
　三、章节安排 ……………………………………………（10）

第一章　富国为先：孝宗的恢复路线 ……………………（12）
　第一节　以理财为基础 …………………………………（13）
　第二节　孝宗理财的基本思路 …………………………（19）
　第三节　孝宗理财之成效及弊端 ………………………（28）

第二章　裕民为本：道学士大夫的恢复路线 ……………（36）
　第一节　富国与裕民的对立 ……………………………（37）
　第二节　道学士大夫对裕民路线的支持 ………………（40）
　第三节　陈亮、叶适的恢复立场 ………………………（53）

第三章　孝宗朝反道学问题的实质 ………………………（63）
　第一节　空谈与实用 ……………………………………（64）
　第二节　对道学"清议"的压制 …………………………（68）

第三节　整顿科举及重用非科举出身者……………………（73）
　　第四节　才吏型官员与道学官员的冲突……………………（81）
　　余　论…………………………………………………………（94）

第四章　走向"安静":孝宗朝后期的政治转向……………………（98）
　　第一节　"安静"之政的内涵及其影响………………………（98）
　　第二节　改革的呼声与契机…………………………………（104）
　　第三节　孝宗的革新意愿与淳熙内禅………………………（118）

第五章　绍熙政争与道学影响力的上升…………………………（126）
　　第一节　道学中人的革新期待与实践………………………（126）
　　第二节　周必大与留正的党争………………………………（132）
　　第三节　留正的道学转向及其影响…………………………（136）
　　第四节　政治革新的根本障碍………………………………（152）

第六章　宁宗初年的政治革新与党禁兴起………………………（159）
　　第一节　道学叙事中的反道学之士…………………………（160）
　　第二节　"变更"与"安静"……………………………………（169）
　　第三节　韩侂胄与反道学势力的结合………………………（177）
　　第四节　宁宗、吴后与赵汝愚的矛盾………………………（184）

第七章　韩侂胄的权力危机………………………………………（197）
　　第一节　韩侂胄与反道学势力的分歧………………………（198）
　　第二节　反道学势力的瓦解…………………………………（202）
　　第三节　韩侂胄培植亲信私人的努力………………………（208）
　　第四节　庆元党禁的松弛……………………………………（213）

第八章　通向开禧北伐……………………………………………（217）
　　第一节　韩侂胄决意北伐时间考……………………………（218）
　　第二节　韩侂胄北伐的舆论环境……………………………（223）

第三节　韩侂胄的北伐之路……………………………（229）
　　余　论………………………………………………………（248）

结　语………………………………………………………（252）
参考文献……………………………………………………（259）

绪　论

一、选题缘起

如果为南宋一朝政治划定几个关键词,"恢复""道学""权臣"应该位列其中。

恢复,在南宋时期已经成为一个具有特定指称的词汇,意谓恢复中原,也就是收复为金朝占据的中原地区。① 自靖康之变,宋室南渡,对于新建立的南宋王朝来说,恢复中原就成为历史赋予的使命。恢复在南宋有着近乎天然的政治正确性,至少在原则上很少会有人公然否定恢复诉求的合理性。但南宋君臣留给后世的突出印象,则是"暖风熏得游人醉,直把杭州作汴州"的因循苟且,不思进取。围绕恢复议题的论争贯穿南宋始终,其中不仅包括在对金政策上是和还是战的问题,还包括通过何种途径来实现恢复的问题。对这些问题的理解构成了探讨南宋政治的重要线索。道学是宋代在思想学术领域对后世做出的重要贡献,道学的影响也超越南宋一代而绵延数百年。但后世很长时期对于道学的评价颇为负面,道学常被目为空谈心性道德而不切实用的学问,甚至被冠以"清谈误国"的罪名。权臣频出是南宋一朝突出的政治现象,秦桧、韩侂胄、史弥远、贾似道四人专权的时间累计长达七十年,占据南宋一百五十余年历史的近一半。权臣在南宋和后世的形象同样

---

① 张维玲:《从南宋中期反近习政争看道学型士大夫对"恢复"态度的转变(1163—1207)》,台湾大学硕士学位论文,2009年,第9—10页。

负面,前述四位权臣除史弥远外悉数进入《宋史·奸臣传》中。史弥远虽侥幸逃脱,但指责其为"权奸"的文字亦连篇累牍。权臣专权乱政与道学清谈误国,一起被视作导致南宋不能实现恢复,进而走向衰亡的重要因素。① 对于权臣、道学与恢复问题的具体看法容有争议,但三者对于理解南宋政治的重要性却是不言而喻的。

当然,上述三个主题并非孤立存在,在现实政治中它们很多时候是联系在一起的,相互纠缠,相互影响,共同塑造了南宋政治的面貌。② 本书选择南宋中期作为集中考察时段,通过对该阶段南宋政治演变过程细致深入的梳理,观察三个主题相互之间的关系,以求揭示三者对于南宋政治发展产生的深刻影响。本书所说的南宋中期,起自孝宗初年"隆兴和议"订立,迄于宁宗朝前期韩侂胄发动"开禧北伐",跨越孝宗、光宗、宁宗三朝,大约四十年时间。这是南宋最为漫长的一段和平时期,客观上宋金和平成为主流,但在和平外表下南宋内部却经历了一系列政治、文化、思想学术等方面的变化。相较于此前的高宗时期和此后史弥远专权的宁宗朝后期,这四十年的政治演进呈现出更为密切的内在延续性,构成了一个相对独立的政治单元。③ 前

---

① 何忠礼、徐吉军:《南宋史稿》,杭州:杭州大学出版社,1999年,第471—472、475—476页。
② 方诚峰已指出:"道学、权臣、和战可谓南宋历史的几个关键词,但它们不应被归入各自独立的历史线索之中,而应是紧密地扭结在一起。"见氏著《南宋末年的公田法与道学家》,《中华文史论丛》2023年第1期。
③ 已多有学者将孝宗朝至宁宗朝开禧年间大约四十年视作南宋中期,如寺地遵就将高宗一朝视作南宋初期,"此后自乾道、淳熙以至开禧期间(约四十年)乃是南宋政治史的中期,或南宋最盛期"。([日]寺地遵著,刘静贞、李今芸译:《南宋初期政治史研究》,上海:复旦大学出版社,2016年,第17页)张维玲也将南宋中期定位为从孝宗即位到宁宗朝开禧北伐。(张维玲:《从南宋中期反近习政争看道学型士大夫对"恢复"态度的转变(1163—1207)》,台湾大学硕士学位论文,2009年)黄宽重《孙应时的学宦生涯——道学追随者对南宋中期政局变动的因应》(台北:台大出版中心,2018年)一书标题中的"南宋中期"与孙应时的"学宦生涯"当是大致对应。查孙应时生于绍兴二十四年(1154),卒于开禧二年(1206),其"学宦生涯"即应主要在孝宗至宁宗朝前期,由此可确定黄宽重所说的"南宋中期"亦约略在此一范围。上述各家皆是将孝宗朝至宁宗开禧年间作为一个独立的政治单元予以研究。不过,亦有学者作出了不同划分,如胡斌就较为注重孝宗政治在淳熙八年前后的转向,认为在此前后的孝宗朝政治存在明显差异,而自绍兴二十五年秦桧死后的高宗朝政治与孝宗朝存在着更多内在联系,故将高宗绍兴二十五年至孝宗淳熙八年视作一个相对独立的政治单元。(胡斌:《宋孝宗时代的"自治"与内政整顿(1155—1181)》,北京大学博士学位论文,2021年,第1—2页)

面提到的南宋政治的三个主题在这一时期都有着突出体现。

首先,在经历了高宗、秦桧君臣的力主和议后,南宋终于迎来了一位有志于恢复的君主。孝宗满怀热情地采取了一系列举措推动恢复事业,意图成为"中兴圣主",但终其一生却未能真正意义上迈出恢复步伐。孝宗去世十余年,出身外戚与近习的韩侂胄却举起了北伐旗帜,亦以失败告终。孝宗在位的二十八年向来被视为南宋最为兴盛的时期,享有"乾淳之治"的美誉,加上孝宗对于恢复的热情,如果说南宋有机会实现恢复,孝宗朝似乎是最有可能的时期。然而,孝宗为何始终未能迈出恢复步伐?反倒是被视作权臣的韩侂胄最终举起了北伐旗帜。促使韩侂胄走向恢复的原因何在?又何以失败?如果我们能够解答这些问题,很大程度上就能够洞悉南宋偏安东南的真正原因。

其次,这一时期也是道学欣欣向荣、蓬勃发展的时期,道学史上的标志性人物如朱熹、张栻、陆九渊、吕祖谦、叶适等,纷纷登上历史舞台,他们的思想学说在这一时期发育成熟,他们对政治的影响力也在这一时期集中展现。这种影响大致包括两个层面,一是道学中人亲自投身政治产生的影响,二是作为一种政治思想的道学对现实政治的影响。当然,这两个层面很多时候是结合在一起的。然而,至迟在孝宗朝后期,各种反道学事件开始频繁出现。宁宗初年兴起的庆元党禁,成为南宋一朝反道学运动的高潮,是道学群体与现实政治冲突的最激烈表现。道学的政治关怀何在?他们如何介入现实政治?又产生了怎样的政治回响?这一时期无疑是观察这些问题的最好窗口。同时,朱熹等道学领袖在政治上的作为成为后世道学中人追随与效仿的榜样,他们在这一时期的作为很大程度上决定了道学群体的政治性格,对于我们理解整个道学群体在南宋的政治作为有着重要价值。

第三,孝宗继位后,鉴于秦桧专权的教训而刻意强化皇权,孝宗朝也由此成为南宋皇权较为强势的时期。宰执大臣频繁更换,近习势力活跃,皆被视作其标志。然而,孝宗去世后不久韩侂胄迅速崛起为新一代权臣,加上紧接其后的史弥远专权,构成了一个延续四十年的权臣专政时期。为何会出现这种状况?权臣如何出现?权臣专权如何延续与崩解?权臣的真实面貌究竟如何？这些问题也可以在这一时期的政治演变中寻求解答。

二、研究回顾

长期以来，学界对于南宋中期的恢复论争、道学与政治的关系，以及以韩侂胄为代表的权臣政治等问题，皆已积累了相当的学术成果。本书是笔者在《南宋宁宗朝前期政治研究》一书基础上的进一步研究，两书在关注时段和探讨主题上皆存在部分重合，鉴于以韩侂胄为代表的权臣政治问题的既有研究情况在前书中业已予以较为细致的梳理，[①]故这里将着重就其他两方面进行一些简单回顾。

第一，南宋中期的恢复论争。

南宋中期的恢复论争主要集中在孝宗朝与宁宗朝开禧北伐两个时段。开禧北伐的研究情况笔者在《南宋宁宗朝前期政治研究》中亦有回顾分析，不再赘述，这里着重就孝宗朝的研究现状进行梳理。

孝宗向来被视作南宋诸帝中最有志于恢复者，并因此而备受后世好评，孝宗恢复问题也成为孝宗朝政治研究的焦点。在完颜亮南侵之际即位的孝宗，一度有意趁完颜亮兵败身死的时机北伐中原，却因符离兵败严重受挫，最终不得不与金朝签订隆兴和议。孝宗初年的和战论争、隆兴北伐、隆兴和议由此成为探讨重点。任崇岳指出隆兴和议的签订，是宋金双方经济、军事、政治力量对比下的产物，有其必然性。[②] 这一观点也为一些学者所认同，进而影响了对相关问题的评判，如何忠礼、汪圣铎等人就倾向于认为孝宗初年的宋金双方实力大致均衡，南宋不具备恢复中原的条件，故在张浚与史浩的和战论争中，肯定史浩的主张更符合南宋现实。[③] 崔英超、张其凡指

[①] 李超：《南宋宁宗朝前期政治研究》，上海：上海古籍出版社，2019年，第6—16页。
[②] 任崇岳：《隆兴和议新论》，《中州学刊》1991年第1期。
[③] 何忠礼：《试论南宋孝宗朝初年与金人的和战——兼论对张浚和史浩的评价》，《浙江学刊》1998年第6期；汪圣铎、乔东山：《史浩与宋金和战——以德顺之败和隆兴北伐为中心》，《浙江学刊》2011年第2期。

出,在隆兴和议前后,南宋此前的主战派阵营中分化出了新的主守派,形成了主战、主守、主和三派既斗争又联合的新局面。① 陈希丰则从军事角度探讨了隆兴和议前后南宋边防格局的变化,并深入反思了造成隆兴北伐失败的宋军统兵体制、组织方式等方面的原因。②

随着隆兴和议后宋金和平局面的恢复,南宋的恢复活动转向两个方面:

一是在外交领域与金朝展开了一系列斗争,其中关于"受书仪"的外交斗争最为激烈。隆兴和议中宋金关系由此前的"君臣之国"变为"叔侄之国",政治地位趋于平等,但南宋皇帝起立接受金朝国书的仪式并未得到相应调整,由此引发出宋金外交领域中的"受书仪"之争。赵永春、范有芳梳理了自孝宗至宁宗朝宋金之间围绕"受书仪"展开外交斗争的过程,强调决定宋金地位的关键在于双方国力对比。③ 吴淑敏认为"受书仪"之争作为孝宗朝宋金博弈的主要内容,从侧面反映出南宋朝臣在"恢复"议题上主流意见的变化。④ 此外,胡斌探讨了乾道初年宋金围绕取索"俘虏"和侍旺叛乱余党而展开的外交博弈过程,指出隆兴和议得以长期延续的前提在于宋金两国内部维护和议的力量均占上风。⑤ 许浩然考察了淳熙十四年孝宗借助高宗去世事件与金朝在外交领域展开的政治角力。⑥

二是孝宗将恢复的重点从此前的对外用兵转向内政整顿。董春林指出隆兴和议前后,孝宗朝政治发生了一次明显转向,即孝宗从即位之初锐意恢复的政策路线转向内修以图恢复的长远政治谋略。⑦ 论者围绕孝宗在内政

---

① 崔英超、张其凡:《论"隆兴和议"前后南宋主战派阵营的分化与重构》,《甘肃社会科学》2004年第3期。
② 陈希丰:《辛巳之役与南宋孝宗朝边防格局的形成——以江淮、京湖战区为中心》,北京大学博士学位论文,2016年;陈希丰:《南宋"隆兴北伐"再检讨——侧重宋军组织机制的考察》,《唐宋历史评论》第十二辑,北京:社会科学文献出版社,2023年,第254—268页。
③ 赵永春:《宋金关于"受书礼"的斗争》,《民族研究》1993年第6期;范有芳:《宋孝宗为改变不平等"受书礼"的斗争》,《松辽学刊(社会科学版)》1997年第1期。
④ 吴淑敏:《"隆兴和议"后的宋金"受书仪"之争》,《北京社会科学》2019年第4期。
⑤ 胡斌:《隆兴和议誓书"叛亡"条款与乾道初年宋金外交博弈》,《史学月刊》2022年第6期。
⑥ 许浩然:《从周必大〈思陵录〉看淳熙十四年宋金外交之隐秘》,《殷都学刊》2015年第2期。
⑦ 董春林:《和战分途:南宋初年的政治转向——以孝宗朝政策迁移为线索》,《中南大学学报(社会科学版)》2014年第4期。

治理上采取的各种举措及其效果进行了论述,并进而分析了造成孝宗不能实现恢复的原因。这些研究虽然也认识到孝宗本身存在的局限性,但对其施政总体上还是持肯定态度,将孝宗不能恢复的原因更多归结为其本身之外的因素,如太上皇高宗的抑制、妥协苟安势力的阻挠、国力的不足、金朝无机可乘,等等,①对孝宗自身在恢复上秉持的思想理念甚少措意。这在最近的研究中得到了一些改变。近年针对孝宗朝政治研究的最重要著作当属胡斌的博士论文《宋孝宗时代的"自治"与内政整顿(1155—1181)》,该文将高宗绍兴二十五年至孝宗淳熙八年作为一个独立的政治单元加以考察,认为自秦桧死后高宗更化朝政所形成的新的权力格局、官僚群体,以及整顿内政行动,皆与孝宗朝政治的展开直接相关,构成了孝宗时代的先声。论文的主体意在考察孝宗朝在"自治"旗帜下展开的内政整顿过程。所谓"自治"就是通过内修政事以谋求恢复,但不同的政治势力对"自治"的目标、路径的认识各不相同,由此形成了两种不同的"自治"路线,即以孝宗为代表的"功业自治"论,讲求富国强兵的实际功效,和以道学士大夫为代表的"德化自治"论,将推行仁政、改善国内治理水平作为"自治"重点。两种不同的"自治"理念与实践,又进而牵动孝宗朝君臣权力格局与朝中政治群体的变迁,成为影响孝宗朝政治演进的重要因素。文章在肯定孝宗朝内政整顿功效的同时,将内政整顿未能达到预期目标的原因归结为君主官僚体制。② 该文从孝宗朝的恢复论争中提炼出两种不同的"自治"理念,体现出对孝宗朝政治的深刻理解。

第二,道学与政治的关系。

长期以来,对于宋代道学的研究多集中在哲学史、思想史领域,不同学

---

① 柳立言:《南宋政治初探——高宗阴影下的孝宗》,《"中研院"历史语言研究所集刊》第五十七本,第三分,1986年;王德忠:《宋孝宗"恢复"图治述评》,《东北师大学报(哲学社会科学版)》1991年第1期;张邦炜:《宋孝宗简论》,《天府新论》1991年第3期;方如金:《试评宋孝宗的统治》,《浙江师大学报(社会科学版)》2000年第6期;陈晓莹:《宋孝宗治国政策与成效之评析》,《甘肃社会科学》2001年第3期;朱丹琼、范立舟:《南宋中期政治特性之形成与治国理念之嬗递——以宋孝宗、韩侂胄为例》,《中国矿业大学学报(社会科学版)》2005年第2期;崔英超:《论南宋孝宗朝"无恢复之臣"的原因——从主战派宰相性格谈起》,《历史教学(下半月刊)》2010年第4期。

② 胡斌:《宋孝宗时代的"自治"与内政整顿(1155—1181)》,北京大学博士学位论文,2021年。

者站在不同的角度对宋代道学的形成源流、发展演变、派别构成、哲学思想等方面分别进行了探讨。① 对于道学与南宋现实政治的关系,学界的看法经历了一个显著变化过程。既往不少学者将道学视作心性义理之学,故将关注焦点集中在哲学、思想层面,倾向于认为其是一种较为脱离现实的学问,对当时的政治、社会亦未产生实质性影响。美国学者刘子健就指出,道学中人专注于性命道德的内省之学,对政治较为冷漠,统治者对道学的利用也多是名大于实,这些道学家对于政治的影响十分有限。② 关长龙也认为道学在两宋之际呈现出内倾化趋势。③ 这种看法很大程度上影响了对孝宗与道学关系的认识。

孝宗朝是南宋的兴盛期,同时也是道学迅速发展的时期,朱熹等道学名臣皆活跃于这一时期,但道学之不受孝宗待见亦是不争的事实。孝宗何以对道学心存成见? 论者对此多有阐述,大多认为主要原因在于道学空谈道德性命、正心诚意而不切实用,与孝宗为图恢复而崇尚综核名实、经世致用的政治取向之间,存在着难以调和的矛盾。④ 不过,与刘子健认为道学中人对政治较为冷漠不同,这些论者在强调道学讲求性理不切实用的同时,还是看到了道学介入政治并产生相当影响的一面,如程志华就认为宁宗朝庆元党禁的出现是长期以来道学与反道学之争的结果,是学术对立投射到政治斗争中的产物。⑤ 高纪春也认为孝宗与道学中人在政治主张上的分歧,导

---

① 代表性的著作有谢无量:《中国哲学史》,郑州:河南人民出版社,2016年,该书初版于1915年;吕思勉:《理学纲要》,长沙:岳麓书社,2010年,该书初版于1931年;冯友兰著,赵复三译:《中国哲学简史》,成都:四川人民出版社,2020年,该书初版于1948年;侯外庐、邱汉生、张岂之:《宋明理学史》,北京:人民出版社,1987年;陈来:《宋明理学》,沈阳:辽宁教育出版社,1991年;葛兆光:《中国思想史》,上海:复旦大学出版社,2001年;何俊:《南宋儒学建构》,上海:上海人民出版社,2004年;[日]土田健次郎著,朱刚译:《道学之形成》,上海:上海古籍出版社,2010年,等等。

② [美]刘子健著,赵冬梅译:《中国转向内在——两宋之际的文化转向》,南京:江苏人民出版社,2002年,该书初版于1988年。

③ 关长龙:《两宋道学命运的历史考察》,上海:学林出版社,2001年。

④ 程志华:《学术与政治:南宋"庆元党禁"之研究》,台湾清华大学硕士学位论文,1996年,第50页;高纪春:《道学与南宋中期政治——庆元党禁探源》,河北大学博士学位论文,2001年,第17—18页;范立舟:《理学的产生及其历史命运》,西安:陕西人民出版社,2001年,第266页;邓小南等:《历史学视野中的政治文化》,《读书》2005年10月,第126页。

⑤ 程志华:《学术与政治:南宋"庆元党禁"之研究》,台湾清华大学硕士学位论文,1996年。

致了事功型、才吏型士大夫与道德型、清议型士大夫之间的冲突,构成了庆元党禁的重要渊源。①

推动学界对道学与政治关系予以重新审视的,是余英时《朱熹的历史世界》一书。该书直接针对刘子健"道学转向内在"说提出了挑战,指出南宋的道学家固然特别重视对内圣领域的建设,但最终关怀仍在天下国家。他们对现实政治的关心与介入实际上颇为积极。他认为,自孝宗朝后期开始,朝廷上逐渐分化形成两大政治集团——道学型士大夫集团与官僚集团。前者意在革新朝政,重建秩序,后者则纯粹追逐权力与私利。两大集团的冲突构成了孝宗朝后期至宁宗朝前期政治演进的主线,并在庆元党禁中达到高潮。② 相较于此前论者对道学中人在政治上作为的负面看法,余英时描绘的形象显然更为积极,更为正面。在该书的论述中,道学中人由政治的冷漠旁观者,一变而为甚至能够左右朝局走向的深度参与者。但就对孝宗朝及其以后政治的论述来看,该书还是存在一些较为突出的问题:一是两大政治集团的划分一定程度受到了道学叙事的影响,在抬高道学地位的同时,忽视了其他因素对政治可能产生的影响;二是在强调道学群体政治理念的同时,将站在其对立面的官僚集团完全视作为追逐权力而不具备任何政治理念者,亦可能失之偏颇;③三是余英时更多关注的是道学中人作为一股政治力量对现实政治的影响,虽然书中也提到了道学中人有志于革新政治,重建秩序,但原则上这差不多是两宋道学士大夫的共同理想,具体到某一特定历史时期,道学的思想理念与现实政治如何发生关系,并未作进一步探讨。④

与余英时强调道学型士大夫与官僚集团的对立不同,张维玲更关注道

---

① 高纪春:《道学与南宋中期政治——庆元党禁探源》,河北大学博士学位论文,2001 年。
② 余英时:《朱熹的历史世界——宋代士大夫政治文化的研究》,北京:生活·读书·新知三联书店,2011 年。
③ 陈苏镇、李华瑞等学者已指出此点。参见《历史学视野中的政治文化》,《读书》2005 年 10 月,第 120、125 页。
④ 方诚峰就指出现有对道学与现实政治关系的研究中,存在着将道学中人的思想与行动相割裂的情形,对道学思想如何影响到现实政治,依旧有待深入探究。参见方诚峰:《南宋道学的政治理论与实践——从真德秀与张忠恕的冲突与"和解"出发》,《北京大学学报(哲学社会科学版)》2023 年第 1 期。

学型士大夫与孝宗朝近习的对立。她认为道学型士大夫与孝宗朝以来形成的近习势力的冲突,构成了孝宗朝至宁宗朝前期政治演进的主要线索,庆元党禁则是两股势力的最激烈对决。这种政治对立格局直接影响到了孝宗朝的"恢复"议题,近习对恢复的广泛、深入参与,加之在恢复上的"急进"立场,使得"恢复"在道学士大夫心目中发生变质。他们不得不放弃"复仇"论调,转向以内政整顿为中心的"稳健"恢复路线,以与近习的"急进"主张相抗衡。① 文章提醒我们注意近习势力在南宋中期政治上的重要角色,同时也阐明了在恢复问题上近习代表的"急进"路线与道学主张的"稳健"路线的对立,并认为后者正是在前者的刺激下形成。近习作为皇权的衍生物,他们的"急进"恢复路线自然也是孝宗的主张。不过,需要注意的是,文章所说的"急进"路线差不多等同于对金用兵,而"稳健"路线则大致等同于内修政事。这就在一定程度上忽视了孝宗恢复路线更为丰富的内涵,也未能真正揭明道学恢复路线的特色所在。

此外,对于道学中人在恢复问题上的思想主张,学界亦有关注,但更多是针对一些具有代表性的道学人物,如朱熹、陈亮、叶适、薛季宣等,②对浙东学派、永嘉学派等特定学术群体亦有所论述,③但较少涉及作为一个群体的道学士大夫在恢复上呈现出来的共同特征,目前所见仅有前面提到的胡

---

① 张维玲:《从南宋中期反近习政争看道学型士大夫对"恢复"态度的转变(1163—1207)》,台湾大学硕士学位论文,2009年。
② 对朱熹恢复思想的研究尤为众多。朱瑞熙:《朱熹是投降派、卖国贼吗?》,《历史研究》1978年第9期;朱瑞熙:《一论朱熹的政治主张》,载《朱熹与中国文化》,上海:学林出版社,1989年;束景南:《朱子大传》,北京:商务印书馆,2003年,第185—220页;方震华:《朱熹与恢复论——"立场改变说"的检讨》,《唐宋历史评论》第五辑,北京:社会科学文献出版社,2018年,第187—200页;李超:《朱熹恢复思想再探》,《宋学研究》第三辑,杭州:浙江大学出版社,2022年。陈亮、叶适、薛季宣等人的恢复思想也受到了一定关注。陈润叶:《陈亮规复中原大计评议》,《湘潭师范学院学报》1990年第4期;[美]田浩著,姜长苏译:《功利主义儒家——陈亮对朱熹的挑战》第六章《从收复华北及学派分化看政治与朱陈之辩》,南京:江苏人民出版社,2012年,第143—152页;张义德:《叶适评传》,南京:南京大学出版社,1994年,第190—248页;刘春霞:《事功追求与兵学研习——南宋永嘉学派薛季宣军事思想探微》,《安康学院学报》2016年第5期。
③ 方如金、赵瑶丹:《论南宋浙东学派的军事思想》,《浙江师范大学学报(社会科学版)》2003年第6期;王宇:《永嘉学派研究》第六章第二节《以北伐恢复为核心的军事改革思想》,北京:商务印书馆,2021年,第223—230页。

斌在其博士论文中对此有较为深刻的论述,他将道学群体的恢复主张概括为"德化自治论"。道学群体之所以能够形成一股较为有力的政治力量并发挥其影响力,显然更多源于他们在诸如恢复等特定政治问题上思想理念相近性带来的团结一致,因此在探讨道学对现实政治的影响这一主题时,关注道学群体在思想上呈现出来的共同性较注重各个学者的思想特色似乎更有价值。

三、章节安排

本书除前言和结论部分外共分为八个章节,大体安排如下:

第一至第三章主要探讨孝宗与道学群体各自所坚持之恢复路线的具体内涵及其产生的政治后果。指出孝宗倡导的富国强兵与道学群体宣扬的裕民为本,构成了两条截然不同的恢复路线,进而形成了两种不同的治国理念,直接导致双方在施政方向、用人策略等一系列问题上的对立与冲突,孝宗朝的反道学问题即可以在这一对立冲突中寻求理解。

第四章重点探讨孝宗淳熙后期政治转向的内涵与意义。指出孝宗后期虽然暂时搁置恢复目标,由前期的"急进"恢复转向"安静"之政,但富国强兵式的治国理念并未根本改变。道学中人有意趁高宗去世的契机劝说孝宗革新朝政,然孝宗虽对现状颇有不满,却将革新的希望寄于后来的光宗。

第五章关注光宗朝的政治变动。指出光宗即位之初,道学群体积极推动政治革新,在宰相周必大、留正等人的支持下,道学势力的政治影响力不断提升,但光宗有意延续孝宗后期的"安静"之政,成为道学革新的主要障碍,绍熙内禅则在某种程度上为道学中人消除了障碍。

第六、七章从宁宗朝前期的政治格局来探讨庆元党禁的发展演变,以及韩侂胄权力危机出现的根源。指出党禁的兴起是以京镗为首的反道学势力、韩侂胄,以及作为皇权代表的高宗吴皇后和宁宗,三方合力的结果。三者在政治体系中的位置不同,利益诉求也不尽一致,决定了他们对党禁的程度及未来走向有着不同的心理预期。其中,韩侂胄与京镗为首的反道学势力经历了从合作无间走向分离冲突的过程,韩侂胄的权力基础受到侵蚀。

第八章从韩侂胄决议北伐的时间、北伐时的舆论环境,以及北伐发动的过程三个方面,探讨开禧北伐如何成为现实。既注重促成韩侂胄北伐的内在动力,亦不忽视推动其北伐的外部环境。指出开禧北伐的形成,虽源于韩侂胄面临的权力危机,但金朝遭遇蒙古侵扰而呈现衰亡之势营造出的舆论环境,也构成了其将北伐视作可选项的重要原因。而发动北伐的具体经过,则昭示出韩侂胄北伐背后的投机性质。

第一章　富国为先：孝宗的恢复路线

孝宗作为南宋最有志于恢复中原的君主，却终其一生都未能真正意义上将恢复付诸行动。个中原因，论者多已指出高宗的反对、妥协苟安势力的阻挠、国力的不足、金朝无机可乘等因素。① 在反对恢复者中，尤为引人注目的是一批道学士大夫，他们在高宗时期以及孝宗即位之初曾积极批判秦桧，主张恢复，此时却公然站在了孝宗的对立面。出现这种转向的原因何在？张维玲认为这是孝宗时期两种不同恢复主张的冲突：一属"急进派"，一属"稳健派"。前者包含了近习和与之合作的宰执，以及一些迎合恢复者，强调"要把握时机，随时都有可能夺回中原"；后者则主要由道学型士大夫构成，强调要经过较长时间的"内修政事"，"准备充分才能谈恢复"。孝宗更倾向于"急进派"。但在道学型士大夫看来，"急进派"所为"多只是迎合上意，而非对恢复有一谨慎、切实的计划，若将之付诸实践，不但恢复无成，还可能陷南宋于危亡"，所以选择站到了孝宗的对立面。② 不过，所谓"急进"与"稳健"的区别，是否仅仅在于恢复时机的早与晚呢？道学士大夫的反对

---

① 柳立言：《南宋政治初探——高宗阴影下的孝宗》，《"中研院"历史语言研究所集刊》第五十七本，第三分，1986年；王德忠：《宋孝宗"恢复"图治述评》，《东北师大学报（哲学社会科学版）》1991年第1期；方如金：《试评宋孝宗的统治》，《浙江师大学报（社会科学版）》2000年第6期；陈晓莹：《宋孝宗治国政策与成效之评析》，《甘肃社会科学》2001年第3期；何忠礼、徐吉军：《南宋史稿》，杭州：杭州大学出版社，1999年，第217页；朱丹琼、范立舟：《南宋中期政治特性之形成与治国理念之嬗递——以宋孝宗、韩侂胄为例》，《中国矿业大学学报（社会科学版）》2005年第2期。

② 张维玲：《从南宋中期反近习政争看道学型士大夫对"恢复"态度的转变（1163—1207）》，第60页。

是否仅仅因为"急进派"中多为迎合上意之"小人"呢？或者"急进派"果真没有一个谨慎、切实的恢复计划吗？胡斌的研究更为深入，他揭明孝宗朝在通过内修政事以谋求恢复的"自治"旗帜下，形成了以孝宗为代表的"功业自治"论和以道学士大夫为代表的"德化自治"论，前者讲求富国强兵的实际功效，后者则将推行仁政、改善国内治理水平作为"自治"重点。两种不同的"自治"理念与实践，成为影响孝宗朝政治演进的重要因素。① 两种"自治"理念的提出颇具见识，不过文章将重心放在对孝宗"功业自治"理念与实践的探讨，对道学士大夫"自治"理念在孝宗朝政治上的影响，对两种不同"自治"理念分歧的症结，以及由此带来的孝宗与道学关系的变化，似皆可作进一步分析。文章将淳熙八年孝宗转向"安静"之政视作对"功业自治"实践的结束，亦值得重新思考。此外，将孝宗"自治"未能收效归咎于君主官僚体制亦失之笼统，阻止了对孝宗本身思想的进一步反思。对于孝宗朝的恢复论争及其对当时政治之影响，似仍有继续深入探讨之余地。本节将先就孝宗秉持之恢复路线的内涵及其利弊得失进行考察。

第一节　以理财为基础

孝宗作为最高统治者，其所秉持之恢复路线无疑在当时最具影响力，那么其恢复路线是怎样的呢？又有着怎样的鲜明特色呢？即位之初，孝宗有意趁完颜亮南侵失败之际挥军北上，收复中原，却遭遇符离之败，在主和势力推动下与金朝订立了"隆兴和议"。但孝宗的恢复壮志并未磨灭，此后积极致力于在内部积蓄力量以图恢复。隆兴二年，淮东总领洪适上疏言道："今日中兴之事非无机会，然而未遂恢复之功者，岂以兵未强而财不丰耶？"② "兵未强"与"财不丰"，大概是孝宗在隆兴北伐受挫后得到的最为直

---

① 胡斌：《宋孝宗时代的"自治"与内政整顿(1155—1181)》，北京大学博士学位论文，2021年。
② 洪适：《盘洲文集》卷四二《论招军之弊札子(隆兴二年自淮东赴行在供职上殿)》，《宋集珍本丛刊》，第45册，北京：线装书局，2004年，第296页。

接、最为强烈的感受,是以富国强兵顺理成章地构成了其恢复路线的核心内容。乾道二年殿试策题中,孝宗问道:"夫内修政事,宣王所以兴周;综核名实,中宗所以隆汉。考之方策,其施行之迹何如?子大夫通达古今,明于当世之务,凡可以移风易俗,富国强兵者,悉陈无隐,朕将亲览焉。"①要求士子就如何实现"中兴"提出对策,同时又明确将对策内容落实在"富国强兵"范围内。在富国强兵路线下,军事与财政理所当然被视作了恢复根基。作为孝宗恢复路线最为重要支持者的虞允文,就在奏疏中称"事几之急,莫急于兵、财"。②周必大称孝宗"经武理财,期摅高宗之宿愤,差择能臣,比肩于朝",③亦是将"经武"与"理财"作为了孝宗恢复路线的核心。

为顺利贯彻富国强兵的恢复路线,孝宗在用人上表现出了明显偏向,喜好任用那些在军事、财政等事务上有着突出才能,且有志功名的官员,或者可称之为才吏型、事功型官员。朱熹称:"属者天子慨然发愤,以恢复土疆、报雪仇耻为己任,思得天下卓然可用之实材而器使之,夙寤晨兴,当食屡叹。于是天下之士祗承德意,始复相与刮摩淬厉,务精其能,以待选择。盖自庙堂侍从之英,下至韦布蒭荛之贱,奋然并起,求以治军旅、商财利之术自献者,一时争出头角。"④清楚揭示出孝宗图谋恢复与重视军旅、理财人才的关系。孝宗任用的宰执中就有不少以军事、理财见长者,乾道四年拜相的蒋芾,因提出了减汰军队以节省财政开支的建议而得到孝宗赏识,"由此骤相"。⑤乾道五年拜相的虞允文差不多是孝宗朝最为著名的主张恢复的宰相。乾道三年,四川宣抚使吴璘卒,孝宗命时任知枢密院事的虞允文担任四川宣抚使,并言道:"吴璘既卒,汪应辰恐不习军事,无以易卿。"⑥可见,军事

---

① 《盘洲文集》卷六十四《乾道二年殿试策题》,《宋集珍本丛刊》,第45册,第424页。
② 黄淮、杨士奇等:《历代名臣奏议》卷二二四,台北:台湾学生书局,1985年,第2965页。
③ 周必大著,王瑞来校证:《周必大集校证》卷六七《资政殿学士宣奉大夫参知政事萧正肃公(燧)神道碑(嘉泰元年)》,上海:上海古籍出版社,2020年,第990页。
④ 朱熹著,郭齐、尹波点校:《朱熹集》卷七五《送张仲隆序》,成都:四川教育出版社,1996年,第3935页。
⑤ 李心传著,徐规点校:《建炎以来朝野杂记》甲集卷一七《国用司》,北京:中华书局,2000年,第387—388页。
⑥ 脱脱等:《宋史》卷三八三《虞允文传》,北京:中华书局,1977年,第11796页。

才能是孝宗赏识虞允文的主要原因。乾道九年拜相的曾怀,孝宗时先后担任度支员外郎、户部侍郎、户部尚书等财政职务,以善于理财著称,"在版曹凡五年,未尝以钱谷语人,凡钱谷之数,州郡所积,与夫出纳之多寡,纤悉必记。上以萧何、刘晏目之"。① 朱熹就直言"执政曾怀以财利进"。② 淳熙元年拜相的叶衡,在军事和财政方面皆表现不俗。军事方面,《宋史·叶衡传》称:"衡负才足智,理兵事甚悉,由小官不十年至宰相。"财政方面,他因在稳定会子价格上成效显著,被孝宗赞为"真宰相才"。③ 执政中亦不乏因擅长理财而获擢用者,淳熙元年出任签书枢密院事的杨倓,此前"入践省寺,出拥使节,理财之职,更阅几遍"。④ 又如淳熙二年出任同知枢密院事的沈复,"寿皇朝为版曹贰卿。一日登对,上问版曹财用几何?合催者几何?所用几何?亏羡几何?(夏)〔复〕一一奏对讫,于所佩夹袋中取小册进呈,无毫发差"。⑤ 据说孝宗"大喜",遂将其由户部侍郎破格迁为执政。淳熙五年出任参知政事的钱良臣,杨万里称:"钱良臣之为总领,盖尝以巧聚敛而进,自此而至参政矣。"⑥作为朝廷中枢的宰执尽有因军事、理财才能而迁拜者,则其他各级官员因此进用者势必更为众多。

在富国与强兵之间,或者说在"财"与"兵"之间,又以"财"扮演着更为基础的角色,孝宗初年右正言周操称:"方今强国在强兵,强兵在丰财。"⑦南宋末年学者王柏亦指出:"富国强兵,必以理财为本。"⑧无论军队的粮草补给、装备

---

① 孙应时纂修,鲍廉增补,卢镇续修:《琴川志》卷八,《宋元方志丛刊》,第 2 册,北京:中华书局,1990 年,第 1228—1229 页。
② 《朱熹集》卷八九《中奉大夫直焕章阁王公神道碑铭》,第 4576 页。
③ 《宋史》卷三八四《叶衡传》,第 11823—11824 页。
④ 汪应辰:《文定集》卷八《新除户部侍郎杨倓辞免恩命不允诏》,《景印文渊阁四库全书》,第 1138 册,台北:台湾商务印书馆,1983 年,第 658 页。
⑤ 周密著,吴企明点校:《癸辛杂识》别集卷下《沈夏》,北京:中华书局,1988 年,第 302 页。
⑥ 杨万里著,辛更儒笺校:《杨万里集笺校》卷六二《旱暵应诏上疏(淳熙丁未七月十三日上)》,北京:中华书局,2007 年,第 2674 页。
⑦ 佚名著,汪圣铎点校:《宋史全文》卷二四上"隆兴元年四月壬午"条,北京:中华书局,2016 年,第 1970 页。
⑧ 王柏:《鲁斋集》卷五《送曹西溆序》,《景印文渊阁四库全书》,第 1186 册,第 69 页。

供应、兵员的招募、训练,还是对外用兵,等等,皆须雄厚的财政作为支撑。乾道中,参知政事梁克家面对孝宗"兵终不可用乎"的质问,言道:"用兵以财用为先,今用度不足,何以集事?"①故孝宗一直将理财作为恢复的重中之重,声称:"理国之要,裕财为急。"②他本人对理财亦颇为用心,《宋史·周葵传》称:"孝宗数手诏问钱谷出入。"③李心传亦称:"孝宗初立,励精庶政,至于财用大计,尤所经心,或时呼版曹吏入禁中驱磨财赋,诸库皆有簿要,多自按视。"④

为何通过理财就可以积聚起恢复需要的财富呢?孝宗未予正面阐释,王质的言论或可从侧面作出解答。王质,字景文,兴国人,绍兴三十年进士。虞允文宣抚川、陕,"辟质偕行",深得赏识,虞允文曾感叹"景文天才也"。虞允文出任宰相后,又有意擢用王质为右正言。⑤虞允文对王质的推重与提携,表明两人政治立场当较为一致。虞允文既以恢复著称,王质亦同样是恢复的积极支持者。他曾上奏孝宗:"今日事势,训兵理财,先为富强,以待天下有变。敌国有衅,则乘机从事于中原,此今日恢复之定规也。"⑥也是将富国强兵作为恢复先务。他专门上疏孝宗讨论理财,开篇即宣称:"臣窃谓方今天下之财,患在于散而不能收,隐而不能出,收其散,出其隐,据度内之财,自可了目前之事。"认为天下财富足够朝廷所需,问题只在于能否将分散和隐漏的财富有效集中利用起来。所谓"目前之事"自当包括恢复中原在内。他以在地方为官的经验指出,地方州县存在着大量被隐漏的财富,"今陛下郡国布在宇内,臣窃料其间上下熬煎支吾不前者,居其大半。此其财赋亦未尝无,或逋滞不集,或渗漏不见"。对此,"逋滞不集者,促迫之不得其法,则逋滞无可集之期。渗漏不见者,搜索之不得其处,则渗漏无可塞之理"。应当通过理财等手段将之发掘出来供朝廷使用,"方其散且隐也,则此物或落于奸欺之手,或委

---

① 《宋史》卷三八四《梁克家传》,第 11812 页。
② 《杨万里集笺校》卷一一九《宋故尚书左仆射赠少保叶公行状》,第 4543 页。
③ 《宋史》卷三八五《周葵传》,第 11835 页。
④ 《建炎以来朝野杂记》乙集卷三《孝宗论士大夫微有西晋风》,第 542 页。
⑤ 《宋史》卷三九五《王质传》,第 12055—12056 页。
⑥ 王质:《雪山集》卷一《上皇帝书》,《宋集珍本丛刊》,第 61 册,北京:线装书局,2004 年,第 540 页。

为废弃之物。及其收且出也,则一物成一用,一用济一事,以岁计之,其所济不知其几何,以天下计之,其所济又不知其几何"。① 朝廷完全可以在不加重民众负担的情况下,通过理财等技术手段积累财富。孝宗时期的大诗人陆游,是众所周知以主张恢复著称的士大夫,也表达过类似思想。在《书〈通鉴〉后》中,针对司马光"天地所生,财货百物,止有此数,不在民则在官"的理财观念,他批判道:"其说辩矣,理则不如是也。自古财货不在民又不在官者,何可胜数?或在权臣,或在贵戚近习,或在强藩大将,或在兼并,或在老释。方是时也,上则府库殚乏,下则民力穷悴。自非治世,何代无之?若能尽去数者之弊,守之以悠久,持之以节俭,何止不加赋而上用足哉?虽捐赋以予民,吾知无不足之患矣。彼桑弘羊辈,何足以知之?然遂以为无此理,则亦非也。"② 在朝廷与百姓之外,还存在着大量被权臣、贵戚、释老等势力隐占的财富,朝廷完全可以从这些人身上获得需要的财富。另一位理财型官员蔡洸,孝宗时历任淮东总领、司农少卿、户部尚书等职,颇得赏识。他屡屡自陈理财之道称:"财无渗漏则不可胜用。"③无论王质、陆游还是蔡洸,皆坚信通过正确的理财手段,朝廷是可以实现民不加赋而国用饶的。这或许也是孝宗强调理财的初衷,或者说合理性之依据。

不过,民不加赋而国用饶毕竟只是一种理想状态,落实到现实未必能够实现,一旦财富不能同时满足国与民之用时又当如何呢?孝宗对此是有所认识的。他将恢复置于绝对优先的地位,因此天下财富首要的用途乃在于满足恢复之需,改善民生则被有意识地放置在了恢复完成后。乾道八年,著作佐郎丁时发奏称:"近来多竭民力以事不急,陛下当恤民以固本。"孝宗回答:"朕非特要建功业,如汉文、景蠲天下租赋事,亦将次第施行。"④关长龙指出,"其语隐有先统一区宇再行惠政意"。⑤ 淳熙三年,孝宗对宰臣言道:

---

① 《雪山集》卷二《论州郡财赋殿最赏罚札子》,《宋集珍本丛刊》,第61册,第557页。
② 陆游著,马亚中、涂小马校注:《渭南文集校注》卷二五《书〈通鉴〉后》,杭州:浙江古籍出版社,2015年,第3册,第108页。
③ 《宋史》卷三九〇《蔡洸传》,第11956页。
④ 《宋史全文》卷二五下"乾道八年八月甲子"条,第2130页。
⑤ 《两宋道学命运的历史考察》,上海:学林出版社,2001年,第325页。

"若异时兵革偃息,数十年来额外横赋尽蠲除之,民间喜可知也。"龚茂良回应道:"陛下念念不忘,若一旦恢复旧疆,则轻徭薄赋且有日矣。"①淳熙六年,孝宗又言道:"朕不忘恢复者,欲混一四海,效唐太宗为府兵之制,国用既省,则科敛民间诸色钱物可悉蠲免,止收二税,以宽民力耳。"②在他看来,为尽快实现恢复,暂时地劳民也在所不惜。将理财以富国置于裕民之前,构成了孝宗恢复路线的突出特点。

  孝宗何以选择这样一条以理财为基础的恢复路线?究其根源,与其急于恢复的心态当不无关联。乾道七年前后,秘书省正字赵汝愚专门上疏表达对恢复的看法:"臣尝窃闻或者之言,谓陛下锐于图事,惟患兵籍之不多,养兵既多,始忧财用之不给,内外虚耗,军士怨嗟。于是苟有道可以丰财,则利害未暇究也。苟得人出以任事,则能否未暇择也。两淮城垒,土脉膏润,而不暇待也。沿江保甲,徒扰无用,而不暇恤也。凡此数者,亦由陛下不忘祖宗创业之勤,而求之太速耳。行之不已,臣恐陛下求之愈速,而其效愈迟也。"③赵汝愚虽然对孝宗迫切期望恢复的初衷表示理解,但对其急于求成的做法却表示了异议。他指出,正因孝宗希望在短时间内迅速完成恢复,故不断招募兵源,扩充军队,以期尽快建立一支强大精锐之师。而军队规模的增长又势必需要相应的财力作为支撑,这又迫使其积极致力于理财。为达到理财目的,孝宗甚至有些不择手段。这里揭示出的无疑正是孝宗富国强兵的恢复路线,军队是恢复的基础,理财则又是强军的基础。赵汝愚在奏疏中已明确指出孝宗选择该路线的根由,即在于急于实现恢复的心态。只是在赵汝愚看来,欲速则不达,孝宗的做法不仅无助于恢复,反而与恢复的目标渐行渐远。持类似看法者不乏其人,蔡戡上疏称:"以今日事势言之,欲速则未有必胜之道。"④朱熹对弟子言道:"寿皇初年要恢复,只要年岁做成。"⑤薛季宣在致虞允文的札子中亦言道:"大抵喜欲速之功者,昧于宏远

---

① 《宋史全文》卷二六上"淳熙三年秋"条,第2178页。
② 《宋史全文》卷二六下"淳熙六年九月丁卯"条,第2233页。
③ 《历代名臣奏议》卷九四,第1309页。
④ 蔡戡:《定斋集》卷二《论和战疏》,《景印文渊阁四库全书》,第1157册,第585页。
⑤ 黎靖德编,王星贤点校:《朱子语类》卷一二七,北京:中华书局,1986年,第3059—3060页。

之规模,临重事而轻为之,鲜不中道而废。"①以理财为基础之恢复路线的优势,就在于可以在较短时间内让朝廷迅速积累起巨大财富,从而为尽快将恢复付诸实施奠定基础。

第二节　孝宗理财的基本思路

依托于一大批理财之臣,孝宗制定推行了一系列旨在增加朝廷财政收入的举措,诸如发行楮券、提高茶引价格、推行盐政改革、经营屯田营田、起税沙田、变卖官产等等,不一而足。尽管这些理财举措各有特点,成效亦不相同,但凸显出的孝宗理财之思路则是大致清晰的。简单来说,就是最大限度的将地方财赋集中到中央,又进而集中到皇帝个人手中。这最为突出地体现在拘催钱物所、发运司,以及内藏库、封桩库等机构的设置上。

1. 拘催钱物所

拘催钱物所的设置当在乾道元年,《宋会要辑稿》载:乾道元年十一月,"度支郎中曾怀言:'契勘近得旨专委措置拘催诸路州军并酒库未起逐年钱物,赴左藏南库送纳。先申画到指挥以户部拘催钱物所为名,欲乞于衔内添入"兼措置户部拘催所"八字。'从之"。②拘催钱物所最初名称为"户部拘催钱物所",在曾怀建议下更名为"户部拘催钱物所兼措置户部拘催所"。从曾怀进言中可以看到,拘催钱物所隶属于户部,主要职能为拘催地方州军历年拖欠的上供钱物。但拘催得来的上供钱物并不归入户部掌管的国库,而是送纳左藏南库。左藏南库名义上隶属朝廷,实际上具有天子内藏性质(见后)。拘催钱物所设立后应该是收到了预期效果,《琴川志》卷八《曾怀传》载:"孝宗践祚,改真州、浙西提举。以怀有应用才,除

---

① 薛季宣著,张良权点校:《薛季宣集》卷一七《与虞丞相札子》,上海:上海社会科学院出版社,2003年,第204页。

② 徐松辑:《宋会要辑稿》食货五六之五〇,北京:中华书局,1957年,第5797页。

度支员外郎,别置拘催钱物所,令专行,以丰裕闻。超除权户部侍郎兼提领赡军诸库。"①主持拘催钱物所的政绩差不多成为曾怀仕途通畅的奠基石。

表面上看,地方州军有义务按时足额缴纳上供钱物,拖欠上供钱物由朝廷追缴似乎也合乎情理。然而,朱熹《戊申封事》中提到:"臣伏见祖宗旧法,凡州县催理官物,已及九分以上,谓之破分,诸司即行住催,版曹亦置不问。由是州县得其赢余以相补助,贫民些少拖欠,亦得迁延,以待蠲放。恩自朝廷,惠及闾里,君民两足,公私俱便。此诚不刊之令典也。昨自曾怀用事,始除此法,尽刷州县旧欠,以为隐漏,悉行拘催。于是民间税物,毫分铢两,尽要登足。曾怀以此进身,遂取宰相,而生灵受害,冤痛日深。"②原来此前朝廷征收地方州军上供钱物,只要州军上缴九成以上即可,剩下部分则留给州军充作经费补助。州军经费既足,则可以减轻对百姓的盘剥。但自设立拘催钱物所后,朝廷严厉督责地方足额缴纳上供钱物,对往年拖欠亦加追缴,这势必导致地方财政恶化,进而加重百姓负担。差不多同时,杨万里也上疏朝廷对设立拘催官的做法提出批评:"所谓宽州县者,非宽州县也,所以宽吾民也。朝廷近时有拘催之官者,是代版曹而行督责之政也,此已非朝廷之体矣。……版曹,有司也。有司峻急,则朝廷或解而宽之,朝廷所以统有司也。有司急矣,朝廷复自急焉,何以解有司之急哉?是上下俱行急政也,民何堪焉?"③同样指出了朝廷拘催钱物之举在表面上的合理性之下,有着相当程度的聚敛厉民性质。

拘催钱物所自乾道元年设立后,一直到淳熙十六年正月孝宗禅位前夕方行废罢,④可以说贯穿了孝宗朝始终,是其时朝廷攫取地方州军财赋的重要举措。或许是为了进一步刺激地方州郡按照规定足额缴纳上供钱物,淳熙十年,户部尚书王佐"又请于次年四月,将诸路监司、守倅所起上供钱比

---

① 《琴川志》卷八《曾怀传》,《宋元方志丛刊》,第2册,第1229页。
② 《朱熹集》卷一一《戊申封事》,第478页。
③ 《杨万里集笺校》卷六二《旱暵应诏上疏(淳熙丁未七月十三日上)》,第2679页。
④ 《宋史》卷三五《孝宗本纪》,第691页。

较,以定赏罚"。也就是对地方州军缴纳上供钱物的完成状况进行比较考核,据以对地方官员进行奖惩。这一提议得到了孝宗认可,被付诸实施,据说"自是罕有逋欠"。①

2. 发运司

如果说拘催地方拖欠钱物还有着表面的合理性,发运司的设立则更是将朝廷攫取地方财赋的用意表露无遗。乾道六年三月,"复置江、浙、京、湖、淮、广、福建等路都大发运使,以新知成都府史正志为之"。随即"赐发运使史正志缗钱二百万,为均输、和籴之用"。② 孝宗决定重新设立发运司事,《建炎以来朝野杂记》"发运使"条记载:

> 乾道六年,虞丞相当国,三月,奏复发运司,以户部侍郎史正志为江、浙、京、湖、淮、广、福建等路都大发运使。朝论不以为宜,汪圣锡、黄通老二尚书言之尤力,执政皆不之听。然正志实无能为,但峻督诸司、州郡多取羡财而已。其年十二月,正志以奏课诞谩贬,乃复废发运使焉。③

这里指出发运司之设出于宰相虞允文奏请,而后任命史正志担任发运使。不过,朱熹称其动议乃出于史正志:"史正志者,素以倾巧进。至是当帅成都,惮远役,则使其党请复置发运使,而以己为之。上然其说。"④不管怎么说,孝宗、虞允文、史正志三者在设立发运使上立场当是一致的。众所周知,虞允文是孝宗朝以恢复著称的宰相。而史正志,字志道,丹阳人,"尝摭自古东南用兵于西北事,凡五十篇,曰《恢复要览》,上之朝",⑤亦为支持孝宗恢复者。在当时的朝野舆论中,史正志因迎合时势,反复无常,颇遭物议,⑥但

---

① 《宋史全文》卷二七上"淳熙十年八月"条,第2282页。
② 《宋史》卷三四《孝宗本纪》,第648页。
③ 《建炎以来朝野杂记》甲集卷一一《发运使》,第223—224页。
④ 《朱熹集》卷九七《敷文阁直学士陈公行状》,第5002页。
⑤ 周密:《志雅堂杂钞》卷下,上海:进步书局,1912年。
⑥ 王十朋:《王十朋全集·文集》(修订本)卷三《论史正志札子》《再论史正志札子》,上海:上海古籍出版社,2012年,第618—620页;员兴宗:《九华集》卷一三《上丞相议置发运书》,《宋集珍本丛刊》,第56册,北京:线装书局,2004年,第277—278页。

他似乎深得孝宗信任。鉴于虞允文与史正志的身份特征,可以确信发运司之设与孝宗的恢复大业密切相关。

发运司渊源于北宋,"祖宗盛时有之,置司真州,岁漕江、湖粟六百万斛,以赡中都",至绍兴前期逐渐废罢。① 孝宗君臣何以选择此时复设发运司呢?《宋史·张栻传》载:

> 会史正志为发运使,名为均输,实尽夺州县财赋,远近骚然,士大夫争言其害,栻亦以为言。上曰:"正志谓但取之诸郡,非取之于民也。"栻曰:"今日州郡财赋大抵无余,若取之不已,而经用有阙,不过巧为名色以取之于民耳。"上矍然曰:"如卿之言,是朕假手于发运使以病吾民也。"旋阅其实,果如栻言,即诏罢之。②

孝宗并不讳言重新设立发运司的直接目的,就在于攫取更多的地方财赋集中于朝廷。表面上看,朝廷只是通过发运司将地方上富余的财赋集中到中央,但在州县财政并不宽裕的情况下,这种做法势必导致地方财政紧张。朱熹也在给张栻的信中言道:"均输之政,见上曾及之否? 此决无益于事,徒失人心。今时州县老兄所亲见,岂有余剩可划刷耶?"③为摆脱窘境,地方官员自然会转而加重对百姓的盘剥。以孝宗之睿智岂能见不及此,他对张栻所言的惊讶恐怕只是故作姿态。当时表示反对的并不限于张栻,右谏议大夫陈良翰指出:"祖宗本建此官,盖沿唐制,转东南以饷京师。今已居东南而衣食其租税矣,又颇分给武昌、建康、京口诸军,应上供者数亦无几,而虚立此官,甚无谓。况正志反覆小人,诞妄有素,不过欲假此重权割剥州县,侵牟商贾,以自为功耳。"④发运使在北宋有其合理性,但时过境迁,南宋的立国形势已发生根本转变,压根不必设立发运使。如今复立发运使,不过是侵夺州

---

① 《建炎以来朝野杂记》甲集卷一一《发运使》,第223页。
② 《宋史》卷四二九《张栻传》,第12772—12773页。
③ 《朱熹集》卷二五《答张敬夫书》,第1053页。
④ 《朱熹集》卷九七《敷文阁直学士陈公行状》,5002页。

县地方以及商贾财赋而已。员兴宗亦上书宰相,对任用史正志及设立发运司表示质疑:"今日财物憔悴,系生人之命;岁月取舍,系治乱之原。正志欲脱一行,乃复鼓舌妄发,且学识如王安石,一妄更张,遗祸至今,况是小子至庸无识者乎?此物情所共骇者也。"①认为在当下地方财政凋敝之时,不应进一步搜刮地方。但孝宗与宰执执意为之,孝宗为此还下过一道御笔给史正志:"如卿之才,深所信任,虽有浮议,朕岂不灼见,而全护卿也?"②御笔所言并非虚文,反对设立发运使的汪应辰就因此遭到外放。《宋史·汪应辰传》载:"会复出发运均输之旨,叹曰:'吾不可留矣,但力辨群枉,则补外之请自得。'乃力论其事有害无利,遂以端明殿学士知平江府。"③吕祖谦亦称:"汪圣锡以三上书论发运非其人,言不从而去。"④

史正志及其担任的发运使设立后,很快演变成朝廷敛取地方财赋的机构,"峻督诸司州郡,多取羡财而已",给地方带来了很大困扰。胡铨上疏孝宗:"臣伏见陛下复置都大发运司,本以裕民。而愚民无知,百端扇惑,或谓发运司录夺客旅贩籴舟船,或谓贱价和籴,是致所在豪民毁船藏谷,不肯贩籴,甚乖行旅愿出于途之义。"⑤虽未直接否定设置发运司的做法,但发运司之设给地方造成的震动已可见一斑。部分州县官员对史正志的敛财行为予以了抵制,如广东提举市舶黄洧,"史正志为发运使,专以括取诸道羡钱为己功,诸道承风听命不暇。公曰:'岭外贫薄,安得视它路?'财予缗钱千数。"⑥又如万安县丞刘清之,"发运使史正志按部至筠,俾清之拘集州县畸零之赋,清之不可"。⑦ 类似黄洧、刘清之的地方官员只能是个例,面对史正志挟皇权之威从天而降,绝大多数地方官员恐怕只能望风承旨,"听命不暇"。问题

---

① 《九华集》卷一三《上丞相议置发运书》,《宋集珍本丛刊》,第 56 册,第 278 页。
② 史弥坚修,卢宪纂:嘉定《镇江志》卷一九,《宋元方志丛刊》,第 3 册,北京:中华书局,1990年,第 2530 页。
③ 《宋史》卷三八七《汪应辰传》,第 11882 页。
④ 吕祖谦:《东莱集·别集》卷一〇《答潘叔度》,《景印文渊阁四库全书》,第 1150 册,第 288—289 页。
⑤ 《历代名臣奏议》卷二四六,第 3255 页。
⑥ 《朱熹集》卷九三《转运判官黄公墓碣铭》,第 4720 页。
⑦ 《宋史》卷四三七《刘清之传》,第 12953 页。

在于,正如张栻所言,当时"州郡财赋大抵无余"。在史正志的赫赫威势下,只能将本就不敷使用的经费充作羡余上缴。短时间内发运司似乎取得了丰硕成果,却直接导了年终地方正常上供钱物的拖欠。杨万里记载:"户部侍郎史正志自请为诸路发运使,遍行州县,凡合起上供,及江上饷师钱谷,尽以为羡余而献之。寿皇大喜。既而岁暮上供,无一州至者。版曹大窘,奏其事,上大怒,即日罢黜。"①记载或有夸张,但史正志及其发运司未能达到预期效果则是肯定的,反而给地方行政带来了诸多混乱。乾道六年十二月,"诏史正志职专发运,奏课诞谩,广立虚名,徒扰州郡,责授楚州团练副使,永州安置。其发运司可立近限结局"。②设立不到一年发运司匆匆撤销,史正志也遭到贬谪。③

发运司虽然匆匆结局,但在朝廷怂恿下地方官员自发进献羡余的做法,却自孝宗初一直未曾间断。所谓羡余,本是指地方官员在上缴中央的常规税负外,将富余财赋进献,以补助朝廷用度。但在具体实行过程中,往往演变成地方官员的厉民之举。乾道三年,刘珙自湖南任上还朝,就羡余问题上奏:"州县赋入有常,大郡仅足支遣,小郡往往匮乏,而近者四方尚有以赢余献者,不过重折苗米,或倍税商人,至有取新赋以积余钱,损积逋以与州郡。州郡无以自给,不过重取于民。"④大多数州县财赋有限,本无余财进献,现实中的所谓羡余,不过是地方官员通过种种非法手段聚敛之民财。他们如此热衷羡余的背后,则是朝廷的鼓励。王十朋指出:"前日朝廷以财赋不足为忧,小人遂献羡余以求进,朝廷不惜名器,以美官要职处之,诸路监司郡守翕然胥效,为剥下益上计,州县骚然,民不聊生。"⑤进献羡余的地方官员,往

---

① 杨万里:《诚斋诗话》,载丁福保辑:《历代诗话续编》,北京:中华书局,1983年,第156页。
② 《宋会要辑稿》职官四二之五七,第3263页。
③ 马端临:《文献通考》卷九载:淳熙六年,"又诏发运司通管四监(江州、兴国军、临江军、抚州)"。(北京:中华书局,1986年,第98页)据此,则孝宗后来当又恢复了发运司设置,其具体情形如何尚不清楚。但至少表明孝宗并不认为发运司之设是一个错误,乾道年间匆匆废黜发运司及贬谪史正志,更多的可能是缘于此举未能达到丰财的预期效果。关于宋代发运司的设置情况,可参见黄纯艳《论宋代发运使的演变》(《厦门大学学报(哲学社会科学版)》2003年第2期)。
④ 《宋史全文》卷二四下"乾道三年闰七月癸巳"条,第2048页。
⑤ 《王十朋全集·文集》(修订本)卷四《除知湖州上殿札子三》,第643页。

往会得到朝廷嘉奖，自然会对其他地方官员起到示范作用。尽管朝廷也曾下令限制进献羡余，如刘珙进言后朝廷就"申严献羡余之禁"。① 乾道九年，又"诏令诸路监司、郡守不得非法聚敛，并缘申请，妄进羡余，违者重置典宪。令御史台觉察"。② 孝宗本人亦曾表示："今之财赋，岂得有余。今后若有献，朕当却之。"③但朝廷似无意从根本上断绝羡余之路，依旧有不少官员循此途获得晋升，所谓限制形同虚设，孝宗也未能真正做到却而不纳。乾道九年，广南提举廖颙进奉羡余，侍御史苏峤弹劾道："臣窃谓陛下即位以来，屡却羡余之献，故近年监司、州县稍知遵守。此盛德之事。而小人急于自进，时以一二尝试朝廷。只缘乾道七年提举官章潭献钱二十万贯，以此特转一官，不及期年，擢为广西运判。廖颙实继其后，故到官未几便为此举。"④直至淳熙九年，杨甲上疏中仍提到："有司理财，一切用衰陋褊隘之策。至于卖楼店、括学田、鬻官地，而所在争献羡余，此风日炽，诚恐陛下赤子无宁岁矣。"⑤可见，地方竞相进献羡余的风气并无收敛。羡余问题差不多贯穿整个孝宗朝。

3. 内藏库、左藏南库与左藏封桩库

内藏库、左藏南库以及左藏封桩库，本质上皆具有直属皇帝的内藏财政性质。内藏库，北宋初即有设立，为隶属皇帝之私财，"所贮金帛，以备军国之用"。南渡以后，"但有内藏及激赏二库。秦丞相用事，每三宫生辰及春秋内教、冬至、寒食节，与诸局所进书，皆献金币，由是内帑山积"。高宗末、孝宗初，内藏库的收入项目一度有所减少，"绍兴末，有诏除太后生辰及内教外，余并减半。孝宗初政，又并进书礼物罢之"。⑥ 左藏南库本为高宗时设立直接隶属皇帝之御前桩管激赏库。李心传称："左藏南库者，本御前桩管激赏库也，孝宗即位之始年改之。先是，绍兴休兵后，秦桧取户部

---

① 《宋史全文》卷二四下"乾道三年九月"条，第2051页。
② 《宋史全文》卷二五下"乾道九年六月己巳"条，第2139页。
③ 《宋史全文》卷二五上"乾道五年九月丙寅"条，第2074页。
④ 《宋史全文》卷二五上"乾道九年三月乙巳"条，第2135—2136页。
⑤ 《宋史全文》卷二七上"淳熙九年春"条，第2270—2271页。
⑥ 《建炎以来朝野杂记》甲集卷一七《内藏库》，第384—385页。

窠名之可必者尽入此库,户部告乏则予之。桧将死,属之御前。"孝宗即位后,屡有大臣上疏批评将国家财赋大量纳入内库的做法,故孝宗将之更名为左藏南库。南宋国库名为左藏库,孝宗的更名似乎是改变了御前桩管激赏库的内库性质,但更名后的左藏南库"移用皆自朝廷,非若左帑直隶版曹为经费也",仍旧有着明显的天子内藏性质。① 至于左藏封桩库,李心传称:"左藏封桩库者,孝宗所创也,其法,非奉亲、非军需不支。"②虞允文在封桩库的设立上可能亦发挥了重要作用。③ 封桩库中财富原则上只用于两个目的:一为供给太上皇高宗开销,一则用于军费开支。封桩库虽带有左藏之名,但与左藏南库类似,皆属内藏性质。正如董春林所言:"南渡以后的左藏南库、左藏封桩库在财库管理上与左藏库迥异,左藏南库、左藏封桩库名义上由朝廷主管,但支助内藏或近乎内藏的财政支出,则突显出内藏财政的性质。"④

为了充实内藏财库,孝宗君臣将相当部分原先作为户部经费来源的财赋划入其中,"经常钱物阅两岁而未发者,大农之钱也,今则拘催所拘之;场务岁终所余与夫乳香、度牒等钱,大农之钱也,今则封桩库桩之;南库旧隶于大农者也,今则提领有官,大农无与焉"。⑤ 拘催所所得收入,如上文所论,最终同样归入左藏南库等内藏财库中。不仅如此,朱熹指出:"凡天下之好名色钱容易取者、多者,皆归于内藏库、封桩库,惟留得名色极不好、极难取者,乃归户部。故户部所得者,皆是枷棒拷掠得来,所以户部愈见匮乏。"⑥淳熙十五年,朱熹在奏疏中又言道:"臣闻虞允文

---

① 《建炎以来朝野杂记》甲集卷一七《左藏南库》,第382页。
② 《建炎以来朝野杂记》甲集卷一七《左藏封桩库》,第383页。
③ 《宋史》卷三八六《李彦颖传》(第11866—11867页)载:"彦颖在东府三岁,实摄相事,内降缴回甚多。内侍白札籍名造器械并犒师,降旨发左藏、封桩诸库钱,动亿万计。彦颖疏岁中经费以进,因言:'虞允文建此库以备边,故曰"封桩",陛下方有意恢复,苟用之不节,徒启他日妄费,失封桩初意。'上矍然曰:'卿言是,朕失之矣。'自是绝不支。"
④ 董春林:《宋代内藏财政研究》,北京:中国社会科学出版社,2019年,第120页。
⑤ 林駉:《古今源流至论续集》卷三《州县财》,《景印文渊阁四库全书》,第942册,第384页。
⑥ 《朱子语类》卷一一一,第2719—2720页。

之为相也,尽取版曹岁入窠名之必可指拟者,号为岁终羡余之数而输之内帑;顾以其有名无实,积累挂欠,空载簿籍,不可催理者,拨还版曹。其为说曰,内帑之积将以备他日用兵进取不时之须,而版曹目今经费已自不失岁入之数。"①可见,孝宗、虞允文等为了实现恢复,有意识地将那些数量较大、来源稳定的赋税项目划归隶属皇帝的"内帑"储存起来,而将其他名色相对较差的赋税项目划归户部充作日常经费。如此,内藏财库很快就积累起了巨额财富,这在左藏封桩库体现得尤为明显。淳熙五年,周必大在奏疏中提到"行在封桩,约及二千余万,而逐处总领所,亦各有封桩钱物"。② 淳熙六年,提领封桩库阎苍舒奏称:"封桩库共管见钱五百三十万余贯,年深有断烂之数。"③只是缗钱一项已有五百三十万之多。淳熙十年,"宰执奏封桩库见管钱物已及三千余万缗"。④ 至淳熙十三年,封桩库中"所储金至八十万两,银一百八十六万余两,又有籴米钱、度牒钱,而下库复储见缗常五、六百万"。⑤ 可见数量之庞大,且处于不断增加的状态。⑥

从上面对拘催钱物所、发运司和内藏库等财库的简单考察,可以很容易看出,孝宗理财的基本思路,就是尽可能的攫取地方财赋收归朝廷,同时又进一步将朝廷财赋收归内帑,直接归皇帝个人掌管,成为皇帝之私财,正如朱熹所言:"今之户部、内藏,正如汉之大农、少府钱。大农,则国家经常之费;少府,则人主之私钱。"⑦而对于孝宗来说,这些积累的私财主要目的在于为恢复奠定雄厚的财政基础,是其恢复路线的重要内容。

---

① 《朱熹集》卷一一《戊申封事》,第 477—478 页。
② 《周必大集校证》卷一四一《论犒军札子》,第 1265 页。
③ 《宋史全文》卷二六下"淳熙六年五月甲子"条,第 2228 页。
④ 《宋史全文》卷二七上"淳熙十年八月"条,第 2281 页。
⑤ 《建炎以来朝野杂记》甲集卷一七《左藏封桩库》,第 383 页。
⑥ 胡斌考察了孝宗时期左藏南库收支变化的情况,认为左藏南库的钱物储备在淳熙二年前后经历了一个由丰盈到大量减少的显著变化,并将之作为孝宗在淳熙后期逐渐放弃"功业自治"的证据。(《宋孝宗时代的"自治"与内政整顿(1155—1181)》,第 204—208 页)这里存在的一个较为明显的问题是,忽视了其时带有内藏性质的财库并非仅有左藏南库,还应该将左藏封桩库等予以综合考虑。若从左藏封桩库的情况来看,其储备之钱物在淳熙后期似乎并无减少。
⑦ 《朱子语类》卷一一一,第 2720 页。

第三节　孝宗理财之成效及弊端

孝宗秉持的以理财为基础的恢复路线，将富国作为直接目的，但似乎并未能实现其追求，至少并未积累起足够支撑恢复的财富基础。淳熙二年，参知政事龚茂良奏称："朝廷所急者财用，数十年来讲究措置，靡有遗余，而有司乃以窘匮不给为言。臣因取其籍，披寻本末源流，具见积年出入之概，大抵支费日广，所入不足以当所出之数。"①周必大奏称："臣窃观近世理财之术，殆无余蕴，加之陛下天性节俭，丝毫不以轻用，盖尝损己以裕民，未尝瘠民以供己。然中外廪廪，尚以阙乏为忧。"②孝宗终其一生都未能在恢复事业上迈出实质性步伐，理财成效不显成为重要的制约因素。《鹤林玉露》记载："孝宗初年，规恢之志甚锐……厥后蓄积稍羡，又尝有意用兵，祭酒芮国器奏曰：'陛下只是被数文腥钱使作，何不试打算了得几番犒赏？'上曰：'朕未知计也，待打算报卿。'后打算只了得十三番犒赏，于是用兵之意又寝。"③尽管通过理财积累了相当的财富，似乎依旧不足以支撑起恢复行动。禅位前夕的淳熙十五年，孝宗对作为继承人的光宗言道："当今礼文之事已自详备，不待讲论。唯是财赋未甚从容。"④财赋不足成为孝宗心中需要郑重交代嗣君的重要事务。从未能切实推进恢复大业来看，孝宗富国强兵的恢复路线可以说是失败的。

孝宗未能通过理财真正实现富国目的，但这一富国强兵路线的长期坚持却带来了一系列弊端，尤其是对民众造成了严重损害，某种程度上沦为一条聚敛厉民之路。大体而言，富国强兵路线的弊端表现在以下几个方面：

第一，造成户部经费匮乏。

孝宗通过攫取地方和户部财赋充实内藏，确实积累起了颇为可观的财

---

① 《宋史全文》卷二六上"淳熙二年十二月"条，第2171页。
② 《历代名臣奏议》卷二七一，第3559页。
③ 罗大经著，王瑞来点校：《鹤林玉露》丙编卷四《中兴讲和》，北京：中华书局，1983年，第302页。
④ 《宋史全文》卷二七下"淳熙十五年八月庚申"条，第2351页。

富，以至于所积缗钱"年深有断烂之数"。然而，与内藏财富堆积如山形成鲜明对照的，是户部掌管之国库的入不敷出。李椿出任司农卿后，"会大农，岁用米百七十万斛，而省仓见米仅支一月或两月"。令他无奈感叹"真国非其国矣"。他进而言道："今仓庾所用，一月营一月之粟；帑藏所给，一旬贷一旬之钱。而米有丰储仓之积，钱有南上库之积，所谓积者，本非有余也，移东就西耳。朝廷之与户部遂分彼此，告借之与索偿，有同市道，此阳城所以恶裴延龄者。愿惩佞臣之欺革而正之。"①南上库即左藏南库，前面已提到其为隶属于皇帝的内库。李椿之言明白描绘出了其时内库与户部国库丰盈与匮乏的对比。户部为维持运转只能寄希望于内库贴补。陈傅良在对策中指出："臣不识今之所谓冢宰制国用，于左藏之外别为南库者何也？"对朝廷将户部掌管的国库与皇帝私有之南库相区别提出质疑，进而指出："比岁经赋日耗，而南库之积日滋，大农告匮，时捐数十万缗以相补足。比及奏闻，屡有德色。且均之为国用耳，虚彼盈此，竟何谓耶？"②葛邲也指出："虞允文制国用，南库之积日以厚，户部之入日以削，故近年以来，常有不足之忧。"③与南库财赋不断增长相伴随的，是国库的日渐亏空，此消彼长，此盈彼虚，朝廷总体的财富本身并无实质性增加。因此，内藏积累财富的雄厚并不意味着国家的富庶，不过是移东就西造成的假象。④

第二，造成地方经费匮乏，吏治败坏，民众负担加重。

所谓理财与聚敛不过一步之遥，⑤正如周必大所说："户部既理财，朝廷

---

① 《杨万里集笺校》卷一一六《李侍郎传》，第4453页。
② 陈傅良著，周梦江点校：《陈傅良先生文集》卷二九《壬辰廷对》，杭州：浙江大学出版社，1999年，第381—382页。"数十万缗"，"十"原作"百"，点校者据《奏议》改。
③ 《宋史》卷三八五《葛邲传》，第11828页。
④ 李心传称："孝宗恭俭寡欲，在位近三十年，内帑与南库之入，专以奉两宫，备水旱，其费不赀，然所积尚夥也。……是时江上之积亦多，而内府之金至于贯朽而不可校，然未闻四方有横赋也。"（《建炎以来朝野杂记》乙集卷三《孝宗恭俭至贯朽》，第546—547页）这恐怕只是一种溢美之词，与事实并不完全相符。
⑤ 如留正等人即称："古之圣人虽以理财为急，尤以聚财为戒。无政事则财用不足，以理财为急也。与其有聚敛之臣，宁有盗臣，以聚财为戒也。二说相距，不啻天渊之远，而于疑似之间，相去不能以寸，君子所甚畏也。"佚名：《皇宋中兴两朝圣政》卷四九，北京：北京图书馆出版社，2007年，第4册，第27—28页。

又理财,争肆渔取,致以隐漏为名,增无实之税。"①表面征收隐漏的背后是变相增加税赋,而首当其冲的就是地方财政。周必大以两浙路为例指出:"且如两浙所部,旧皆富州,故转运司最号财赋之渊薮。比闻储蓄颇罄,不免遣官假贷于诸郡,仅有应副一二千缗者,漕臣近在毂下,非敢妄费,直以用度浸广,无所从出耳。两浙尚尔,外路可知。"②地处京畿号称富庶的两浙地区财政尚且如此艰难,其他州军更是可想而知。部分地方官员苦于无法满足朝廷对财赋的严厉督责,甚至不得不选择辞职,如周必大就在淳熙十年给林栗的信中提到:"旧闻湖南民力甚困,后来养兵日众,颇费调护。又两漕置司所在,督责财赋颇急。李寿翁不能支吾,遂力告归。"③李寿翁即李椿,时任湖南安抚使、知潭州,号称"吏才精强",④尚且如此,可见一斑。不过,多数地方官员不可能如李椿那般选择辞职,面对财政不敷使用的现状,他们不会坐以待毙,而是选择将负担转移到民众头上,这又势必导致民生凋敝。乾道八年,陈傅良奏称:"州县无以供,则豪夺于民,于是取之斛面,取之折变,取之科敷,取之抑配,取之赃罚,无所不至,而民困极矣。"⑤淳熙十一年,卫泾在对策中感叹:"今日之民,其无聊赖甚矣,而何义之能知?山泽之饶,舟车之算,香盐茶酒之榷,凡桑弘羊辈所以笼天下之利者,无不悉为常赋。常赋有限,复令先期;常数既殚,复令别配。凡陆贽所以进疏于唐德宗者,无不尽用。"⑥

更为严重的是,在朝廷施加的财政压力下,地方官府的风气发生了严重扭曲,各级官员将满足朝廷和地方官府自身的财政需求作为头等要务,竞相聚敛,漠视民生。赵汝愚上疏称:"比岁州县之间,调度滋广,为吏者不能仰体陛下选任之意,日汲汲焉惟以巧取横敛为事,年增岁益,名数非一。至于民之休戚利病,则一切视为不急之务。虽一旦之讼,有积十数岁而不决者,

---

① 楼钥著,顾大朋点校:《楼钥集》卷九九《少傅观文殿大学士致仕益国公赠太师谥文忠周公神道碑》,杭州:浙江古籍出版社,2010年,第1731页。
② 《历代名臣奏议》卷二七一,第3559页。
③ 《周必大集校证》卷一九五《林黄中少卿(淳熙十年)》,第3001页。
④ 《宋史》卷三八九《李椿传》,第11937页。
⑤ 《陈傅良先生文集》卷二〇《吏部员外郎初对札子第二》,第283页。
⑥ 卫泾:《后乐集》卷九《集英殿问对》,《景印文渊阁四库全书》,第1169册,第584页。

问其故则曰:'方治财赋,奚暇它事?'为监司郡守者亦曰:'彼郡彼邑财赋既办,尚何求哉!'上下相师,恬不为怪。"①乾道六年,礼部尚书刘章上奏:"当今县邑之政,出于苟且。为令者惟知以官钱为急,月解无欠则守臣监司必喜之。而民讼不理,皆置不问。"②完成赋税成为地方官员为政的首要任务,至于民生等事则可置之度外。淳熙十五年,朱熹同样言道:"版曹经费阙乏日甚,督趣日峻……于是中外承风,竞为苟急,监司明谕州郡,郡守明谕属邑,不必留心民事,惟务催督财赋,此民力之所以重困之本。"③更为清楚地指出了地方官员漠视民政,专注聚敛的根源在于孝宗对财赋的搜求导致户部经费短缺。即便最初建议理财的王质也不得不承认,朝廷理财政策下所用多为聚敛之徒:"廉耻道丧,未有甚于此时者也。诞慢之风盛,侻诪之俗昌,而廉耻扫地。狂生孺子,敢窃借韩信、诸葛亮以干时;庸夫腐儒,敢假托管仲、范蠡以欺世。"④韩信、诸葛亮为前代用兵名家,管仲、范蠡则是古代理财能手,"狂生孺子""庸夫腐儒"能够假借他们的名目横行无忌,显然是孝宗富国强兵路线下的产物。

第三,对州郡财富的过分汲取,导致地方动乱频发。

朱熹等人的描绘或许存在一定夸张,但绝非向壁虚造。比如孝宗时期,确实就是一个"盗贼"涌现、动乱频发的年代。何竹淇对两宋各种类型的武装动乱资料加以搜集,编订了《两宋农民战争史料汇编》一书,⑤我们据此将南宋各朝发生的动乱次数加以统计,制成下表:

时 期	高宗	孝宗	光宗	宁宗	理宗	度宗、恭帝
在位时间(年)	36	28	6	31	41	13
武装动乱(次)	95	44	5	35	32	9
频率(次/年)	2.63	1.57	0.83	1.13	0.78	0.69

---

① 《历代名臣奏议》卷一〇八,第1471页。
② 《宋史全文》卷二五上"乾道六年十二月庚申"条,第2096页。
③ 《朱熹集》卷一一《戊申封事》,第477—478页。
④ 《雪山集》卷三《与李处全殿院书》,《宋集珍本丛刊》,第61册,第570页。
⑤ 何竹淇编:《两宋农民战争史料汇编》,北京:中华书局,1976年。

根据该表,南宋各朝中就武装动乱发生频率来看,高宗朝高居第一,孝宗朝则位列第二,两者明显高于后来各朝。若对高宗朝与孝宗朝展开进一步分析,将会发现,单纯将两朝各自武装动乱的次数除以皇帝在位年份得出的频率,并不能准确反映两朝的实际状况,因为高宗朝与孝宗朝所处的时代背景存在很大不同。孝宗一朝除了初年短暂发生的宋金战争外,基本没有发生过大的对外战争,可以称得上是承平时期。高宗朝则不然,靖康之变后徽、钦二帝被掳北去,中央朝廷近乎瓦解,高宗孤身在外,仓促称帝,重建政权,直至绍兴七年宋金第一次和议达成前,高宗政权大多数时候都处于流亡状态,并不能确立起强有力的中央权威。一方面是金兵不断南侵,战火纷飞;另一方面,则是朝廷无力对地方实施有效管辖。在这种情况下,各种类型的武装动乱频发是不难想象的。这种动乱与发生在承平时期的动乱似不能等同视之。以绍兴七年为界,大致可将高宗朝分为两个阶段,前者属于创业阶段,后者则属于承平时期。根据何竹淇统计,高宗朝武装动乱发生的频率,在绍兴七年前后呈现出明显变化。绍兴七年以前的十一年时间中,共发生武装动乱65次,发生频率为5.9次/年;绍兴七年至绍兴三十二年高宗退位的25年,共发生武装动乱30次,发生频率为1.2次/年。我们要将孝宗朝与高宗朝进行比较,就只能将之与绍兴七年以后的高宗朝加以对比,同属承平时期的时代背景赋予了其可比性。如此一来,孝宗朝武装动乱发生的频率为1.57次/年,要明显高于高宗朝后半期的1.2次/年。由此可见,孝宗朝武装动乱发生的频率在整个南宋承平时期,是排名第一的。

这一结论似乎与通常习惯称道的"乾淳之治"存在着鲜明而强烈的反差。时任湖南安抚使的辛弃疾对此已有着敏锐观察,他上奏孝宗:"臣窃惟方今朝廷清明,法令备具,虽四方万里之远,涵泳德泽,如在畿甸,宜乎盗贼不作,兵寝刑措,少副陛下厉精求治之意。"事实则不然,"比年以来,李金之变、赖文政之变、姚明敖之变、陈峒之变,及今李接、陈子明之变,皆能攘臂一呼,聚众千百,杀掠吏民,死且不顾,重烦大兵,剪灭而后已。"孝宗励精图治于上,各种武装变乱却接二连三爆发于下。辛弃疾认为主要原因在于官府对百姓剥削过甚,如"陛下不许多取百姓斗面米,今有一岁所取反数倍于前者。陛下不许将百姓粗米折纳见钱,今有一石折纳至三倍者。并耗言之,横敛可知"。地方官员又为何敢于肆无忌惮剥削残害百姓呢?"州以趣办财赋为急,县有残民害物之政,而州不敢问。县以并缘科敛为急,吏有残民害物之状,而县不敢问。"原来州、县等地方机构为顺利完成财赋征收,对各自下级采取放纵政策,并未有力约束下属残害百姓。在这种情况下,百姓"不去为盗,将安之乎?"①赵汝愚也以在福建任职的经历提出了类似看法:"窃见比年濒海去处,间多盗贼,臣尝推究其原,皆缘州县官吏相承趣办财赋,不复究心宽恤细民,致彼衣食不充,冒法轻生,无所不至。"②辛弃疾、赵汝愚皆将矛头指向地方官吏,对作为最高统治者的孝宗则避而不谈,甚而夸赞其仁爱初衷,显然只是为尊者讳。若进一步追问何以州、县地方官府对征收财赋如此急切?孝宗理财以富国强兵的治国路线将隐隐浮现。我们不能说孝宗朝发生的数十次武装动乱皆与理财路线有关,但理财路线毫无疑问是导致动乱频发的一个至关重要的影响因素。

孝宗以理财为基础的恢复路线,最终蜕变成了聚敛厉民之路。虽然孝宗时常强调爱民,强调涵养民力,并为此采取了诸多举措,"蠲减之令,史不绝书"。③但形式更大于实质,真正起到的效果十分有限。叶适就不无讽刺地言道:"或有天患民病,尝一减租税,内出粟以示赈赡之意,则以为施大恩德于天下,君臣相顾,动色称贺,书之史官,以为盛美。"④朱熹亦称:"朝廷爱民之心不如惜费之甚,是以不肯为极力救民之事。"⑤个别的蠲减行为难以从根本上改变其恢复路线的聚敛厉民性质。

孝宗本人对该路线的聚敛厉民性质应是有所认知的,这从其刻意向朝野塑造自身节俭形象的努力中隐约可见。薛叔似曾批评朝廷赋税不断增加,民众负担沉重,称:"祖宗立国之初,除二税外,取民甚轻。自熙宁以

---

① 《历代名臣奏议》卷三一九,第4149—4150页。
② 《历代名臣奏议》卷一〇八,第1470页。
③ 《皇宋中兴两朝圣政》卷五八,第4册,第348页。
④ 叶适著,刘公纯、王孝鱼、李哲夫点校:《水心别集》卷二《进卷·民事上》,北京:中华书局,1961年,第652页。
⑤ 《朱熹集》卷二六《上宰相书》,第1133页。

来,赋日增而民困滋甚。"孝宗虽表示认可,但随即又补充道:"朕在宫中如一僧。"①孝宗明显是在用自己生活的清苦向薛叔似表明,向百姓的索取并非是为了其个人享受。类似表述尚有不少,很多时候孝宗甚至是在刻意向臣下展示生活上的勤俭朴素。胡铨《经筵玉音问答》记载:

> 隆兴元年癸未岁五月三日晚,侍上于后殿之内阁……食两味:鼎煮羊羔,胡椒醋子鱼。上谓予曰:"子鱼甚佳,朕每日调和一尾。可以吃两日饭。盖此味若以佳料和之,可以数日无馁腐之患。"予答曰:"陛下贵极天子,而节俭如此,真尧舜再生。"上谓予曰:"朕所为非强,乃天性然。"因举所服澹黄铺茸绣凤汗衫,谓予曰:"朕此领汗衫已着两年,今计尚可得数年。"……又谓予曰:"太上近日赐朕真红罗销金团龙汗衫一领……朕藏此领汗衫甚谨,朕不轻着,只往德寿宫及朔望临朝与大祭祀,则用此衬袞衣。乃太上生平所爱著者,是太上所赐朕者。"遂令贵妃取此领汗衫以示予,予进奏曰:"陛下天性恭俭,真太上之贤子,小臣之贤君也。"②

类似事例在孝宗朝时有发生,③我们不必质疑孝宗所说在多大程度上是事实,更值得关注的是,他似乎是在刻意利用各种场合,向臣下显示自己的艰苦朴素。虽说勤俭作为一种美德,差不多是每位帝王都渴望的赞誉,但如孝宗这般接二连三主动向臣下展示强调者,似不多见。结合孝宗因推行以理财为基础的恢复路线而被指为聚敛厉民,可以设想其如此做法应该正是对这种批评的特定回应,意在告知朝野其所作所为即便存在聚敛性质,根本目的亦完全是旨在实现恢复中原的宏图伟业。

孝宗朝通常被视作南宋最为繁荣兴盛的时期,杨万里称其时"朝廷清

---

① 《宋史》卷三九七《薛叔似传》,第 12091 页。
② 胡铨:《澹庵文集》卷二《经筵玉音问答》,《景印文渊阁四库全书》,第 1137 册,第 25—28 页。
③ 《宋史全文》卷二六上"淳熙三年九月"条,第 2177 页;叶绍翁撰、沈锡麟、冯惠民点校:《四朝闻见录》乙集《孝宗召周益公》,北京:中华书局,1989 年,第 57—58 页。

明,纲纪爰整。众正列布,百度咸熙。民物乐康,边鄙清淳。淳熙之治,视庆历、元祐无所与逊者"。①曹彦约称:"寿皇圣帝履九五之位二十有八年,朝廷无事,四方宁谧,士浑厚而成风,民富饶而知义,负者歌,行者乐,熙熙侃侃,相期于咸平、庆历、元祐之治。"②但在张栻、朱熹等时人眼中,却有着截然不同的观感。乾道年间,张栻言道:"臣切见比年诸道多水旱,民贫日甚,而国家兵弱财匮,官吏诞谩,不足倚赖。"③刘光祖亦在对策中言道:"臣窃见比年以来,天变见于上,民心摇于下,饥馑连年,盗贼须时而起,风俗薄恶,纪纲陵夷。"④至淳熙八年,朱熹又在奏札中言道:"皇帝陛下临御以来……二十年之间,水旱盗贼,略无宁岁。迩者垂象差忒,识者寒心。饥馑连年,民多流殍。"⑤差不多已是民不聊生。他们将之归咎于孝宗以理财为基础的富国强兵路线的推行,为此展开了激烈的反对与批判,进而促成了另外一条与之对立的恢复路线的出现。

---

① 《杨万里集笺校》卷一二〇《宋故少师大观文左丞相鲁国王公神道碑》,第4637页。
② 曹彦约著,尹波、余星初点校:《曹彦约集》卷一四《送权郎中守临江序》,成都:四川大学出版社,2015年,第315页。
③ 《宋史》卷四二九《张栻传》,第12772页。
④ 《历代名臣奏议》卷四九,第685页。
⑤ 《朱熹集》卷一三《辛丑延和奏札一》,第512页。

第二章　裕民为本:道学士大夫的恢复路线

后世针对孝宗之不能恢复感慨道:"高宗之朝,有恢复之臣,而无恢复之君。孝宗之朝,有恢复之君,而无恢复之臣。"①确实,孝宗的恢复主张遭到了不少士大夫的抵制。吕中《大事记》载:"恢复之机既失,虽虞允文始相,建议遣使,以陵寝故地为请,然识者以为当争之于未讲和之初,而不当争于和议已定数年之后。彼虽仁义不足而凶狡有余,反以大义责我。"因此,"当时端人正士,如张栻、黄中、刘珙、朱熹、吕祖谦最为持大义者也",皆对孝宗的恢复路线予以反对和批判。②但这并不是对恢复本身的反对,而是不能认同孝宗秉持之恢复路线。《宋史·赵雄传》就称:"张栻再被召,论恢复固当,第其计非是。"③在这些士大夫看来,孝宗以理财为基础的恢复路线完全背离了儒家的思想传统,是典型的战国功利之路。蔡戡在乾道二年的殿试对策中,针对孝宗的"富国强兵"之问直言不讳道:"至于富国强兵之术,此战国之君切切以咨其臣,战国之臣哓哓而告其君者也,臣未之学焉。"④朱熹在《戊申封事》中亦将富国强兵路线斥为"管商功利之说":"若夫管、商功利之说,则又陋矣。陛下所以取之者,则以既斥儒者之道为常谈死法,而天下之务日至于前,彼浮屠

---

① 佚名著,王瑞来校笺:《钱塘遗事校笺考原》卷二《孝宗恢复》,北京:中华书局,2016年,第45页。
② 《皇宋中兴两朝圣政》卷五四,第4册,第211—212页。
③ 《宋史》卷三九六《赵雄传》,第12074页。
④ 《定斋集》卷一一《廷对策》,第680—681页。

之学又不足以应之,是以有味乎彼之言,而冀其富国强兵或有近效耳。"①为推行富国强兵路线而对趋事赴功的崇尚,更是导致了士人道德品行的败坏,朱熹对弟子言道:"自隆兴以后有恢复之说,都要来说功名,初不曾济得些事。今看来,反把许多元气都耗却。管子,孔门所不道,而其言犹曰'礼义廉耻,是谓四维'。如今将礼义廉耻一切扫除了,却来说事功!"②与孝宗富国强兵的恢复路线相对,出现了另外一条迥然不同的恢复路线。

第一节　富国与裕民的对立

　　孝宗时期两种不同恢复路线的对立,在蔡戡的言论中有着突出体现。蔡戡,字定夫,福建仙游人,乾道二年进士及第,孝宗时历任京西转运判官、淮西总领、湖广总领、司农卿等职,颇有才具,孝宗御笔褒之曰:"卿通兵事,可以倚仗。"③不过,他对孝宗较为"急进"的恢复路线持反对立场。在《乞备边札子》中,蔡戡指出:"外坚和好,以休士卒,内修政事,以待机会,可谓得上策矣。"④在《论和战疏》中,他亦言道:"愿陛下甘言厚礼,外示和亲,选将厉兵,内修武备,凡自治之道,汲汲而为之,唯恐其不速,出师之期,徐徐而计之,不嫌其少缓。"⑤大致而言,就是在和议的掩护下,积极自治,增强国力,经过充分准备后,慎重地展开恢复行动。

　　蔡戡所说之自治的内容为何?与孝宗主张的富国强兵之间存在何种差异?在给虞允文的信中,蔡戡言道:

　　　　世之言治者,不过曰富国也,强兵也。言之则美而可听,听之则乐

---

① 《朱熹集》卷一一《戊申封事》,第485页。
② 《朱子语类》卷一〇九,第2701页。
③ 陆心源:《宋史翼》卷一四《蔡戡传》,杭州:浙江古籍出版社,2017年。
④ 《定斋集》卷一《乞备边札子》,第567册。
⑤ 《定斋集》卷二《论和战疏》,第585—586页。

而忘倦。为是说者,追时好,取世资而已。求以富国,国未必富,而民且贫。求以强兵,兵未必强,而国愈弱。利不一二,害将十百,不知究其本而从事于其末,去治逾远矣。有人焉,以仁义之说而告其君,非唯君之不信,众必相聚而笑之曰:是书生之常谈也,是迂儒之高论也。幸其君之不信,而得以申己之说。①

这里虽然没有明确提到恢复,但从前面的论述中已知富国强兵就是孝宗恢复路线的主要内容,因此蔡戡所说的就是当时流行的两条恢复路线。这两条路线,一则强调富国强兵,一则强调仁义为治。蔡戡站在后者的立场上否定前者,认为倡导富国强兵者不过是"追时好,取世资"而已。所谓"追时好",无非是指迎合孝宗的恢复志向。蔡戡接着解释了这些人反对以"仁义之说"图恢复的理由:"今日之势,似非昔比。疆土未复也,陵寝未修也,九重之上,禹菲舜癯,皇皇焉思中兴之治,旦暮而冀之。今欲责成效于数十年之后,是犹指来岁之粟以疗饥,亦已晚矣。"②明白揭示出孝宗坚持富国强兵的根本原因,就在于对完成恢复的"旦暮而冀之",希望在尽量短的时间内完成中兴大业。而仁义之说即便有效亦是在"数十年之后",对于急盼中兴的孝宗来说,无疑是过于迂远了。但蔡戡认为,富国强兵之说看似美好,实是欲速则不达。其最大弊端在于,"此说一行,未见其效,而民已告毙矣",③即会对黎民百姓造成严重损害。因此,仁义为治的主要内容就是强调恢复当从减轻民众负担开始:

为今日之计,莫若节浮费,省冗官,减无名之征以结民心,汰无用之卒而练军实,劝农桑而抑末作,示敦朴以振颓风。凡立政用人,发号施令,一本于仁义……不数年间,当有成效。虽不求以富国,而天下有余;不求以强兵,而天下无敌矣。④

---

① 《定斋集》卷八《上虞枢密书》,第645—646页。
② 《定斋集》卷八《上虞枢密书》,第646页。
③ 《定斋集》卷八《上虞枢密书》,第646页。
④ 《定斋集》卷八《上虞枢密书》,第646—647页。

蔡戡所赞成之仁义为治的恢复路线,与富国强兵路线下强调理财以获取更多财富相反,坚持恢复当从节省朝廷财政支出出发,进而轻徭薄赋,切实减轻民众负担,以赢得民心。如果说孝宗路线的核心在于富国,蔡戡恢复路线之核心就在于裕民。

在国家治理中,富国与裕民的对立由来已久。就南宋而言,在孝宗朝之前即有不少关于这方面的论述。两宋之际学者罗从彦称:

> 王者富民,霸者富国。富民,三代之世是也;富国,齐晋是也。①

认为将富民作为治国先务乃上古三代所行之王道,富国为先则是春秋战国所行之霸道,两者高下立见。差不多同时代的学者陈渊则称:

> 治天下有万世不易之道,有一时解纷之计……盖济一时之急者,不过富国而强兵;行万世而无弊者,非仁政不可也。夫仁政,得民之术也。得天下有道,得其民斯得天下矣。得其民有道,得其心斯得民矣。彼所谓富国者,困民之本也;所谓强兵者,毒民之资也。以是而欲得民之心,不亦难乎?②

若要实现国家的长治久安必须施行仁政,所谓仁政本质上就是爱惜百姓,赢得民心。富国强兵则恰恰相反,只会对百姓利益造成损害,导致丧失民心。值得注意的是,无论罗从彦还是陈渊皆为道学中人。罗从彦,字仲素,南剑人,"闻同郡杨时得河南程氏学,慨然慕之,及时为萧山令,遂徒步往学焉"。深得杨时器重。朱熹称:"龟山倡道东南,士之游其门者甚众,然潜思力行、任重诣极如仲素,一人而已。"③陈渊,字知默,南剑州沙县人,早年从学二

---

① 罗从彦:《豫章罗先生文集》卷一一《议论要语》,《宋集珍本丛刊》,第32册,北京:线装书局,2004年,第460页。
② 陈渊:《默堂先生文集》卷一四《仁政得民心》,《四部丛刊三编》,上海:上海书店出版社,1989年,第18页a。
③ 《宋史》卷四二八《罗从彦传》,第12743、12745页。

程,后学于杨时,亦为杨时之婿,世称默堂先生。① 这种共同的出身提醒我们,提倡富民,反对富国,虽未必是道学中人独有之主张,但他们无疑是最为突出的推崇者。

随着孝宗即位后执意推行富国强兵的恢复路线,旗帜鲜明地将富国置于优先于改善民生的地位,进一步激化了富国与裕民两种观念的矛盾与冲突,而道学中人则顺理成章成为最主要的反对者。

第二节 道学士大夫对裕民路线的支持

在强调以裕民为核心之恢复路线的支持者中,最为主要的群体就是道学士大夫。下面选择活跃于孝宗时期的部分有代表性的道学士大夫,考察他们对于孝宗恢复路线的态度,以及自身有关恢复的主张。

1. 张栻

张栻与朱熹、吕祖谦并称"东南三贤",差不多是孝宗时期道学群体中最有影响力的人物之一。他在恢复上的立场如何呢？作为抗金领袖张浚之子,张栻的出身本就赋予了其不同寻常的身份,加之早年在其父幕府担任参佐幕僚职务,"内赞密谋,外参庶务",表现出了突出的军政才能。② 特殊的出身和突出的才能,让张栻一度成为孝宗、虞允文等人心目中可以襄助恢复的理想人选,虞允文"意栻素论当与己合,数遣人致殷勤"。③ 然而,张栻选择站在了虞允文等人的对立面,对后者的数致殷勤皆"不答"。入对孝宗时,他提出了对恢复的看法:"夫欲复中原之地,先有以得中原之心；欲得中原之心,先有以得吾民之心。求所以得吾民之心者,岂有他哉？不尽其力,不伤其财而已矣。"④恢复中原当从赢得民心,尤其是赢得本国民心开始。如何

---

① 黄宗羲著,全祖望补修,陈金生、梁云华点校:《宋元学案》卷三八《默堂学案》,北京:中华书局,1986年,第1264—1265页。
② 《宋史》卷四二九《张栻传》,第12770页。
③ 《宋史》卷四二九《张栻传》,第12771页。
④ 《宋史》卷四二九《张栻传》,第12771页。

才能赢得民心呢？主要办法就是爱惜民力，保存民财。

有鉴于此，张栻对孝宗君臣汲汲于理财以图恢复的做法深为不满。担任侍讲期间，他利用经筵的机会向孝宗反复阐发以民为本的理念："臣观三代令王，必知稼穑之艰难，其后妃必知织纴之勤劳。惟其身亲之，视民如伤，其心诚痛切也。后来只为不知艰难，故都不省察，但见目前一事之办、一令之行，不知百姓流离困苦于下。"只有以百姓之心为心，才能真正赢得民心亲附，而赢得民心正是帝王为治根本："若人主之心，念念在民，惟恐伤之，则百姓之心自然亲附如一体。若在我者先散了，此意思与之不相管摄，则彼之心亦将泮涣而离矣，可不惧哉！自古帝王为治，皆本乎此。"但"兴利之臣"为求己说获用，时常非毁此种以民为本的观点，"后世兴利生事之臣，先毁薄此论，谓之陈腐，亦无怪其然。盖须指此为陈腐，则彼兴利生事之说方得而进"。当时"兴利之臣"宣扬两种言论："或云'小害无伤'，或云'要得立事，扰人不奈何'。"前者认为为实现某种目的，对百姓造成一定伤害是可以允许的；后者认为若要做事，对百姓产生一定的扰动也是在所难免。张栻称："此等议论，乃坏国家元气毒药。"他针对后者评论道："济大事必以人心为本，若未曾做得一毫事，先扰百姓，失却人心，是将立事根本自先坏矣，乌能立哉！"张栻发此言时朝廷面临的首要之务便是恢复，"兴利之臣"的大量涌现正是孝宗注重理财的直接结果。因此，此言并非泛泛而论，乃是针对孝宗恢复路线的婉转批判。不过，张栻同时又对另外一种以"养民"为名而苟且偷安的言论加以了批判，"然而又有一等颓堕苟且之论，借养民之说，却是要玩岁愒日，都无所为，此反害正论。臣所论先王养民之政，盖其所施行，具有本末先后，正合朝夕讲究，以次行之，非是恬然不为"。① 很明显，张栻并非反对孝宗的恢复志向，而是对其为恢复而采行之路线的不以为然。在他看来，只有通过养民赢得民心，才能真正实现恢复大业。

2. 朱熹

"东南三贤"中的另一位道学大儒朱熹，据称其曾说道："言规恢于绍兴

---

① 张栻著，杨世文点校：《新刊南轩先生文集》卷八《经筵讲义》，载《张栻集》，北京：中华书局，2015年，第867—868页。

之间者为正,言规恢于乾道以后者为邪。"①朱熹是否说过此言姑且不论,②但他反对孝宗主张之恢复则是确凿无疑的。与张栻一样,他反对孝宗恢复同样并非出于对恢复本身的否定,而是对孝宗恢复路线的不能苟同。在张栻神道碑中,朱熹批评虞允文:"虽以恢复之说自任,然所以求者类非其道。"③乾道年间,朱熹致信张栻:"熹尝以为内修外攘,譬如直内方外,不直内而求外之方固不可,然亦未有今日直内而明日方外之理。须知自治之心不可一日忘,而复仇之义不可一日缓,乃可与语今世之务矣。"④认为对金复仇当以自治为基础。朱熹口中的"自治"又有着怎样内涵呢?本节开头提到,在朱熹眼中,富国强兵的恢复路线纯粹是"管商功利之说",最大弊端就在于病民。据王柏称,朱熹针对富国强兵批评道:"国富则民贫,兵强则民病。"⑤因此,富国强兵不是恢复的正确道路,恢复应从爱民开始。朱熹对弟子言道:"某常见一宰相说,上甚有爱人之心,不合被近日诸公爱说恢复。某应之曰:'公便说得不是,公何不曰爱人乃所以为恢复,恢复非爱人不能?'"⑥此宰相为谁不得而知,但"诸公爱说恢复"必是指孝宗时。这位宰相的意思是,孝宗本有爱人之心,只因朝中大臣爱说恢复,致使孝宗未能真正做到爱人。将恢复与爱人对立起来,正是孝宗坚持富国强兵恢复路线的结果,所以这位宰相实际上是在指责孝宗的恢复主张。朱熹认为,宰相此说并不恰当,他应该奏明孝宗爱人正是为了恢复,也只有爱人才能实现恢复。可见,朱熹并不是在否定这位宰相的观点,而是指出仅仅批判孝宗路线是不够的,还需要向孝宗指明爱人才是恢复根基,如此才能将热心于恢复的孝宗从富国强兵的路线上转变过来。将这段话与前引朱熹致张栻信中之言相对

---

① 李性传:《饶州刊朱子语续录后序》,《朱子语类》,第4页。
② 方震华对此言是否为朱熹所言提出了质疑,见氏著《朱熹与恢复论——"立场改变说"的检讨》,《唐宋历史评论》第五辑,2018年。
③ 《朱熹集》卷八九《右文殿修撰张公神道碑》,第4547页。《建炎以来朝野杂记》乙集卷八《晦庵先生非素隐》(第633页)载:"虞雍公当国,复召。先生以素论不同,力辞者四。"朱熹力拒虞允文的推荐,也当是出于同样的理由。
④ 《朱熹集》卷二五《答张敬夫书》,第1052页。
⑤ 《鲁斋集》卷五《送曹西淑序》,第69页。
⑥ 《朱子语类》卷一三三,第3200页。

照,可明显看出,朱熹所说"自治"的核心内容即是"爱人"。在朱熹一系列奏疏中,这一观点有着清晰体现。

淳熙七年,朱熹在南康知军任上应诏上疏,陈述了在实现恢复与改善民生关系上的看法。他开宗明义地指出:"天下国家之大务莫大于恤民,而恤民之实在省赋,省赋之实在治军。"改善民生主要在于减轻民众负担,轻徭薄赋,与民休息。鉴于朝廷财政的大部分耗费于军队,治军理应成为改善民生的重点。他对孝宗为实现富国强兵而过分汲取州县财赋的做法提出了批评,认为当时任事之臣"惟务追趣州县,使之急征横赋,戕伐邦本。而其所以欺陛下者,则曰如是而国可富,如是而兵可强。陛下亦闻其说之可喜,而未究其实,往往误加奖宠,畀以事权。是以比年以来,此辈类皆高官厚禄,志满气得,而生民日益困苦,无复聊赖。草茅有识之士相与私议窃叹,以为莫大之祸、必至之忧近在朝夕,顾独陛下未之知耳"。为避免出现这"莫大之祸"就必须改弦更张,"为今之计,欲讨军实以纾民力,则必尽反前之所为,然后乃可冀也"。朱熹提出了三条具体措施:一、"选将吏、核兵籍可以节军赀";二、"开广屯田可以实军储";三、"练习民兵可以益边备"。行此三者以实现裕民之成效,可能需要十数年时间。在这段间隔期中如何改善民生呢?朱熹指出:"其功效未能遽见之间,而欲亟图所以纾州县民间目前之急者,则愿深诏主计将输之臣,且于见今桩积金谷绵绢数内,每岁量拨三二十万,视州郡之贫乏者,特与免起上供官物三五分而代其输。"如此力行十数年,"州县事力既益宽舒,然后可以禁其苛敛,责以宽恤,岁课而时稽之,不惟去其加耗预借非法科敷之弊,又视其土之肥瘠、税之轻重而均减之,庶几穷困之民得保生业,无复流移漂荡之意。所在旷土,亦当渐次有人开垦布种,而公上之赋亦当自然登足,次第增羡,不俟程督迫促而国真可富,兵真可强矣"。① 可以看到,朱熹之说与孝宗的富国强兵路线差不多截然异趣,孝宗强调通过理财以尽快聚集起财富,为此不惜暂时劳民。朱熹则认为真正的富国强兵当从改善民生始,为此不惜让朝廷拿出封桩储存的财赋为民众代缴赋税。双

---

① 《朱熹集》卷一一《庚子应诏封事》,第450—458页。

方可谓同归而殊途。朱熹此奏令孝宗深为不满,大怒道:"是以我为亡也。"①在孝宗看来,朱熹所言无异于指责恢复路线为亡国之道。端赖宰相赵雄从中缓颊,朱熹方免遭惩处。②

淳熙九年,在浙东提举常平茶盐公事任上的朱熹"以前后奏请多所见抑,幸而从者,率稽缓后时,蝗旱相仍,不胜忧愤",③再次上疏批评时政。他首先指出"累年之旱,谴告已深,今日之灾,地分尤广,非惟官府民间储备已竭,而大农之积亦已无余。又当大礼年分,户部催督州县积年欠负官物,其势不容少缓。凡所以为施舍赈恤之恩者,窃恐又必不能如去年之厚"。认为这正是"安危治乱之机,非寻常小小灾伤之比也"。接着他提出救解之道,一是要求孝宗下诏罪己,承认治国失策,"为今之计,独有断自圣心,沛然发号,深以侧身悔过之诚,解谢高穹。又以责躬求言之意,敷告下土。然后君臣相戒,痛自省改,以承皇天仁爱之心,庶几精神感通,转祸为福"。二是采取一系列具体举措,切实减轻民众负担。"其次则唯有尽出内库之钱,以供大礼之费,为收籴之本,而诏户部无得催理旧欠。诏诸路漕臣遵依条限,检放税租。诏宰臣沙汰被灾路分州军监司守臣之无状者,遴选贤能,责以荒政,庶几犹足以下结民心,消其乘时作乱之意"。这些具体举措的主旨很明显,就是要求朝廷减轻对地方财赋的攫取。同时,将救灾恤民作为地方施政重心。换句话说,就是要求将裕民作为治国根本。若不能做到这些,"臣恐所当忧者不止于饿莩,而在于盗贼;蒙其害者不止于官吏,而上及于国家也"。④ 他还致书宰相,更为直白地表达了自家主张:"大抵朝廷爱民之心不如惜费之甚,是以不肯为极力救民之事。明公忧国之念不如爱身之切,是以但务为阿谀顺指之计。此其自谋,可谓尽矣。然自旁观者论之,则亦可谓不思之甚者也。盖民之与财,孰轻孰重? 身之与国,孰大孰小? 财散犹可复聚,民心一

---

① 《宋史》卷四二九《朱熹传》,第12754页。《建炎以来朝野杂记》乙集卷八《晦庵先生非素隐》中"是以我为亡也"作"是以我为妄也"。(第634页)
② 《建炎以来朝野杂记》乙集卷八《晦庵先生非素隐》,第634页。
③ 《宋史》卷四二九《朱熹传》,第12756页。
④ 《朱熹集》卷一七《乞修德政以弭天变状》,第682页。

失,则不可以复收。身危犹可复安,国势一倾,则不可以复正。至于民散国危而措身无所,则其所聚,有不为大盗积者耶?"①严厉抨击了朝廷为理财而过分聚敛,以至不顾民众生计的行为。

3. 吕祖谦

东南三贤中,吕祖谦在道学上的地位在后世可能较朱熹、张栻为弱,但在孝宗时期,其影响力则有过之而无不及,全祖望即称:"乾、淳之际,婺学最盛。"②面对孝宗的锐于恢复,吕祖谦同样持有异议。乾道年间,他在召试馆职的对策中言道:"天下之患,懦者常欲一切不为,锐者常欲一切亟为。甲兵朽,铁钺钝,养痈护疽,偷取爵秩,各饱其欲,而日腠月削之患独归国家,是滔滔者既不可胜诛。号为有意斯世者,又复不审前后,不量彼己,而轻发之,终无于是。"③在一道策问中,他又言道:"屠儒腐生,玩岁愒日者,固不可与论恢复之略。鸣剑抵掌,志吞狼居之北,莫不壮其快,然横挑强敌,败人事者,又未必非此曹。"④这里指出了孝宗时期朝野流行的两种对于恢复的态度:一种是因循苟且,无所作为,置恢复于度外;另一种则看似奋发有为,志于恢复,却又不能审时度势,轻率妄为,反倒可能破坏恢复事业。后一种锐意有为的"急进"做法正是孝宗所支持,故也成为吕祖谦批判的重点。乾道六年轮对中,吕祖谦言道:"臣窃以谓沮计害成者,陛下既已知所恶,将顺奉承者,陛下亦当知所察。""沮计害成"即是指那些因循苟且,不思进取之辈,也正是孝宗厌恶的对象。而所谓"将顺奉承者",则是指迎合孝宗力主"急进"恢复者,孝宗应当警惕的正是后一种人。在吕祖谦看来,对于恢复大事理应有着详细审慎的规划,绝非凭血气之勇贸然而为即可成功。然而,现在那些"将顺奉承者,多为赞美称诵之辞,既未尝献疑,复无所论难"。这些人"岂所见真如是之同哉?特欲偷取一时之快,以钓爵秩,势迫事急,又为他说自解而去,独遗陛下以忧劳,初非实有徇国捐躯之志也"。⑤ 不过皆是些迎合

---

① 《朱熹集》卷二六《上宰相书》,第1133页。
② 《宋元学案》卷六〇《说斋学案》,第1954页。
③ 《东莱集》卷五《馆职策》,第45页。
④ 《东莱集》外集卷一《策问》,第366—367页。
⑤ 《东莱集》卷三《乾道六年轮对札子二》,第29页。

君主,钓取功名富贵之徒而已。

真正的恢复应当如何呢？吕祖谦并未就此展开具体论述,但从在其他各处的诸多言论可以看出,他乃是将普通百姓视作恢复根本。他言道:"国之根本,全在小民。其兴其亡,不在大族,不在诸侯,不在奸雄、盗贼,止在小民之身。"① 又称:"国以民为本,无民安得有国乎？故重社稷必爱百姓也。"② 国家根本在此,要实现恢复大业根本自然亦在于此,单纯的精兵利甲、金城汤池并不足以成事,"国家到得根本民心已离,虽甲兵之利,城池之固,皆不足恃,以此知古先圣王所以培养根本者以此"。③ 恢复自免不了对外用兵,吕祖谦指出用兵亦必须以赢得民心为基础:"吾尝论古人之言兵,与后人之言兵,瞰然不同。曹刿问何以战,公始对以惠民,刿不以为然,则对以事神,刿又不以为然,则对以听狱。三答曹刿之问,略无片言及于军旅形势者,何耶？盖有论战者,有论所以战者。军旅形势者,战也;民心者,所以战也。二者犹泾渭之不相乱,河济之不相涉。"④ "军旅形势"等军事方面的要素对于行军作战固然重要,但决定战争成败更为关键的乃是民心向背,赢得民心则当从与民休息开始。他针对《左传》中有关楚平王用兵吴国的一段记载发表议论:其时,"平王初即位,当时吴灭州来,子旗请伐吴,平王不许,曰:'吾未抚吾民,未可用兵。'到得即位五年之后,却举兵动众,遂城州来,以挑吴而取之"。楚平王即位之初,面对吴国的挑衅,以尚未能"抚民"为由,选择忍气吞声。五年之后,"平王与左右自谓息民五年,可以用兵",决定进攻吴国。然而,大臣沈尹戌却断言"楚人必败"。吕祖谦就此指出"学者观此,须知平王徒有息民之名,而无息民之实。……古之所谓息民者,如晋悼公之施舍,已责器用不作,衣服从给,当时三驾而楚不能与之争。他当时既息民于外,然器用不作,衣服从给,亦何尝劳民于内？方可谓之息民。平王虽不

---

① 吕祖谦著,时澜修定:《增修东莱书说》卷二二《召诰第十四》,《景印文渊阁四库全书》,第57册,第348页。
② 《东莱集》别集卷一《宗法》,第166页。
③ 吕祖谦:《左氏传说》卷二〇,《景印文渊阁四库全书》,第152册,第134—135页。
④ 吕祖谦:《左氏博议》卷六,《景印文渊阁四库全书》,第152册,第357页。

劳民于外,而实劳于内,如何便认以为息民"。① 原来,楚平王即位五年虽未劳民伤财对外用兵,但在国内骄奢淫逸,大兴土木,对百姓的伤害更甚于用兵,是其所谓"息民"乃有名无实,这也就决定了对吴用兵必败的结局。这段议论充分体现出吕祖谦对外用兵须以真正与民休息为基础的观念。不过,他也与张栻类似,对以"息民"为借口而贪图苟安的言论保持警惕,"后世奸臣之事君,或十年,或二三十年,以息民为言,而缓于用兵者,皆非其本心"。②

孝宗虽锐意恢复,但并未能很好的做到与民休息。淳熙四年轮对中,吕祖谦指出:"厥今敌势陆梁,而国仇未雪,民力殚尽,而邦本未宁,法度具存,而穿穴蠹蚀,实百弊俱极之时。"③"民力"本为对金复仇实现恢复的基础,然而如今"国仇"尚"未雪","民力"却已"殚尽"。"民力殚尽"的原因明显与朝廷过分攫取有关。在吕祖谦看来,"庶民安,故财用足",朝廷若要富国亦当从安民开始,"盖民有定居,而上不扰之,则可以生殖财用。上既爱下,下亦爱上,此是第一件。其次欢欣奉上,乐输其财,和气感召,则时和岁丰,万物盛多"。④ 只有保证百姓安居乐业,百姓才能创造出大量财富,而朝廷的爱民举措亦将获得百姓归心,让他们真正成为恢复事业的支持者。

4. 薛季宣

与吕祖谦的婺学同时存在的另一个重要学派——永嘉学派,其主要人物如薛季宣、陈傅良等在恢复上也与张栻等人存在着根本上的相通之处。陈傅良的情况将在第六章详细探讨,这里主要关注薛季宣。

薛季宣,字士龙,号艮斋,学者称艮斋先生,乃永嘉学派创始者。⑤ 他少年时跟随伯父薛弼宦游各地,"及见渡江诸老,闻中兴经理大略。喜从老校、退卒语,得岳、韩诸将兵间事甚悉"。后师事袁溉,"溉尝从程颐学,尽

---

① 《左氏传说》卷一四,第 101 页。
② 《左氏传说》卷一四,第 101 页。
③ 《东莱集》卷三《淳熙四年轮对札子一》,第 30 页。
④ 《东莱集》别集卷一《宗法》,第 166 页。
⑤ 《宋元学案》卷五二《艮斋学案》,第 1690 页。

以其学授之。季宣既得溉学,于古封建、井田、乡遂、司马法之制,靡不研究讲画,皆可行于时"。① 可以说是一个服膺于道学而有志于事功之人,吕祖谦就曾言其"向来喜事功之意颇锐",②但他对孝宗"急进"的恢复路线同样不以为然。他与乾道年间积极支持孝宗恢复的枢密使王炎交好,曾得王炎推荐,但他在与王炎的书信往来中,屡屡对当时的恢复主张予以批判。他对王炎说道:"比年人情苟且,类少深远之谋,众人幸于偷安,狂妄则希生事。偷安固一切不问,生事则轻议伐人。"是则当时流行着两种风气,一种是贪图苟安,不思进取;一种则是不自量力,急于用兵以图恢复。薛季宣对两者皆予以了抨击,而后者指向的无疑正是孝宗、王炎"急进"恢复的主张。他将那些极力鼓吹用兵者称作"喜事之臣"。在他看来,南宋并不具备发动恢复的条件,"方今人人异意,不可谓'道',灾变数起,不可谓'天',以江左而争中原,不可谓'地',以贪戾而帅骄卒,不可谓'将',将士不相安习,不可谓'法'。于斯五者,曾莫之计,又不可谓知之也"。而金朝则并非想象中那般虚弱,"虏能包藏隐忍以成鸣镝之事,未可以无能视之"。宋金相较,亦不过伯仲之间,难言胜负,"我自隆兴、乾道之后,星文屡变,水潦荐臻,流离之民充满道路,骄悍之卒气凌州府,或悖而辱长吏,或起而为盗贼,皆有形验,安可谓加于虏?"③因此对孝宗急于用兵持怀疑态度,"主上用兵之意每形天语,空言挑虏,兵计固当然乎?有谋人之心而使敌人疑之,殆矣!"正确的恢复路线应该是在维持宋金和平基础上的积极自治,"圣人内求诸已,无取于物,我自能而何敌之问焉。国家上当同君臣之心,明忠邪之辨,众贤登进,百度自举,感神格天,何求不获,区区夷虏,夫何足道"。只有经过一个较长时间的自治过程,方有可能伺机恢复,"至于用兵,则请留待十年之后,必以机会而举"。④

薛季宣强调的积极自治,明显与孝宗君臣主张的富国强兵存在差距。

---

① 《宋史》卷四三四《薛季宣传》,第12883页。
② 《东莱集》别集卷七《与朱侍讲(元晦)二〇》,第239页。
③ 《薛季宣集》卷一七《又与王枢密札子》,第288—289页。
④ 《薛季宣集》卷一七《又与王枢密札子》,第206—207页。

在另一封给王炎的信中,他指出:"不正于始,后将迟之。昧者不图,而奔波于军旅甲兵之间,期会簿书之内。此固政之纪纲,国之大事,语其先后,非所急也。天下切务不过数节,自非君臣同德,将何由济?不然,虽光复中夏,犹无益也。"①陈傅良在薛季宣行状中则称:"方虞公锐意于事,一时言利言兵自衒鬻者甚众,守经不阿或被罢斥。公见之晚,犹冀幸一改听。"②"军旅甲兵"自指强兵,"期会簿书"则指富国,围绕此目的所用之人自然多是"言利言兵"者。是则薛季宣所言即针对孝宗、虞允文富国强兵的恢复路线而发。他承认这些事务都很重要,却非当务之急,若执意奉行该路线,即便恢复中原,从长远来说亦于国家无益。在孝宗的召对中,薛季宣表达了对偏重理财的不满,言道:"臣窃怪近世治不及古,自朝廷至于郡县,皇皇财用,弊弊焉常患其不给。百姓朘肌及髓而日以益甚。"认为朝廷汲汲理财的做法给民众造成了深重苦难。③ 在给时任枢密使汪澈的书信中,亦对竭泽而渔式地理财提出了批评:"比年理财诸公,设为奉上之说,侵渔至于竭泽,郡县习以相高,至民事则缓之,殊失所谓奉上理财之意。"④因此,薛季宣在地方任职时,"凡可以纾民力者,知无不言"。⑤ 对朝廷为理财过分攫取地方财赋的做法则予以坚决抵制,担任湖州知州期间,户部奏称:"诸州经总制钱皆出场务酒税杂钱,分隶以纳,今多隐余,分隶不尽,得自便恣用,请更为令,监司给历,州县以凡日收钱,撼实系历分隶,否则劾闻。"各地场务酒税杂钱,本来为朝廷、地方分享,如今户部以部分杂钱收入为州县隐漏私用为名,意图将这部分收入收归朝廷。这显然是在进一步剥夺地方州县的经费以充实朝廷用度。据说"令下,吏相顾莫敢建明者"。薛季宣则"独首奋为当路言之",⑥他指出:"自经总制立额,州县凿空以取盈,虽有奉法吏思宽弛而不得骋。若复隶额外征掇其强半,郡调度顾安所取?殆复为佗谬巧,重取之民,民何以胜!"此

---

① 《薛季宣集》卷一七《与王枢密札子》,第205页。
② 《陈傅良先生文集》卷五一《右奉议郎新权发遣常州借紫薛公行状》,第638页。
③ 《薛季宣集》卷一六《召对札子二》,第191页。
④ 《薛季宣集》卷二二《与汪枢使明远三》,第288页。
⑤ 《东莱集》卷一〇《薛常州墓志铭》,第93页。
⑥ 《陈傅良先生文集》卷五一《右奉议郎新权发遣常州借紫薛公行状》,第642页。

举引起户部的不满,但薛季宣不为所动,"户部镌谯愈急,公争之愈强",台谏亦"交疏助公",朝廷"遂收前令"。①

薛季宣认识到造成朝廷汲汲理财的根源在于冗官与冗兵,正所谓"冗官冗兵,害政伤财之本也",②那么问题的解决就应该从这两处着手,通过整顿官吏与军队来节省开支;而非致力于理财,毫无节制地剥削百姓,以满足冗官冗兵之需。在他看来,要实现恢复"莫若以仁义纪纲为本",其仁义所施的主要对象就是普通百姓。在他的治国理念中,普通百姓被置于了根本性地位,在《论民力》中言道:"窃闻民惟邦本,本固邦宁。为国劳民,未有能固其国者。"他以在荆湖任职的亲身经历指出:"比年以来虚乏甚矣,谓朝廷待敌之计莫若爱抚边民,使其民愿为我氓,安有不济。今日之事反为先困边民,困而流离,何所不至?"③通过爱抚百姓以赢得民心,让百姓自愿支持恢复事业,方是真正意义上实现恢复的正确道路。

5. 汪应辰

孝宗朝名臣汪应辰,也对富国强兵的恢复路线进行了批判,着眼点同样在于强调养民之重要。汪应辰"少受知于喻樗,既擢第,知张九成贤,问之于樗,往从之游,所学益进",又曾"从吕居仁、胡安国游,张栻、吕祖谦深器许之,告以造道之方"。④ 与朱熹亦关系密切,属道学中人。乾道四年,汪应辰在转对中向孝宗阐述了在对金关系上的立场,他首先对流行的两种和战路线进行了批评:"欲和者则以无事为安,讳兵而不言,偃武而不修;欲战者则不相时,不量力,而姑徼幸于一胜。此二者皆非也。二者皆非,则将何适而可?亦曰反其本而已。反其本者,自治之谓也。"这里的"和"显然是指秦桧以来的主和路线,"战"则当是指孝宗坚持的"急进"路线。他认为两条路线都是错误的,正确的做法应当是"自治"。汪应辰虽然将和、战并称,但重点则在后者,故他强调:"臣愿陛下无欲速,无见小利,而专以自治为本。"对与

---

① 《东莱集》卷一〇《薛常州墓志铭》,第92—93页。
② 《薛季宣集》卷一六《召对札子二》,第191页。
③ 《薛季宣集》卷二〇《论民力》,第327页。
④ 《宋史》卷三八七《汪应辰传》,第11876页。

金朝的和议,汪应辰大致上是认为在"自治"未取得成效之前可暂时予以维系,"夫夷狄而侵中国,此文王之所当愠怒而不释者也,故不殄厥愠。国与夷狄为邻,则聘问之礼有所不可已也,故不殄厥问。苟吾之政事井井乎其有条理,所植之木则拔而茂盛,所行之道则兑而成蹊。以中国之治而制夷狄之乱,则彼将遁逃而日以困穷矣。文王之政,其先后本末之序如此,万世所不可易也"。①

朱熹言道:"近世如汪端明,专理会民;如辛幼安,却是专理会兵,不管民。"②明确指出汪应辰与辛弃疾在为官施政上的鲜明区别,就在于一者将百姓作为中心,一者将军事作为中心。汪应辰"自治"主张的核心即在爱民。乾道五年,他上呈《论爱民六事疏》,开篇直言:"昔大有为于天下之君,虽酬酢事变,不一而足,然皆以畏天爱民为本。"孝宗作为有志于恢复的大有为之君,自然概莫能外。随后奏疏对战国之君不行仁政,专尚霸道予以批判。奏疏分别以齐宣王和汉高祖、汉光武帝为例,从正方两方面论证了实行以养民为核心的仁政,看似迂阔不切实用,却是一统天下之正道。紧接着奏疏联系孝宗朝现实,提出了六条具体意见,第一条要求慎重选择监司、郡守等地方官员。第二条批评当时"献言进计之人,类多舍循常而好纷更",这些"纷更之说","听其言则美,施于事则悖,民受其弊,当在于此"。第三条针对州县科敛之弊,"榷货之利,今数倍于前代,州县或科敛以取办,虽未能蠲减,不宜有所增加,以重困民力"。第四条针对地方官员进献羡余以谋进取之弊,"州县费用,比承平时不翅十倍,岂复更有羡余? 贪猾之吏,往往刻剥进献。顷虽禁止,未能尽革,自今有犯令者,陛下必行绌罚,以明示好恶"。第五条,针对地方和籴、派役等弊政,"收籴粮储、缮修器械之类,诸所费用,悉宜计其实值,给降本钱,无使州县于百姓重赋之外,复有此等赔累,或更并缘肆为奸利"。第六条则是针对训练民兵之弊,"民竭其财力以养兵矣,而又欲以民为兵,恐其不足以御盗而适以为盗也"。③ 表面上看,六条举措似乎都只是就

---

① 《历代名臣奏议》卷三四九,第4548—4549页。
② 《朱子语类》卷一三二,第3179页。
③ 《文定集》卷五《论爱民六事疏(乾道五年)》,第624—625页。

地方行政弊病泛泛而谈,无甚特别,但联系到乾道五年前后正是孝宗恢复热情最为高涨的时期,就可看出进献羡余、科敛、和籴、训练民兵等事,无不服务于富国强兵路线。汪应辰强调养民的言论,无异于从根本上否定了这一路线。

正因如此,汪应辰的批判引起了很大反响,《宋史·汪应辰传》称:"论爱民六事,庙堂议不合,不悦者众。"①"庙堂"当指刚于乾道五年八月拜相的虞允文,《宋史·陈俊卿传》载:"吏部尚书汪应辰与允文议事不合,求去,俊卿数奏应辰刚毅正直,可为执政。上初然之,后竟出应辰守平江。"②虞允文是孝宗富国强兵恢复路线的积极支持者,故与汪应辰的主张恰相抵触,无怪乎会"议不合"。这也决定了汪应辰很难长久立身朝中。汪应辰离朝的经过,《宋史》本传记载:"应辰在朝多革弊事,中贵人皆侧目。德寿宫方甃石池,以水银浮金凫鱼于上,上过之,高宗指示曰:'水银正乏,此买之汪尚书家。'上怒曰:'汪应辰力言朕置房廊与民争利,乃自贩水银邪?'应辰知之,力求去。"③"置房廊与民争利"应是孝宗诸多理财举措之一,大概汪应辰曾对此严厉批判,引起孝宗含怒于心,当从高宗处听闻汪家竟然有贩卖水银的行为后,蕴积胸中的愤怒喷涌而出。高宗所指是否属实并不重要,重要的是该故事表明,孝宗与汪应辰分歧的焦点就在于朝廷是否当与民争利,或者说是孝宗秉持的理财路线是否合理的问题。孝宗的不满成为汪应辰被迫离开朝廷的最主要原因。

可以看到,在孝宗时期,与孝宗君臣倡导的以理财为基础的恢复路线相对,出现了另外一条以裕民为核心的恢复路线。两条路线虽然皆将恢复作为最终目标,但实施的具体步骤迥然不同。前者将"理财以富国"作为恢复根基,认为富国优先于改善民生。后者则将"裕民以固结民心"作为恢复根基,强调将改善民生置于恢复的优先位置。以道学中人为主体的士大夫

---

① 《宋史》卷三八七《汪应辰传》,第11881页。
② 《宋史》卷三八三《陈俊卿传》,第11789页。
③ 《宋史》卷三八七《汪应辰传》,第11881页。

群体成为裕民路线的最重要支持者。在他们看来,两条路线的区别是"义"与"利"的对立。孝宗所主张的乃是不折不扣的功利之路,而裕民路线则属于儒家的仁义传统。较之孝宗的"急进"路线,裕民路线似乎更为稳妥,至少不用冒着立即与金朝交兵的风险。但其缺陷也是明显的:一方面,该路线耗时更长,至少需要十年甚至更久的时间。如刘珙就对孝宗言道:"复仇雪耻,诚今日之先务。然非内修政事,有十年之功,臣恐未易可动也。"①薛季宣认为:"至于用兵,则请留待十年之后,必以机会而举。"②朱熹亦称:"恢复之计,须是自家吃得些辛苦,少做十年或二十年,多做三十年。"③另一方面,该路线强调在维系和议的前提下积极自治。设想固然美好,却可能让很多苟安者借此安于现状,不思进取。正如胡铨所言:"议者乃曰:'外虽和而内不忘战。'此向来权臣误国之言也。一溺于和,不能自振,尚能战乎?"④朱熹对此也有着清醒认识,他对黄榦抱怨:"国家只管与讲和,聘使往来,贺正贺节,称叔称侄,只是见邻国,不知是仇了!"⑤薛季宣亦称:"议和之始,未尝不为善后之说,所谋一遂,则将歌颂太平,文饰礼乐,居身周公之地,以天下为弗复事矣。"⑥无论是朱熹等道学中人,还是与道学关系相对疏远的蔡戡等人,在给孝宗的进言中皆不厌其烦地强调"正心",大概就是想通过君主的发愤图强来振作朝野士气,打破因循苟且之局面,只是这显然是相当困难的。

第三节 陈亮、叶适的恢复立场

陈亮、叶适这两位在南宋及后世有着突出影响的学者,虽然在较为宽泛

---

① 《朱熹集》卷九七《刘公行状》,第 4956—4957 页。
② 《薛季宣集》卷一七《又与王枢密札子》,第 207 页。
③ 《朱子语类》卷一三三,第 3200 页。
④ 《宋史》卷三七四《胡铨传》,第 11585 页。
⑤ 《朱子语类》卷一三六,第 3237 页。
⑥ 《薛季宣集》卷二〇《上胡舍人书》,第 254 页。

的意义上亦可视为道学群体的一员,①但在恢复问题上因被视为激进派,通常被另类处理。尤其是陈亮,他对道学中人在恢复上的主和立场曾予以严厉指责,以至于后人在分析其恢复观时,大都较为强调其与道学士大夫之间的区别。② 诚然,无论陈亮还是叶适,在恢复上都形成了颇具自身特色的主张,与其他道学士大夫的观念存在诸多不同,但这种不同究竟达到了何种程度呢? 在不同之外是否还有某些共性存在呢? 另外,既然在道学群体中陈亮、叶适通常被视作"异类",属较为激进的恢复论者,孝宗的恢复路线通常亦被视作"急进",然而双方似乎并未形成共鸣,陈亮上疏后,"在廷交怒,以为狂怪"。③ 他们与孝宗路线又有着怎样的区别? 下面就着重对两人的恢复观进行一些考察。

可以说,陈亮与叶适的恢复观,正是在与孝宗及其他道学士大夫秉持之恢复路线的对话中形成的。陈亮在为恢复而上的奏疏中,就屡屡对上面两条路线进行批评。在《上孝宗皇帝第一书》中,他言道:

> 始悟今世之儒士自以为得正心诚意之学者,皆风痹不知痛痒之人也。举一世安于君父之仇,而方低头拱手以谈性命,不知何者谓之性命乎! 陛下接之而不任以事,臣于是服陛下之仁。
>
> 又悟今世之才臣自以为得富国强兵之术者,皆狂惑以肆叫呼之人也。不以暇时讲究立国之本末,而方扬眉伸气以论富强,不知何者谓之富强乎! 陛下察之而不敢尽用,臣于是服陛下之明。④

---

① 陈亮对道学多有批判,但在他生活的时代似乎还是有人将他视作道学群体的一员。在给朱熹的信中,他声称自己的牢狱之灾就与当权者将之视作道学中人有关,"如亮今岁之事,虽有以致之,然亦谓之不幸可也。当路之意,主于治道学耳,亮滥膺无须之祸"。[陈亮著,邓广铭点校:《陈亮集》(增订本)卷二八《又甲辰秋书》,北京:中华书局,1987年,第338页]

② 陈润叶:《陈亮规复中原大计评议》,《湘潭师范学院学报》,1990年第4期;田浩著,姜长苏译:《功利主义儒家——陈亮对朱熹的挑战》第六章《从收复华北及学派分化看政治与朱陈之辩》,南京:江苏人民出版社,2012年,第143—152页。张义德:《叶适评传》,南京:南京大学出版社,1994年,第190—248页。

③ 《宋史》卷四三六《陈亮传》,第12942页。

④ 《陈亮集》(增订本)卷一《上孝宗皇帝第一书》,第9页。

这段话常被用来作为论证道学空谈无用的证据,实际上针对的正是道学中人坚持的恢复路线,以及孝宗富国强兵的恢复路线。将其与陈亮在另一道奏疏中的表述结合起来,可能看得更为清楚。在《上孝宗皇帝第二书》,陈亮又言道:

> 论恢复则曰修德待时,论富强则曰节用爱人,论治则曰正心,论事则曰守法。君以从谏务学为美,臣以识心见性为贤。论安言计,动引圣人,举一世谓之正论,而经生学士合为一辞,以摩切陛下者也。……
>
> 论恢复则曰精间谍,结豪望;论富强则曰广招募,括隐漏;论治则曰立志,论事则曰从权。君以驾驭笼络为明,臣以奋励驰驱为最。察事见情,自许豪杰,举一世谓之奇论,而才臣智士合为一辞以撼动陛下者也。①

这与上一段材料中的两条路线,明显是一一对应的。陈亮很清楚这两条路线的内涵,强调待时、强调节用爱人,显然就是道学士大夫以裕民为核心的恢复路线。强调广招募、强调扩隐漏,则是孝宗富国强兵的恢复路线,只不过为了顾及孝宗颜面,有意将之视作那些"才臣智士"的主张而已。

叶适也在上孝宗的札子中言道:"至若为奇谋秘画者,则止于乘机待时;忠义决策者,则止于亲征迁都;沉深虑远者,则止于固本自治;高谈者远述性命,而以功业为可略;精论者妄推天意,而以夷夏为无辨。"②"亲征迁都"对应的就是孝宗"急进"的恢复路线,"固本自治"则是道学中人的路线。在廷对策中,叶适又言道:"为复仇之论者有矣,不过欲都斗胜负于兵革而已,自用兵以来无他画也。为固本之论者有矣,不过欲久和好以无事而已,自通和之外无长虑也。"③陈亮、叶适对这两条路线的批判,自是在为提出新主张做好铺垫。

---

① 《陈亮集》(增订本)卷一《上孝宗皇帝第二书》,第 10—11 页。
② 《水心别集》卷一五《上殿札子》,《叶适集》,第 832 页。
③ 《水心别集》卷九《廷对》,《叶适集》,第 754 页。

正是针对孝宗和道学中人恢复路线的不足,陈亮和叶适提出了自己的恢复主张。尽管他们在具体恢复主张上亦存在一些差别,但整体思路多有类似。用陈亮的话来说,道学路线的弊端在于"持天下之正论,而不足以明天下之大义",孝宗路线的弊端则在于"为天下之奇论,而无取于办天下之大计"。因此,恢复的正确路线至少应该包括两个部分:

一是废约以"明大义"。

陈亮和叶适的恢复观中,最为突出的特点即是强调"明大义",这是此前论述两人恢复观的学者未予充分注意的。所谓明大义,是要求朝廷公开宣示对金朝复仇,誓言收复中原。如此,就势必停止向金朝输纳岁币,断绝与金朝的和议。在道学路线下,和议可以作为内部自治的权宜之计暂时维系。孝宗虽然坚持"急进"的恢复路线,但在用兵之前亦未有先废约的举动。陈亮与叶适对此不以为然。如孝宗因不愿承担率先毁约败盟的责任,屡屡通过派遣泛使求取陵寝、河南地等方式挑衅金朝,刺激金朝首先毁约。叶适批评道:"陛下昨必为是,何也?岂非以为兵恶无名,思所以致之乎?吾用兵之名,若雷霆久蛰,藏而不震,一日可用即用耳,何忧无名而必为是乎?"①有复仇大义作为支撑,根本不需要遵守与金朝的和议,可以随时撕毁和约,孝宗的做法实无必要。

在陈亮、叶适看来,毁约乃是展开恢复的第一步,是发动恢复的起点。叶适称:"夫惟以复仇为正义,而明和亲之决不可为,自此以往,庶有可得而论者。"②这除了是《春秋》复仇大义的要求,更重要的是可借此打破长期主和导致的因循苟安之局,振作士气民心,为恢复工作的展开奠定基础。陈亮指出:"人情皆便于通和者,劝陛下积财养兵以待时也。"但该做法至少有三个弊端:第一,这会成为那些贪图苟安者的护身符,成为他们不思进取的堂皇借口。"通和者所以成上下之苟安,而为妄庸两售之地,宜其为人情之所甚便也。"③第二,即便真的在维系和议的同时积极自治,这也不是一个可

---

① 《水心别集》卷四《外论三》,《叶适集》,第689页。
② 《水心别集》卷四《外论二》,《叶适集》,第688页。
③ 《陈亮集》(增订本)卷一《上孝宗皇帝第一书》,第3页。

行的办法。"人才以用而见其能否,安坐而能者不足恃也;兵食以用而见其盈虚,安坐而盈者不足恃也。"①只有在实际行动中才能辨别人才是否实用,才能清楚财赋是否满足需要。第三,若不能公开宣扬复仇大义,则所有为恢复进行的准备工作都将名不正言不顺。"既和而聚财,人反以为厉民;既和而练兵,人反以为动众;举足造事,皆足以致人之疑。议者惟其不明大义以示之,而后大计不可得而立也",②恢复也就难以顺利展开。因此,废除与金朝的和议,使两国始终保持敌对甚至战争状态,对于恢复有着切实益处。"使朝野常如虏兵之在境,乃国家之福,而英雄所用以争天下之机也。"③他要求孝宗:"何不明大义而慨然与虏绝也!贬损乘舆,却御正殿,痛自克责,誓必复仇,以励群臣,以振天下之气,以动中原之心。"如此一来,"虽未出兵,而人心不敢惰矣;东西驰骋,而人才出矣;盈虚相补,而兵食见矣;狂妄之辞不攻而自息,懦庸之夫不却而自退缩矣,当有度外之士起而惟陛下之所欲用矣"。④

但是,贸然废黜和约很有可能招致金朝兴师问罪,如此又将如何呢?陈亮、叶适认为这样的担心实无必要。叶适称:"一战之可畏,犹未足畏也;然虽绝使罢赂,而臣以为犹未至于遽战者。盖求战在敌,使之不得战在我。"⑤陈亮则论述地更为详细:一者,金朝已今非昔比,呈现出衰弱之势,无力大举南侵,"今虏酋庸懦,政令日弛,舍戎狄鞍马之长,而从事中州浮靡之习,君臣之间,日趋怠惰"。⑥ 二者,金朝在政治体制等方面效仿宋朝,已失去了初起时的迅捷彪悍,难以发动突然袭击,"昔者虏人草居野处,往来无常,能使人不知所备,而兵无日不可出也。今也城郭宫室,政教号令,一切不异于中国;点兵聚粮,文移往返,动涉岁月;一方有警,三边骚动。此岂能岁出师以扰我乎?"⑦三者,即便

---

① 《陈亮集》(增订本)卷一《上孝宗皇帝第一书》,第3页。
② 《陈亮集》(增订本)卷一《上孝宗皇帝第二书》,第11—12页。
③ 《陈亮集》(增订本)卷一《上孝宗皇帝第一书》,第4页。
④ 《陈亮集》(增订本)卷一《上孝宗皇帝第一书》,第4—5页。
⑤ 《水心别集》卷四《外论二》,《叶适集》,第687—688页。
⑥ 《陈亮集》(增订本)卷二《中兴论》,第22页。
⑦ 《陈亮集》(增订本)卷一《上孝宗皇帝第一书》,第4页。

金军南侵,南宋坐拥地理形胜之便,亦完全有能力抵挡其攻势,"吴会者……其地南有浙江,西有崇山峻岭,东北则有重湖沮洳,而松江、震泽横亘其前。虽有戎马百万,何所用之!……独海道可以径达吴会,而海道之险,吴儿习舟楫者之所畏,虏人能以轻师而径至乎!破人家国而止可用其轻师乎!书生以为江南不易保者,是真儿女子之论也"。① 有此三者,决可保证与金朝断约只会享其利,而不至蒙其害。

二是裕民以"定大计"。

对于陈亮和叶适来说,要求废约并不意味着主张立即对金用兵。陈亮称:"夫伐国,大事也。昔人以为譬拔小儿之齿,必以渐摇撼之,一拔得齿,必且损儿。今欲竭东南之力,成大举之势,臣恐进取未必得志,得地未必能守。邂逅不如意,则吾之根本撼矣。此岂谋国万全之道?"②叶适也称:"为国之道,必有次第;天下大事,不容苟简;岂可不出于用兵则出于通和哉?……且夫复仇者,本非用兵之谓也。"③在他们看来,废约后当有一个致力于内政治理的过程。

正是在内政治理上,我们看到了陈亮、叶适与其他道学中人的类似之处,即皆将裕民作为恢复重心,而更多将批判矛头指向了孝宗的富国强兵路线。他们将对孝宗路线的批判置于宋初以来形成的政治传统脉络下。陈亮认为出现"夷狄之所以卒胜中国"的形势并非偶然,而是"其积有渐也",早在"立国之初,其势固必至此",根本就在于自立国以来所奉行的高度中央集权的政治体制。他指出,自太祖惩五代之弊强化中央集权以来,"兵皆天子之兵,财皆天子之财,官皆天子之官,民皆天子之民,纲纪总摄,法令明备,郡县不得以一事自专也"。④ 神宗时曾有意洗刷"夷狄平视中国之耻",改变积弱国势,然王安石主持下的变法却是"误入歧途",走上了一条富国强兵之路。"王安石以正法度之说,首合圣意。而其实则欲

---

① 《陈亮集》(增订本)卷一《戊申再上孝宗皇帝书》,第16页。
② 《陈亮集》(增订本)卷二《中兴论》,第25页。
③ 《水心别集》卷九《廷对》,《叶适集》,第754—755页。
④ 《陈亮集》(增订本)卷一《上孝宗皇帝第一书》,第5页。

籍天下之兵尽归于朝廷,别行教阅以为强也;括郡县之利尽入于朝廷,别行封桩以为富也。"①结果"徒使神宗皇帝见兵财之数既多,锐然南征北伐,卒乖圣意,而天下之势实未尝振也。彼盖不知朝廷立国之势,正患文为之太密,事权之太分,郡县太轻于下而委琐不足恃,兵财太关于上而重迟不易举"。②王安石未能真正认识到国家积弱的根本原因,故变法不仅未能改变祖宗制度的弊端,反而将这种弊端推向了极致,最终导致了靖康之变的惨剧。南宋建立后局面依旧未能有所改观,"南渡以来,大抵遵祖宗之旧,虽微有因革增损,不足为轻重有无"。③如今,孝宗为推进恢复竟然又走上了王安石变法的老路,"陛下愤王业之屈于一隅,励志复仇,而不免籍天下之兵以为强,括郡县之利以为富;加惠百姓,而富人无五年之积;不重征税,而大商无巨万之藏;国势日以困竭"。④最终恐怕亦不过如神宗那般壮志难酬。

叶适也做出了类似分析,指出:"天下之弱势,历数古人之为国,无甚于本朝者。"神宗与王安石君臣"欲一反之",改变国家积弱状况,然而王安石"不知其为患在于纪纲内外之间,分画委任之异,而以为在于兵之不强,财之不多也"。⑤这里所谓"纪纲",就是陈亮指出的高度中央集权的政治体制。⑥叶适对王安石富国强兵的指责,矛头所指亦是孝宗的恢复路线,故他也对孝宗将改善民生置于恢复之后的做法颇不以为然,"夫能捐横赋而后可以复版图,俟版图之复而后捐之者,无是道也;能裕民力而后可以议进取,待进取之定而后裕之者,无是道也"。⑦民众乃国家根本所在,根本未固,进取也好,恢复也罢,都只能是空中楼阁。

在陈亮、叶适看来,孝宗路线与王安石变法可谓一脉相承,都是将祖宗

---

① 《陈亮集》(增订本)卷一《上孝宗皇帝第一书》,第6页。
② 《陈亮集》(增订本)卷一《上孝宗皇帝第一书》,第6页。
③ 《陈亮集》(增订本)卷一《上孝宗皇帝第一书》,第6页。
④ 《陈亮集》(增订本)卷一《上孝宗皇帝第一书》,第6页。
⑤ 《水心别集》卷一四《纪纲三》,《叶适集》,第814—815页。
⑥ 《水心别集》卷一四《纪纲二》,《叶适集》,第813—814页。
⑦ 《水心别集》卷九《廷对》,《叶适集》,第753页。

法度的弊端进一步推向极致,结果表面上看朝廷似乎掌握了雄厚的财富和强大的军队,但不过是无源之水,无本之木,根本不足以支撑持续的恢复行动。陈亮称:"五代之际,兵财之柄倒持于下,艺祖皇帝束之于上以定祸乱。后世不原其意,束之不已,故郡县空虚而本末俱弱。今不变其势而求恢复,虽一旦得精兵数十万,得财数万万计,而恢复之期愈远,就使虏人尽举河南之地以还我,亦恐不能守耳。"①孝宗希望通过富国强兵实现恢复,无异于缘木求鱼,其越是汲汲于军政和理财,距离恢复目标就越远。为何如此呢?辛弃疾的相关论述,或许有助于更清晰地理解陈亮、叶适的思想主旨。乾道年间,辛弃疾上书宰相虞允文陈述在恢复上的看法,他对其时存在的"深根固本则指为迂阔不急之论,从事一切则目为治办可用之才"的思想倾向提出了批评。所谓"深根固本"即是要求宽民力,辛弃疾认为要想恢复就必须"可以息民者息之,可以予民者予之"。因为"恢复大事也,能一战而胜乎?其亦旷日持久而后决也。旷日持久之费,缓急必取之民。凡民所以供吾缓急,财尽而不怨,怨甚而不变者,以其素抚养者厚也",如若不然,"事方集而财已竭,财已竭而民不堪,虽有成功而不敢继也"。② 对于恢复中原这样的大事,绝非通过一两场战争在短时间内即可解决,③这就需要源源不断的人力、物力、财力的支撑。富国强兵固然可以在短时间内积累起颇为可观的军事、财政实力,但并不足以支撑一场持久的大规模战争的需要。只有赢得百姓支

---

① 《陈亮集》(增订本)卷一《上孝宗皇帝第三书》,第13—14页。
② 辛弃疾《九议·其七》,曾枣庄、刘琳主编:《全宋文》,第275册,上海:上海辞书出版社,2006年,第40页。
③ 赵汝愚也曾对孝宗指出:"臣窃观天下之势,以谓国家之与胡虏,不幸强弱不同,盖可以德攻,而未易以力取也。今夫兴师动众,鼓行以北,自一邑取一州,自一州取一道,转斗而前,是以力战天下也。胡虏未灭,必将驱逐犬羊之众,以与我争,其势不夺不餍。往年唐、邓、海、泗之战是已。万一智均力敌,旷日持久,智力外竭,资储内虚,加以水旱荐臻,盗贼乘之而起,盖有甚可忧者,陛下不可谓必无是事也。"(《历代名臣奏议》卷二三四,第3100页)从宋金两国国势强弱指出了恢复战争旷日持久的可能性。在上孝宗论自治疏中,赵汝愚又一次言道:"自古兵连祸结,亦岂可以岁月计哉!惟昔辛巳之役,上天垂祐,逆亮伏诛,甲申之役,虏人实有厌兵之意,故兵才及境,不数月而遂解,要不可以是为准也。臣观自古用兵不计胜负。惟能持久者终成帝业,陛下复料今日之兵将、财力、事势,能以持久而不困乎?"(《历代名臣奏议》卷九四,第1311页)指出南宋不当因绍兴、隆兴之际宋金战争的短暂,而想当然地认为北伐金朝也会在短时间内取得成功。

持,方能保证在长期战争中获得连绵不断的力量补充,而富国强兵路线的聚敛厉民性质则在聚集起财富的同时丧失了民心,丧失了恢复最为坚实的基础。陈亮、叶适认为愈是致力于富国强兵,距离恢复目标愈远,背后的逻辑当即在此。为克服富国强兵路线的弊端,就须要对祖宗开国以来高度中央集权的政治体制进行改变,赋予地方更多的自主性,如此方能为恢复奠定坚实基础。陈亮就认为若要恢复,需要"将今法制,重新洗换一番方好"。① 叶适亦言道:"陛下徒因今之法而少宽之,此不足以裕民;果裕民也,更为之法可也。"② 也就是说,真正的裕民须要从政治体制改革入手,"致今日之治无他道,上宽朝廷,下宽州县而已"。"朝廷宽,则凡所以取州县者皆不用,而食租税之正矣;州县宽,则凡所以取民者皆不用,而敛租税之正矣。且又非特此也。朝廷宽,则群臣有暇而人才多矣,不若今之乏矣;州县宽,则庶民有暇而良善多矣,不若今之薄也。上多人才,下多良民,兵省而精,费寡而富,五年之内,二年之外,合其气势,用其锋锐,义声昭布,奇策并出,不用以灭虏而何所用哉!"③

陈亮和叶适的恢复观,一方面,强调当废除与金朝和议,向天下申明复仇大义,但又不主张立即用兵;另一方面,强调当以内部自治为根本,但反对富国强兵的功利做法,主张将裕民作为施政重点。很明显,这是综合了孝宗与道学中人两条不同路线基础上提出的第三条路线,既有意克服前两者的弊端,又汲取两者所长。不过,这一路线距离孝宗路线的距离似乎更远,而与道学中人的路线更为接近。由于其重点明显着落在裕民以自治的内容上,实质上并未跃出朱熹等道学中人恢复路线的范围,或者说双方存在着根本上的共同性。④

是则,尽管在许多细节问题上,道学群体内部也存在着诸多差异,但若

---

① 《朱子语类》卷一一〇,第 2706 页。
② 《水心别集》卷九《廷对》,《叶适集》,第 753 页。
③ 《水心别集》卷一五《终论二》,《叶适集》,第 820—821 页。
④ 实际上朱熹本人心目中理想的恢复观就是一种反和自治的状态,即在不与金朝议和的前提下致力于内政治理。李超:《朱熹恢复思想再探》,龚延明主编:《宋学研究》第三辑,杭州:浙江大学出版社,2023 年,第 294—314 页。

抛开这些细节,从更为宽泛的意义上来看,他们大致上共享了同样的恢复主张,即将裕民作为一切恢复工作的根基,希望通过对内政进行切实整顿,施行仁政,改善民生,以赢得民心,增强国力,而后伺机恢复。这与孝宗以理财为重心的富国强兵路线差不多是截然对立的。这种恢复规划上的不同,决定了双方在一系列政策举措上都将处于对立状态,且难以调和,从而构成了孝宗及其支持者与道学士大夫之间政治冲突的主要线索。

第三章 孝宗朝反道学问题的实质

孝宗在位期间,一般认为是道学获得迅速发展的兴盛期,但也正是在这一时期,反道学的声浪逐渐高涨,发生了一系列针对道学的政治攻击,孝宗本人就对道学多有指责。孝宗对道学缺乏好感为后世所熟知,学者多将之归咎于道学本身的问题,如程志华认为:"孝宗崇尚通经致用之学,而程学讲究道德性命、正心诚意之说,二者并不相合。"①高纪春认为:"孝宗之所以不右程学,归根结底还是由于程学本身的缺陷及其与孝宗本人的政治取向决定的。"程学的缺陷主要体现在"崇道德而黜功利,隆虚名而废实学,其末节必然流于高谈道德性命的空疏之学"。而孝宗在政治上以恢复中原为志向,强调"综核名实,崇尚事功,厌弃空谈"。② 李华瑞也指出,道学中人不能得君行道,获得孝宗青睐,问题在于他们除了"念念不忘'正心诚意'而外,并没有给宋孝宗提供多少有裨于整军和理财的措施或方案"。③ 这些观点都不同程度认定道学的空虚不切实用是引起孝宗不满的主要原因。如此论断固然可以找到许多论据支持,既包括反道学人士的批判,亦有部分道学中人的言论。但任何一种学术都有其流弊,并不能以偏概全否定整体,而对立者的批判更是有着自身特定立场。上述一系列论断看起来更像是有意无意地

---

① 程志华:《学术与政治:南宋"庆元党禁"之研究》,台湾清华大学硕士学位论文,1996年,第50页。
② 高纪春:《道学与南宋中期政治——庆元党禁探源》,河北大学博士学位论文,2001年,第17—20页。
③ 《历史学视野中的政治文化》,《读书》2005年10月,第126页。

站在孝宗立场对道学加以指责。那么,孝宗为何会对道学如此反感?为何会认为道学空虚无用?或者说他指责道学空虚无用究竟有何确凿证据呢?他又希望通过指责道学达到怎样的政治效果呢?

第一节　空谈与实用

淳熙四年,孝宗在与王淮、赵雄等执政大臣议论政事时,就士大夫的风气问题有过一番对话。对话大致分作两部分,前半部分主要是批评士大夫"好高论"而"不务实","微有西晋风"。后半部分则是指责士大夫"讳言恢复"。孝宗言道:"近世士大夫多耻言农事,农事乃国之根本。士大夫好为高论而不务实,却耻言之。"接着又言道:"今士大夫微有西晋风,作王衍阿堵等语,岂知《周礼》言理财,《易》言理财,周公、孔子未尝不以理财为务。"① 魏晋士大夫崇尚清谈,不务实政,终酿成永嘉南渡的悲剧,故后世往往将"清谈"与"误国"直接相连。孝宗形容当时士大夫有"西晋风",也就是将他们与魏晋士大夫等同视之,认为他们的言论亦属误国之"清谈",这无疑是十分严厉的指责。孝宗指责的主要理据,就是道学士大夫耻言农事、轻视理财。乾道七年,孝宗曾宣谕臣僚:"《洪范》八政,以食为先,而世儒乃不言财谷,邦之有储蓄,如人之有家计,欲不预办得乎。"② 在他看来,无论《周礼》《周易》,还是《尚书·洪范》,无不在讲理财,因此理财本就是儒者分内事,士大夫却不能明晓此理,对理财漠不关心。

尽管孝宗只是泛泛而论,似乎并无明确对象,但正如论者所言,其中至少包括了道学中人在内,③ 甚至可以进一步说,道学中人乃是主要部分。不

---

① 《建炎以来朝野杂记》乙集卷三《孝宗论士大夫微有西晋风》,第543页。
② 《宋史全文》卷二五下"乾道七年八月己未"条,第2118页。
③ 如贾志扬称:"这种尖锐的批评,不仅针对那些持泛泛之论的公卿大臣们,也可能是针对那些持泛泛之论的新儒家,似乎还针对某些原则和'道'。"(贾志扬:《作为批评者的历史学家:李心传与南宋治国之道的困境》,载[美]韩明士、[美]谢康伦编,刘云军译:《为世界排序:宋代的国家与社会》,北京:九州出版社,2022年,第361—362页)范立舟称这些批评"即使不是针对理　(转下页注)

愿用心于理财差不多是道学群体的普遍特点,乾道七年,杨时弟子王师愈被弹劾称:"王某以学术自负,不肯屑意金谷事。"①淳熙十四年,另一位道学中人刘清之亦遭弹劾,"言者论其以道学自负,于吏事非所长,财赋不理,仓库匮乏"。② 不过,范立舟称孝宗所言乃是针对理学末流之弊,并称其为"不良风习",则是无意中认同了孝宗的指责。实际上,不言理财是否即为一种弊端恐难一概而论,叶适对"君子"不言理财作过辩解:"理财与聚敛异,今之言理财者,聚敛而已矣。……故君子避理财之名,而小人执理财之权。"③在道学中人看来,所谓理财很大程度上即为聚敛,他们之不愿致力于理财实是不愿聚敛厉民。

面对孝宗的批评,宰执大臣言道:"曩时虚名之俗诚是太胜,自陛下行总核名实之政,身化臣下,顷年以来,士风为之一变。三馆、两学之士,出为郡守、监司,无不留意民事,留意财计,往往皆有能声。此圣主责实之效。"孝宗对此表示了有限认同,"近年亦稍变,然犹未尽",随即又提出了新的批评:"且不独此耳。士大夫讳言恢复,不知其家有田百亩,内五十亩为人所强占,亦投牒理索否? 士大夫于家事则人人甚理会得,至于国事则讳言之。"④孝宗何以从批评士大好清谈,轻理财,转而指责他们讳言恢复呢? 前文已指出,孝宗在恢复上秉持的是以理财为基础的"急进"路线,强调先恢复而后行仁政,而道学中人则秉持以裕民为核心的恢复路线,强调先谋内治而后图恢复,两者在恢复规划上迥然有别。在道学士大夫那里,轻视理财与反对"急进"恢复是联系在一起的。孝宗对道学中人的指责,正是对他们不能支持自己恢复路线的强烈不满。我所坚持既为实用,相反者自属空谈。站在孝宗立场,道学中人自然就成了空谈之徒。刘光祖看得颇为透彻,他在乾道五年的对策中言道:"臣意陛下之诸臣,发言盈庭,目前之计易入,而久远之计难

(接上页注)学末流之弊而言,也是针对包括理学末流之弊在内的一切不良风习而论的。"(范立舟:《理学的产生及其历史命运》,西安:陕西人民出版社,2001年,第268页)。

① 《朱熹集》卷八九《中奉大夫直焕章阁王公神道碑铭》,第4576页。
② 《宋会要辑稿》职官七二之四九,第4012页。
③ 《水心别集》卷二《进卷·财计上》,《叶适集》,第657—658页。
④ 《建炎以来朝野杂记》乙集卷三《孝宗论士大夫微有西晋风》,第543页。

效;督责之论似切,宽大之言似迂;机智之谋似辨,老成之谋似拙。如是则圣听之所向在彼,而不在此矣。凡臣之所欲言者,与陛下之所欲行者异,陛下得无谓臣言为书生不急之常谈而忽弃之?"①孝宗既认同于"目前之计""督责之论""机智之谋",相反之言自难入耳。朱熹也言道:"论者又或以为陛下深于老佛之学而得其识心见性之妙,于古先圣王之道盖有不约而自合者,是以不悦于世儒之常谈死法,而于当世之务,则宁以管、商一切功利之说为可取。今乃以其所厌饫鄙薄者陈于其前,亦见其言愈多而愈不合也。"②孝宗心中既已认可"管、商一切功利之说",追求立竿见影的成效,自然对相反之儒家言论心生鄙薄。很显然,孝宗所谓的"实用"与"空谈"带有很强的主观倾向性,站在不同立场上则会得出截然不同的结论。

时任敕令所删定官的楼钥在轮对中,专门向孝宗上呈了一道《论实用空言》的札子,其中言道:

> 陛下即位以来,大开言路,收揽人才,慨然念治效之未及,鄙无用之空言,而务求其切于实用者,此诚得孝宣总核之意。而言者不思争为实用之说,累年以来,言者甚众,往往已陈而厌闻,于是旁搜曲取,毛举以应故事。民力方匮而言利不已,法令已繁而变更日增。凡此皆号为实用者,言之则真若可听,行之则不见所益。从而委以施行,课其成效,则且多为图册,形数以美观览。然则所谓实用者,果非空言乎?③

孝宗励精图治,追求治效,故强调实用,鄙视空言,有其合理性的一面。然而,楼钥认为孝宗并未真正认识到何为"实用",何为"空言"。得到重用的所谓"实用者"不过是一些搜刮民财的言利者之流,他们"言之则真若可听,行之则不见所益",才是真正的"空言"者。

吕祖谦撰有《责实论》一文,其中言道:

---

① 《历代名臣奏议》卷四九,第685页。
② 《朱熹集》卷一一《戊申封事》,第483页。
③ 《楼钥集》卷一九《论实用空言(任敕令所删定官轮对)》,第384页。

苟疾虚名之乱真,播为号令,制为赏罚,欲言扫而去之,岂不足以称快于目前哉? 然异时邀名之士,皆将矫为务实,以投吾之所好,今日之朴野即前日之浮华也,今日之木讷即前日之辩捷也,今日之恬退即前日之奔竞也,服勤簿书者乃不解诉牒之人,恪居官次者乃不辨马曹之士,巧诈百出,而浑厚质实之君子并为当世所疑,贤否一区,真伪一途,愚智一揆,愦愦然莫之能分,非特名不可见而实亦不可见矣。①

虽未直接提到孝宗,但抑虚名崇实务正是孝宗总核名实之政的重要内容。在吕祖谦看来,孝宗抑虚名崇实务表面上似无问题,然一旦付诸实施就不可避免地会产生扭曲,很多人会为迎合圣意而改头换面,将自身打扮成实务者的样子以钓取功名利禄,最终的结果是求实才而不得实才,抑虚名而所用皆虚名之辈。

在"实用"与"空言"的问题上,楼钥、吕祖谦等道学士大夫明显与孝宗不同。作为道学群体的一员,他们的目的自是为道学辩护,我们不必完全认同其说法,但这却提醒我们,何为"实"何为"虚",何为"实用"何为"空谈",很多时候是相对的,站在不同立场可以得出截然相反的结论。

如果认为孝宗对道学空虚无用的指责仅仅是出于固执偏见,似乎尚未能完全体会其用意,他可能还有着更深层次的考虑。在对王淮、赵雄等执政大臣批评道学后,孝宗特意交代:"卿等见士大夫,可与道朕此语。"可见他的指责并非只是君臣间的随口谈论,更非只是为发泄一下心中不满,而是有意借宰执之口将批判意见宣告朝野。作为执政的赵雄闻弦歌而知雅意,他不仅秉承孝宗旨意向朝野"广布尧言",还"退而书之时政记",②似是有意让后世也能知晓圣意。赵雄是继虞允文之后孝宗恢复路线的主要支持者,也因此与张栻等道学中人有颇多矛盾。③ 他对道学的态度与孝宗相近,故在宣传孝宗的批判言论时颇为积极。杨念群在研究晚明被指责为"清谈误国"的

---

① 吕祖谦:《十先生奥论注续集》卷七《责实论》,《全宋文》,第 261 册,第 310—312 页。
② 《建炎以来朝野杂记》乙集卷三《孝宗论士大夫微有西晋风》,第 543—544 页。
③ 《宋史》卷三九六《赵雄传》,第 12074—12075 页。

东林党时指出:"一旦把东林清谈误国的故事反复播讲,难免会给专制政权压抑舆论制造口实。"①孝宗君臣指责道学为空谈当亦有类似意图与效果。一方面,这可以视作对道学士大夫的口头警告,让他们认清形势,主动选边站队;另一方面,若道学中人"执迷不悟",强调道学为空谈就等于否定了他们言论的一切价值,亦可起到压制"异论"的效果。梁克家就指出:"陛下欲用实才,不喜空言,空言固无益,然以空言为惩,则谏争之路遂塞。"②提醒孝宗"空言"说会起到阻塞言论的作用。殊不知这在某种程度上正是孝宗追求的结果,意在保证富国强兵式恢复路线的顺利推行。

　　由此可见,指责道学为空谈并非是孝宗掌握了如何确凿的证据。他指责的主要原因在于道学群体秉持了一条截然不同的恢复路线。孝宗对自身恢复路线的高度认同,让这种差异在他眼中就构成了道学空谈无用的证明。只是这种完全站在自身立场上的指责很难说得上是客观持平之论。不仅如此,孝宗指责道学更为重要的目的还在于,希望凭借帝王的权威否定道学言论的一切价值,起到压制"异论"的效果,从而保证自身恢复路线的贯彻与推行。在这个意义上,所谓"道学空谈"只能被视作一种打击敌对势力的政治名目,而非客观的事实陈述。一直以来,在讨论孝宗朝的反道学问题时,多将目光集中在郑丙、林栗等指责道学为"伪学"的事件上,而忽视了指责道学为"空谈"同样有着明显的反道学性质,这应是在看待后世一切有关道学"空谈"问题时所当注意的。

第二节　对道学"清议"的压制

　　乾道六年,孝宗特意颁布了一道整饬士大夫"空谈"风气的诏书:

---

① 杨念群:《"东林余孽"与读书人的抱团政治》,载氏著《皇帝的影子有多长》,桂林:广西师范大学出版社,2016年,第64页。
② 《宋史》卷三八四《梁克家传》,第11812页。

百执事之间,玩岁愒日,苟且之俗犹在,诞谩之习尚滋。便文自营以为智,模棱不决以为能。以拱默为忠纯,以缪悠为宽厚,隆虚名以相尚,务空谈以相高。见趋事赴功之人,则舞笔奋辞以沮之。遇矫情沽誉之士,则合从缔交以附之。甚者责之事则身偷,激之言则气索。曾微特立独行之操,安得伏节死义之风。岂廉耻道丧之日久,而浸渍所入者深欤。抑告戒恳恻,未能孚于众也。继自今其洒心易虑,激昂砥砺,毋蹈故常,朕则尔嘉。或不从朕言,罚及尔身,弗可悔。①

诏书针对的主要对象就是那些"隆虚名"而"务空谈"之流。在孝宗看来,这种"空谈"与晋朝的"清谈"同属误国。乾道二年,在赐给刘珙的玺书中,孝宗言道:"近世书生但务清谈,经纶实才盖未之见,朕以是每有东晋之忧。"② 担心"清谈"盛行会让南宋沦为另一个东晋。将"清谈"与"经纶实才"相对,表明孝宗眼中的"清谈"无异于"空谈"。③ 诏书并未明言"虚名""空谈"之士为道学中人,但道学中人无疑是其中主体。如作为道学领袖的朱熹,在孝宗眼中就是典型的"虚名之士"。淳熙三年,朱熹在龚茂良推荐下出任秘书郎,不久孝宗内批付龚茂良:"虚名之士,恐坏朝廷。"致使朱熹未接受任命。④ 这些人的最大问题在于容易与"矫情沽誉之士"交结亲附,共同排挤"趋事赴功之人"。"趋事赴功"者自是指孝宗青睐的才吏型、事功型官员,他们所趋之"事",所赴之"功",即是孝宗坚持的"急进"恢复路线。孝宗担心道学中人的"空谈"会对才吏型、事功型官员的存在构成阻碍,故用诏书的形式予以告诫。

---

① 《宋史全文》卷二五上"乾道六年五月甲戌"条,第2084—2085页。
② 《朱熹集》卷八八《观文殿学士刘公神道碑》,第4534页。
③ 其实,所谓"空谈""清谈""清议",以及"公议"在当时的内涵是类似的,只是站在不同角度上的不同说辞而已,韩元吉就指出:"自公议不行而变为清议,清议不已而肆为清谈,皆无益于天下国家,而适足以致搢绅之祸。"(韩元吉:《南涧甲乙稿》卷一一《七月进故事》,《景印文渊阁四库全书》,第1165册,第151页)"清议""清谈"带有明显的贬义色彩,"空谈"更不必说,而"公议"则为褒义词汇。在某些人看来是"空谈""清议""清谈"的言论,在另外一些人看来可能正是"公议"之所在。
④ 《建炎以来朝野杂记》乙集卷八《晦庵先生非素隐》,第634页。

孝宗为贯彻富国强兵的恢复路线,偏好任用具有军事、财政能力的才吏型、事功型官员,他们在孝宗朝的大量涌现引起了道学中人的激烈批判。对于才吏型、事功型官员与道学士人间的对立,时人有着较为明确的感知。孝宗曾感慨"难得办事之臣",张栻随即应道:"陛下当求晓事之臣,不当求办事之臣。若但求办事之臣,则他日败陛下事者,未必非此人也。"①大致上,"晓事之臣"对应的就是那些通达事理的道学士大夫,"办事之臣"对应的则是那些勇于任事,有着较强实际政务能力的才吏型、事功型官员。刘清之向孝宗进呈"用人四事",其中"辨贤否"条称:"道义之臣,大者可当经纶,小者可为仪刑。功名之士,大者可使临政,小者可使立事。"②将"道义之臣"与"功名之士"对举,各自对应的同样是道学中人与才吏型、事功型官员。周必大批评孝宗用人称:"人主无职事,惟在察臣下邪正。凡轻于任事而速于求售者,他日必至败事,不可不察。若疑儒者不足用,而专谓才臣能趣辨,今既累年,其效可睹。"③周必大站在儒学立场上,对孝宗专任才臣的做法表示不满,此处的"儒者"自亦包括道学中人在内。

对于道学士人来说,才吏型、事功型官员的所作所为不过是刻意迎合孝宗以猎取功名富贵。刘光祖称:"左右之臣方且为兵刑财利之说,奋发果敢之论,以此迎合主意。"④朱熹亦称:"时上已深悟前日和议之失,思欲亟致富强,以为恢复之渐,而小人乘间争售其说。"⑤即便是虞允文这样的恢复派领袖,在朱熹看来亦不外如是,"如王公明炎、虞斌父之徒,百方劝用兵,孝宗尽被他说动。其实无能,用著辄败,只志在脱赚富贵而已"。⑥ 道学中人围绕对富国强兵恢复路线,以及该路线下进用之才吏型官员的批判所形成的"清议",构成了一股强有力的舆论风气。

---

① 陈桱:《通鉴续编》卷一八"淳熙七年二月"条,《景印文渊阁四库全书》,第 332 册,第 827 页。
② 《宋史》卷四三七《刘清之传》,第 12954 页。
③ 《楼钥集》卷九九《少傅观文殿大学士致仕益国公赠太师谥文忠周公神道碑》,第 1731 页。
④ 《历代名臣奏议》卷四九,第 685 页。
⑤ 《朱熹集》卷九七《敷文阁直学士陈公行状》,第 5002 页。
⑥ 《朱子语类》卷一三三,第 3199 页。

第三章 孝宗朝反道学问题的实质 71

这种舆论风气给不少才吏型官员造成了无形压力,王佐即对这种"清议"颇为忌惮。王佐,字宣子,山阴人,绍兴十八年进士第一,在孝宗朝历任扬州知州、户部侍郎、临安知府、户部尚书等职,①以突出的吏才为孝宗赏识,"王佐宣子虽以文魁天下,而吏才极高,寿皇深喜之"。② 但他在被任命为临安知府时却屡有推辞,他致书执政称:"佐本书生,历官处自有本末,未尝得罪于清议。今乃蒙置诸士大夫所不可为之地,而与数君子接踵而进,除目一传,天下士人视佐为何等类?终身之累,孰大于此!"③王佐何以认为担任临安知府会得罪"清议"呢?临安地处天子脚下,人物殷盛,事务繁杂,"上则有应奉之劳,次则有贵戚干政、他司挠权之患",④素以难治著称。在此为官难免需要一些非常做法,容易招致物议。叶适就言道:"夫王畿,固天子之所自治也。汉以来,独任京兆尹,彼名豪巨侠,蠹虐贫细,所在市满,非设方略,广耳目,何以迹捕;不严击断,敢诛杀,岂为衰止哉!然而智进则德退,术胜则道微,用之殊方,流品亦异,故萧望之嫌张敞材轻,非师傅之器;公乘兴讼王尊功伐前所未有,名将不及:毁誉之不同若此,亦各以其所试言之也。"⑤向以道义标榜的道学中人,往往是这些"物议"的主要发起者。王佐可能对此多有顾虑,故不愿出任,周密认为"是亦宣子之本心耳"。⑥

又如《齐东野语》载:"张说之为承旨也,朝士多趋之。王质景文、沈瀛子寿,始俱在学校有声,既而俱立朝,物誉亦归之。相与言:'吾侪当以诣说为戒。'众皆闻其说而壮之。已而,质潜往说所,甫入客位,而瀛已先在焉,相视愕然。明日喧传,清议鄙之,久皆不安而去焉。"⑦王质深得虞允文赏识,亦是富国强兵路线的支持者,属孝宗器重的才吏型、事功型官员,张说则是

---

① 《渭南文集校注》卷三四《尚书王公墓志铭》,第 4 册,第 80—87 页。
② 周密著,张茂鹏点校:《齐东野语》卷九《王宣子失告命》,北京:中华书局,1983 年,第 166—167 页。
③ 《齐东野语》卷七《王宣子讨贼》,第 130—131 页。
④ 《癸辛杂识》别集卷下《马光祖》,第 301 页。
⑤ 《水心文集》卷二四《兵部尚书徽猷阁学士赵公墓志铭》,《叶适集》,第 476 页。
⑥ 《齐东野语》卷七《王宣子讨贼》,第 131 页。
⑦ 《齐东野语》卷一一《王沈趋张说》,第 205 页。

孝宗亲信近习。王质暗中亲附张说得罪"清议",不得不离朝而去。张维玲已指出近习是孝宗恢复路线的重要参与者,道学中人则是孝宗恢复路线及近习最为重要的批评者,①是则这种"清议"自然亦主要来自道学群体。从这些事例可以看到,道学中人主导的"清议"对才吏型、事功型官员具有的深刻影响。叶适在《胡尚书奏议序》中言道:"余闻隆兴、乾道中,不能击龙大渊、曾觌,不得为有名台谏……又闻不能谏恢复,不得为有名侍从。"②透露出"清议"甚至已经影响到了评判士人的标准。任由"清议"在朝野蔓延,对于孝宗恢复路线的推行,对于才吏型、事功型官员在朝中的立足,势必非常不利。因此,孝宗才选择用诏书训诫的形式直接批判"清议",以表示对"趋事赴功"者的支持。

不过,诏书的效果似乎并不理想,故后来孝宗又借宰执之口再次表达了对"清议"的不满。淳熙二年,孝宗曲宴宰执于澄碧轩。在宴会中,孝宗言道:"朝廷所行事,或是或非,自有公议。近来士大夫又好倡为清议之说,不宜有此。此语一出,恐相煽成风,便以趋事赴功者为猥俗,以矫激沽誉者为清高,浸浸不已,如东汉杜乔之徒,激成党锢之风,殆皆由此,可不痛为之戒。"③孝宗认为"清议"一旦盛行,会导致"趋事赴功者"被视作"猥俗","矫激沽誉者"被视作"清高"。也就是说,"清议"会影响到对士大夫的评判标准,导致自己所依靠的才吏型官员遭到舆论压制,站在对立面的道学士大夫则会借此博取清名。更为严重的是,"趋事赴功者"与"矫激沽誉者"有可能在相互冲突中形成胶固凝结的党派,甚至激成类似东汉末年的党锢之祸。这与乾道六年诏书中的表述可谓一脉相承。这种相似性表明乾道六年诏书并未能消除"清议",扭转士风,凸显出道学中人在舆论上的主导性优势。孝宗对"清议"的指责,在宰执大臣中似乎未能引起普遍共鸣。参知政事龚茂良及签书枢密院事李彦颖,就对孝宗之论有所微辞。龚茂良称:"惟公道不

---

① 张维玲:《从南宋中期反近习政争看道学型士大夫对"恢复"态度的转变(1163—1207)》,第44—68页。
② 《水心文集》卷一二《胡尚书奏议序》,第224页。
③ 《建炎以来朝野杂记》乙集卷三《孝宗论不宜有清议之说》,第541页。

行于上,然后清议在下。"李彦颖则称:"惟有是非,故人得而议之。若朝廷所行皆是,自无可议。"他们认为"清议"出现的根源在于朝廷所为失当,故需要作出改变的并非"清议"而是朝廷。① 孝宗对此明显不能接受,他言道:"若有不是处,上之人与公卿却当反求诸己,惟不可更为清议之说,卿等可书诸绅。"②坚持要求宰执将其对"清议"的批判意见公诸朝野。龚茂良对孝宗之言依旧有所保留,意图寻求折中,称:"唐末白马之祸,害及缙绅,至有清流浊流之说,惟大中至正之道,可以常行。"希望孝宗对不同的政治势力保持公平中立。这当是龚茂良在眼看不能扭转圣意的情势下,为维护"清议"退而求其次的办法。表面上看,孝宗似乎接受了龚茂良的建议,但随即又再一次明确要求"卿等可以清议之说宣谕从班而下,使之皆知"。权吏部侍郎兼太子詹事沈枢"上章称颂圣语",公开站出来对孝宗表示支持,并乞求将孝宗之言"发为明诏,布之海内"。这较之孝宗要求的"宣谕从班而下"大大扩展了范围,得到允许。龚茂良不得已同意宣谕臣僚的做法,但坚持将范围限制在朝廷范围,不必扩展至地方州郡。周必大则希望对宣谕内容进行限制,删除有关"清流浊流"的表述。"清流浊流"关涉唐末朱温大肆残杀"清流"士大夫的白马之祸,宣谕中加入这一内容带有明显的威胁意味,这是周必大所不愿接受的。③ 但两人的努力皆不成功,沈枢却由此真除太子詹事兼吏部侍郎,④其指向不言而喻。龚茂良、李彦颖、周必大皆与道学关系密切,属于道学群体在政治上的同情者,甚至是支持者。从他们的反对也可看出孝宗对道学的敌意,或者说孝宗的屡屡训诫亦是当时采取的反道学举措之一。

第三节　整顿科举及重用非科举出身者

科举作为士大夫群体最为重要的产生机制,理所当然成为孝宗的关注

---

① 《建炎以来朝野杂记》乙集卷三《孝宗论不宜有清议之说》,第541页。
② 《建炎以来朝野杂记》乙集卷三《孝宗论不宜有清议之说》,第541页。
③ 《周必大集校证》卷一三七《乞改正宣谕语误字札子》,第1229—1230页。
④ 《建炎以来朝野杂记》乙集卷三《孝宗论不宜有清议之说》,第541页。

对象。仅凭几道诏书或者宣谕来扭转士大夫风气,效果必然是有限的,故孝宗及其支持者又将眼光转向了科举。

淳熙五年正月,"侍御史谢廓然乞戒有司毋以程颐、王安石之说取士"。为孝宗接受。① 谢廓然称:

> 近来掌文衡者,主王氏之说则专尚穿凿,主程氏之说则务为虚诞。夫虚诞之说行,则日入于险怪,穿凿之说兴,则日趋于破碎。今省闱引试,乞诏有司公心考校,毋得徇私,专尚程、王之末习。②

淳熙五年正为科举之年,谢廓然认为当时科场主要流行两种学问,一是王安石之学,一是二程之学,两者皆有弊端,故此次科场禁止主考官员专以程、王之学取士。谢廓然虽程学、王学并称,但矛头所向则是道学。吕中即指出:"至淳熙,则以程、王二学为戒,自附于中庸,而其实所以排道学也。"③这一方面表明道学在科举中的广泛影响力;另一方面则表明谢廓然试图通过对科举取士标准的掌控来限制道学。谢廓然在理财、刑狱等方面具有专长,堪称"能吏",属典型的才吏型官员。他颇得孝宗欣赏,有意用为殿中侍御史,但为林光朝代表的道学"公论"所不容。④ 林光朝弹劾称:"谢廓然之所长者,可以治财赋,理狱讼,至于耳目之司,纪纲之地,则有所不可。"⑤公然反对谢廓然的台谏任命。谢廓然奏请禁用程学取士,大概也是出于屡遭道学中人排挤的切肤之痛。

---

① 《宋史》卷三五《孝宗本纪》,第667页。
② 《宋史全文》卷二六下"淳熙五年三月"条,第2214页。
③ 吕中著,张其凡、白晓霞整理:《类编皇朝中兴大事记讲义》卷二三《举人毋狗程(颐)王(安石)之学》,上海:上海人民出版社,2014年,第782页。
④ 赵汝愚称林光朝在学术上"近沿濂洛,上沂洙泗,实游泳乎道德之中"。(林光朝:《艾轩先生文集》卷一〇《祠堂祝文》,《宋集珍本丛刊》,第45册,北京:线装书局,2004年,第52页)又有言者称:"南渡后倡伊洛之学于东南者,自先生始。"(《宋元学案》卷四七《艾轩学案》,第1471页)可见林光朝与道学之间的密切关系。
⑤ 《艾轩先生文集》卷二《缴奏谢廓然赐出身除殿中侍御史词头》,《宋集珍本丛刊》,第44册,第776页。

谢廓然的奏请尽管得到了孝宗支持，似并未起到明显效果。至淳熙七年，又有秘书郎赵彦中要求整顿科场风气。他奏称：

> 士风之盛衰，风俗之枢机系焉。且以科举之文言之，儒宗文师成式具在，今乃祖性理之说，以浮言游词相高，士之信道自守，以六经圣贤为师可矣，今乃别为洛学，饰怪惊愚，外假诚敬之名，内济虚伪之实，士风日弊，人材日偷，望诏执事使明知圣朝好恶所在，以变士风。①

谢廓然还是将程学与王学并称，赵彦中则将矛头直指程学，刘时举《续宋中兴编年资治通鉴》记载此事就径直称"诏禁洛学"。② 该奏疏亦得到了孝宗允许。

只是冰冻三尺非一日之寒，科场学术风气的形成绝非朝夕之功，也不大可能为几道诏书所扭转。庆元党禁期间有臣僚上疏："三十年来，伪学显行，场屋之权，尽归三温人。预说试题，阴通私号，所谓状元、省元与两优释褐者，若非私其亲故，即是其徒。"③此奏上于庆元三年，上溯三十年恰为孝宗乾道初。臣僚所言容有夸大，但揭示出道学在科举上的深刻影响则应是大致符合事实的。可见，道学在孝宗朝科举上的影响殊难撼动。或因此之故，孝宗在整顿科场风气的同时，又有意识地贬低科举取士的价值，试图从非科举出身者中选拔人才。

孝宗撰有《科举论》，表达了对科举取士的批判。淳熙六年，宰相赵雄荐举刘光祖召试馆职。④ 赵雄推荐的理由是刘光祖为"省殿试前列"，并赞其为"大好士人"。此举引起孝宗不满："朝廷用人以才，安论科第？科第不过入仕一途耳。"令赵雄颇为难堪。事情尚未止步于此，刘光祖在召试中提到了科举取士问题，孝宗借题发挥道：

---

① 《宋史全文》卷二六下"淳熙七年六月"，第2248页。
② 刘时举著，王瑞来点校：《续宋中兴编年资治通鉴》卷九，北京：中华书局，2014年，第217页。
③ 《道命录》卷七下《言者论廷省魁两优释褐皆伪徒不可轻召》，第75页。
④ 《建炎以来朝野杂记》乙集卷三《孝宗论用人择相（史文惠论忠厚岂有过）》，第545页。

> 近世取士,莫若科场,及至用人,岂当拘此?……夫科场之弊,于文格高下,但以分数取之,真幸与不幸耳。至于廷试,未尝有黜落者,尽以官赏命之,才与不才者混矣,是科场取士之弊也。夫用之弊在乎人君择相之不审……宰相不能择人,每差一官,则曰此人中高第,真佳士也,然不考其才行如何。孔圣之门犹分四科,人才兼全者自古为难。今则不然,以高科虚名之士,谓处之无不宜者,何尝问才之长短乎……国朝以来,过于忠厚,宰相而误国者,大将而覆军者,皆未尝诛戮之……要在人君,必审择相,相为官择人,不失其所长,悬赏立乎前,严诛设于后,人才不出,吾不信也。①

在孝宗看来,科举取士获得的不过是些虚名之士,罕有真才实学者。宰相以科举用人看重的只是虚名,而非实际才行,结果所用者多为无益有害之徒。要改变这种状况,首先君主需要选择恰当之人担任宰相,再由宰相为官择人,同时施行严厉的赏罚奖惩制度,有功者赏,有过者罚,改变祖宗以来对待士大夫过于忠厚的做法,如此不出人才是不可能的。《科举论》发布后"中外大耸",引起了不小震动,"议者皆谓曾觌实与视草。盖刘公甲科及第,故觌有宰相不能择人之说也"。② 朝野将此论归咎于近习曾觌的撺掇,显是为孝宗开脱。可以看到,孝宗直接针对的就是刘光祖一类士大夫,而刘光祖恰恰属于道学中人,所谓"虚名之士"亦是当时指责道学中人的常用名目。因此,《科举论》带有较为明显的抑制道学性质。《科举论》写成后,孝宗送予史浩审读,史浩对有关祖宗待士大夫过于忠厚的说法予以了批评,孝宗据此做了一些修改,"上悔,乃改削其辞",但主体内容依旧保留,并"召从官宣示都堂,仍付史馆"。③

事后孝宗宣谕臣僚:"朕所著《科举论》,或以为过,或以为是。以为过

---

① 《癸辛杂识》前集《科举论》,第21—22页。
② 《建炎以来朝野杂记》乙集卷三《孝宗论用人择相(史文惠论忠厚岂有过)》,第545页。
③ 《建炎以来朝野杂记》乙集卷三《孝宗论用人择相(史文惠论忠厚岂有过)》,第545—546页。

者,史浩也;以为是者,阎苍舒也。浩极长者,故不欲朕用威刑;阎苍舒趋事赴功之人也,故赞朕以为是。"①史浩与道学关系颇为密切,第二次拜相后曾大力举荐道学中人。② 而阎苍舒,淳熙六年前后正担任提领封桩库。③ 封桩库乃孝宗为积累恢复所须财富而专门设立的内藏性质财库,阎苍舒得任此职,表明亦当为孝宗赏识之才吏型官员。史浩批评《科举论》,阎苍舒则表示支持,凸显出道学群体与才吏型官员的对立。孝宗指出阎苍舒支持的原因在于其为"趋事赴功之人",这等于告诉世人《科举论》的目的正在于表达对"趋事赴功"者的支持与激励,史浩就明白指出孝宗意在"振乾纲于委靡,回既倒之狂澜,作群臣以趋事赴功也"。④

孝宗在用人上轻视科举取士的立场,确实保持了言行上的一致。陈亮已注意到孝宗在用人上不重科举的特点,指出:"自龙兴、乾道以来,不以科甲用人,从癸未数至今榜,上三名之在朝不过三四人。"⑤一方面是科举出身而获得重用者明显减少,另一方面则是为数众多的非科举出身者得到了不次任用。如韩元吉以门荫入仕,但"学问远过于进士",孝宗称:"两制之选,能者为之。顾何择于进士、任子?"遂径直任命其为中书舍人。⑥ "林井,字才美,时上孝宗书,条陈边事,称旨,赐官授楚州户曹掾。继擢淳熙第,唱名之日,上谓宰执曰:'林井以上书得官,今复中第,亦见朕不妄与人以官。'"⑦林井撰有《捐躯录》《平燕十略》等文,⑧可知其所论"边事"即是支持孝宗恢复中原。又有王天觉,"知贞符县,代还,以聚敛、击刺之术,因左右以见……既而改京秩,除枢密院编修官,兼检讨文字"。⑨ 王天觉既因"聚敛、击刺之

---

① 《癸辛杂识》前集《科举论》,第 22 页。
② 《四朝闻见录》丙集《史文惠荐士》,第 125 页。
③ 《宋史全文》卷二六下,"淳熙六年五月甲子"条,第 2228 页。
④ 史浩:《史浩集》卷一〇《回奏宣示御制策士圣训》,杭州:浙江古籍出版社,2016 年,第 202 页。
⑤ 陈亮著,邓广铭点校:《陈亮集》(增订本)卷二一《与石天民》,北京:中华书局,1987 年,第 395 页。
⑥ 《四朝闻见录》乙集《去左右二字》,第 83 页。
⑦ 李俊甫:《莆阳比事》卷四,《续修四库全书》,第 734 册,上海:上海古籍出版社,2002 年,第 235 页。
⑧ 陈道:弘治《八闽通志》卷五三。
⑨ 《建炎以来朝野杂记》乙集卷一一《任子赐出身》,第 676 页。

术"而获晋用,显然是富国强兵路线的支持者。不仅如此,孝宗朝不少重臣亦非科举出身,如参知政事钱端礼"以恩补官",①后赐同进士出身。② 王炎,赐兵部侍郎、同进士出身,随即擢任签书枢密院事。③ 王之奇,赐吏部侍郎、同进士出身,寻迁签书枢密院事。④ 姚宪,赐工部侍郎、同进士出身,寻擢左谏大夫,⑤又升任签书枢密院事、参知政事。曾怀,赐同进士出身,除参知政事。⑥ 上面提到的谢廓然,亦是在出任殿中侍御史时被赐予进士出身。⑦ 尽管不能认为被赐予出身者皆为趋事赴功的才吏型官员,但这些人毫无疑问是其中主流。不过,任命这些人担任宰执等重要职位前赐予进士头衔的做法,至少在名义上维护了科举出身者的地位。在趋事赴功者看来,这样的做法似乎还是不够彻底,王天觉上疏言道:"人才可用,不必限有无资格出身,如擢王炎,炎诚可用,不必赐出身,赐出身则犹有所拘也。"⑧

孝宗虽然可以重用非科举出身者,但官制上对于他们的歧视依旧存在。其时官员的寄禄官阶上有左、右之别,科举出身者为左,非科举出身者为右。⑨ 对于非科举出身者来说,这种分别就如同耻辱的烙印将伴随一生。如前面提到的以门荫入仕而被孝宗破格用为中书舍人的韩元吉,《四朝闻见录》称其"耻于右之一字,微讽台臣请进士去左,任子去右。上从之,至今著令云"。⑩ 不过,说韩元吉的奏请让孝宗废除了左、右之分并不准确,废除左、右之分的建议者乃是赵善俊。淳熙元年,赵善俊上疏称:"国家用才,应举觅官,乃寒士窃此进身耳,其与门荫未可以优劣判。若以左、右二字区别,则门荫子弟为善者或怠,不知所以自勉自重。欲望陛下除去左、右二字,则

---

① 《宋史》卷三八五《钱端礼传》,第11829页。
② 《宋会要辑稿》选举九之一九,第4406页。
③ 《宋会要辑稿》选举九之一九,第4406页。
④ 《宋会要辑稿》选举九之二〇,第4406页。
⑤ 《宋会要辑稿》选举九之二〇,第4406页。
⑥ 《琴川志》卷八,第1229页。
⑦ 《艾轩先生文集》卷二《缴奏谢廓然赐出身除殿中侍御史词头》,《宋集珍本丛刊》第44册,第776页。
⑧ 《建炎以来朝野杂记》乙集卷一一《任子赐出身》,第676页。
⑨ 《建炎以来朝野杂记》甲集卷一二《寄禄官分左右》,第243页。
⑩ 《四朝闻见录》乙集《去左右二字》,第83页。

士大夫自励自劝,相与激发,以自致功名。"①他认为,国家选用人才不当以科举、门荫区分优劣,执意区别左、右只会阻碍非科举出身者追求功名的进取之心,为孝宗所接受。② 赵善俊之言与孝宗《科举论》的主旨颇相一致,李心传就视其为刻意迎合,"盖时方右武,善俊迎合而言,非公论也"。③ 实际上,赵善俊虽科举出身,但属于典型的才吏型、事功型官员。赵善俊,字俊臣,太宗七世孙,绍兴二十七年进士,虞允文荐其有边帅才,④周必大称其"年壮气盛时,以功名自期,尤喜论事"。⑤ 他也因此不为道学中人所喜,光宗时期,"知潭州赵善俊得旨奏事,(林)大中上疏劾善俊,而言宗室汝愚之贤当召。上用其言,召汝愚而出善俊与郡"。⑥ 林大中、赵汝愚皆与道学关系密切,林大中排挤赵善俊而举用赵汝愚,反映出的正是道学官员与才吏型官员的对立。

废除寄禄官阶的左、右之分后不久,孝宗又采取措施进一步巩固才吏型、事功型官员在朝中的地位。淳熙二年六月,"定补外带职格。从左司谏汤邦彦之请也"。汤邦彦奏称:

> 陛下忧勤万务,规恢事功。然而国势未强,兵威未振,民力未裕,财用未丰,其故何耶? 由群臣不力故也。望自今而后,中外士夫无功不赏,而以侍从恩数待有功之侍从,以宰臣恩数待有功之宰相。任侍从、宰相无功而退者,并以旧官归班。惟能强国治兵、裕民丰财者则赏随之,而又视其轻重而为差等。任侍从而功大与之宰执恩数可也,任宰相而功小与之侍从恩数可也。其在外者,虽不曾任侍从、宰执,而其所立

---

① 祝穆:《新编古今事文类聚》后集卷九《奏官衔去左右字(赵善俊)》,台北:中文出版社,1989年,第724页。
② 《建炎以来朝野杂记》乙集卷一四《赵善俊乞文阶去左右字》,第746页。
③ 《建炎以来朝野杂记》乙集卷一四《赵善俊乞文阶去左右字》,第746页。
④ 《宋史》卷二四七《赵善俊传》,第8760页。
⑤ 《周必大集校证》卷六四《中大夫秘阁修撰赐紫金鱼袋赵君(善俊)神道碑(庆元五年)》,第946页。
⑥ 《宋史》卷三九三《林大中传》,第12013页。

之功可以得侍从或宰相恩数者,亦视其功而与之。则天下之士变求进之心为立事之心,而陛下之志遂矣。①

该建议完全出于激励官员投身事功的目的,意在通过职名除授引导官员致力于富国强兵。孝宗深以为然,"遂诏自今宰臣、侍从除外任者,非有功绩并不除职。在朝久者,特与转官。其外任人,非有劳劾亦不除授"。② 汤邦彦何许人呢?汤邦彦,字朝美,以祖荫入官,乾道八年中博学宏词科。他深得虞允文赏识,"一见如旧,除枢密院编修官"。虞允文宣抚四川辟为干办公事。或许是得虞允文推荐,汤邦彦亦为孝宗器重,"时孝宗锐意远略,邦彦自负功名,论议英发,上心倾向之,除秘书丞、起居舍人兼中书舍人,擢左司谏兼侍讲,论事风生,权幸侧目"。③ 杨万里推荐汤邦彦时称其"学邃于《易》,得先天之数;才济于用,有经世之心",④亦为典型的事功型官员。这一政策施行后的第一位受益者,即是与汤邦彦类似的事功型官员。淳熙三年,赵粹中以吏部侍郎除敷文阁待制、知池州,"时孝宗方以职名为重,非有功不除。公以简眷之深首得之"。⑤ 赵粹中,字叔达,明州人,绍兴二十四年进士。乾道七年,他"进《恢复机密十论》,俾边帅招中原之人,用奇以捣燕山。又进《制狄权鉴》,取书传制狄之说,参考历代事迹,总归条例,为十六门,四十卷。又《富强要策》十卷,专论屯田",正是富国强兵恢复路线的积极支持者。不仅如此,他也与孝宗一样讲求实用,乾道八年上疏"极论文具之弊,愿诏大臣崇尚实用"。⑥

与赵粹中等事功型官员的受益不同,道学中人本是富国强兵路线的反对者,汤邦彦的建言对他们来说无疑是不利的。《朝野杂记》载:

---

① 《宋史全文》卷二六上"淳熙二年六月"条,第2164—2165页。
② 《宋史全文》卷二六上"淳熙二年六月"条,第2164—2165页。
③ 佚名:《京口耆旧传》卷八《汤邦彦传》,《丛书集成初编》,北京:中华书局,1985年。
④ 《杨万里集笺校》卷一一三《淳熙荐士录》,第4316页。
⑤ 《楼钥集》卷一〇五《龙图阁待制赵公神道碑》,第1821页。
⑥ 《楼钥集》卷一〇五《龙图阁待制赵公神道碑》,第1818页。

淳熙初,上用汤朝美之议,诏宰执、侍从补外,非有功不除职名。三年夏,朝美既斥,郑自明以学官转对,论宰执、侍从不当尚功。上曰:"朕但欲激令趋事功耳。"自明曰:"近臣以论思献纳为职,安得有功可论?"上曰:"亦岂无可见者。"自明曰:"若尔,臣恐自此生事欺罔结托之人,却会得陛下职名。"上默然。(三年五月癸酉)①

孝宗明确指出采纳汤邦彦建议主要在于"激令趋事赴功",这与其撰写《科举论》、废除寄禄官阶左右之分的做法,根本目的是一致的。但这对那些以"论思献纳"为职者来说明显不利。在道学中人看来,"论思献纳"恰恰是更能对朝政发挥作用的方式。这一政策实施后,作为道学中人的吕祖谦险些成了受害者。吕祖谦因奉命编纂《皇宋文鉴》有功,诏除直秘阁,"时方重职名,非有功不除,中书舍人陈骙驳之"。后因孝宗专门批旨放行,"骙不得已草制"。② "非有功不除职名"的规定,成为吕祖谦获得职名的重要障碍。

第四节　才吏型官员与道学官员的冲突

孝宗富国强兵恢复路线的推行,及其为贯彻该路线采取的诸多政策措施,使得孝宗一朝的总体政治环境是不利于道学的,尤其直接影响到了道学中人在朝廷上的处境。孝宗支持的才吏型、事功型官员,既为出于不同的政治主张,亦为维护自身政治地位,屡屡发起对道学的攻击。下面就选择其中一些具有代表性的反道学案件进行分析,以观察其时不同类型官员间政治冲突的特点。

1. 王师愈"以学术自负"案

余英时在探讨官僚集团发起的反道学事件时,曾提到过淳熙十四年道

---

① 《建炎以来朝野杂记》乙集卷八《孝宗奖郑自明魏元履》,第631—632页。
② 《宋史》卷四三四《吕祖谦传》,第12874页。

学士人刘清之被指"以道学自负"案,他对"以道学自负"这种罪名颇感新奇。① 实际上类似案件并非孤例更非首发,此前的王师愈案即是其例。乾道七年,王师愈出任金部郎官,其时:

> 执政曾怀以财利进,而前在版曹,贷内府缗钱数百万,未有以偿。一日,上以问户部尚书杨倓,倓不知所对。退,取诸郡积逋缗钱七百万付金部,使督之。公曰:"此钱徒有名耳,督之未必有得,而文移一下,所扰者不知几何人。且中外一体,若邦计未裕,不若归诚君父,以幸宽免,岂宜举此虚籍以罔上而病民耶?"持其事不下。倓大不乐,乃密言于上曰:"王某以学术自负,不肯屑意金谷事。"而曾怀亦畏公在上左右斥其短,又谮公漏泄省中语,上始怒,诏罢公。而台谏有为公辨明者,上复问怀所泄何语,怀不能对。上悟,遂改知饶州。②

曾怀担任户部尚书时,从隶属于皇帝的内库中借取缗钱数百万,尚未偿还。杨倓接任户部尚书后,孝宗索偿这笔钱物。孝宗理财的特点就是将大量财富积累于直接掌控的内藏性质财库中以备恢复之需,故对各种拖欠内库财物的行为颇为介意。③ 此番户部竟拖欠数百万贯之巨,事情的严重性可想而知,杨倓自不敢怠慢。他随即将这一任务交予王师愈主管的金部,要求他们设法让地方州军补缴拖欠户部的七百万财赋,用以偿还内藏欠款。王师愈表示反对,他认为州军拖欠户部的七百万钱物只是停留在账簿上的数字而已,徒有其名。由于州军财政匮乏,根本就不可能征收上来,户部的严厉督责只会徒然给地方和百姓带来骚扰。他建议与其督

---

① 《朱熹的历史世界——宋代士大夫政治文化的研究》,第471—481页。
② 《朱熹集》卷八九《中奉大夫直焕章阁王公神道碑铭》,第4576—4577页。
③ 淳熙十年九月,孝宗下诏:"诸路州军拖欠内藏库诸色窠名钱物,自淳熙九年终以前,实欠并特与除放,以后常切催纳,如有违慢,仰本库开具所欠州军当职官吏,取旨施行。"宰相王淮询问道:"圣恩溥博,不知所欠数若干。"孝宗答复:"六十万贯。"(《宋史全文》卷二七上"淳熙十年九月壬午"条,第2282页)诏书的重点显然不在蠲免州军此前拖欠,而是再次重申州军务必严格按照规定上缴内库钱物。

责地方,不如请求孝宗将户部拖欠的钱物予以免除。从"持其事不下"来看,其立场颇为坚定,从而引起了杨倓的不快。有意思的是,杨倓并非直接向孝宗汇报王师愈的态度,而是密奏"王某以学术自负,不肯屑意金谷事"。作为始作俑者的曾怀亦"畏公在上左右",在孝宗面前贬低王师愈,致使王师愈被罢免。

王师愈究竟是何许人?为何会引起杨倓和曾怀的反感,必欲去之而后快?其所自负的又是何种"学术"?王师愈,字与正,金华人,绍兴十八年进士,早年"与见龟山先生杨公,受《易》《论语》之说。公又自从东莱吕舍人居仁问知中朝诸老言行之懿,二公皆器许之"。可知其为杨时弟子,又从学于吕本中。任长沙知县期间,"时汶上刘子驹、广汉张敬夫皆居郡中,公以暇日与之游,从容讲贯,所造益深远"。① 张敬夫即张栻。这些都表明王师愈乃不折不扣的道学中人,杨倓指责王师愈所自负之"学术"当即为道学。攻击王师愈的杨倓与曾怀,皆为孝宗擢用以理财见长的才吏型官员,已见前述。因此,杨倓、曾怀与王师愈的冲突,正是才吏型官员与道学官员矛盾的一个显例,而这种矛盾又是建基在两种不同的恢复路线基础上。杨倓、曾怀皆为富国强兵恢复路线的支持者,对应的王师愈作为道学中人是否秉持了以"裕民"为先的恢复路线呢?

王师愈对轻言用兵的恢复路线明确反对,他在知信州任上奏称:"为今日恢复之计不可一息忘,恢复之师不可一朝举。臣恐群臣献计有误陛下,谓今日可以用兵者,故愿陛下审处其势也。"②在此前提下,他对孝宗的理财政策多有批判:"臣闻州郡者国之源也,州郡足则每岁供输于国者罔不足,或有水旱之灾,盗贼之警,师旅之兴,亦有以为之备。州郡不足,则供输于国者已匮乏于和平之时,一有水旱盗贼师旅之用,未有不惶惶而失措。是以善富国者,必以足州郡为先务也。"富国当以满足州郡需求为先,当时情况却不容乐观,"比来州郡乃大不然,岁之所入有限,而用度无义,困于太守之数易,困于

---

① 《朱熹集》卷八九《中奉大夫直焕章阁王公神道碑铭》,第 4571—4574 页。
② 《历代名臣奏议》卷二三四,第 3102 页。

禁军之起发,增拣汰养老之人以困之,又有不时之需以困之",导致"州郡窘乏甚矣"。① "禁军之起发""增拣汰养老之人"等等,皆与富国强兵路线有关。可见,王师愈对孝宗将富国置于优先地位的做法颇为不满。

于王师愈而言,将满足州郡需求作为国家治理先务,本质上就是将"裕民"置于优先地位,这也是他仕宦生涯一贯坚持的立场。朱熹评价王师愈:"虽剸繁治剧,剔蠹锄奸,随事制变,各有条理,然仁厚之意、恻怛之诚,蔼然行于其中,则又有非一时长于吏治者所能及。"②他不仅具有突出的治繁理剧的才能,更重要的是在为官施政中始终秉持"仁厚之意,恻怛之诚",始终将"裕民"作为施政先务。在长沙知县任上,"一旦幕府所下文书有不便于民者,公以利害争之不得,退将引去。敬夫疑之曰:'行而无资,奈何?'公曰:'吾之来也固已虑此,而先办归装矣,岂待今日而后计耶?'敬夫面叹加敬,而事亦竟得寝"。③ 在仕途与裕民之间,王师愈更看重的乃是后者。

再回过头来看杨倓、曾怀攻击王师愈的案件,可以确信这在根本上正是两种不同恢复路线塑造出来的不同类型士大夫间的冲突。杨倓、曾怀秉持富国强兵的恢复路线,将满足朝廷需求作为首要之务,故宁愿得罪州军、百姓亦要完成偿还内库欠款的旨意。王师愈则坚持将"裕民"作为施政先务,反对督责地方,坚持要求孝宗减免户部拖欠。如此也可明白,所谓王师愈"不肯屑意金谷事"并非是指其不愿意插手财政相关事务,而是特指其不愿支持孝宗主张的理财政策。无论杨倓、曾怀还是孝宗都很清楚,王师愈以及其他道学中人的这种态度,源于他们将"裕民"作为施政根本的鲜明立场,而这又与他们的道学背景息息相关。下面再看刘清之"以道学自负"案,将对此有着更为清晰地认识。

2. 刘清之"以道学自负"案

《宋会要辑稿》载:

---

① 《历代名臣奏议》卷二七二,第3568页。
② 《朱熹集》卷八九《中奉大夫直焕章阁王公神道碑铭》,第4580页。
③ 《朱熹集》卷八九《中奉大夫直焕章阁王公神道碑铭》,第4573—4574页。

同日(淳熙十四年十二月二十七日),知衢(衡)州刘清之主管华州云台观。言者论其以道学自负,于吏事非所长,财赋不理,仓库匮乏,又与监司不和,乞与宫祠。从之。①

朱熹在给黄榦的书信中亦提及此事:

子澄乃令副端章疏,言其以道学自负,不晓民事,与监司不和,而不言所争之曲直,又言其修造劳民而已。闻之赵仓已尝按之,而复中辍,必是畏此恶名,而阴往台谏处纳之耳。②

两者记载的刘清之罪名基本相同,朱熹所言"不晓民事"即大致对应"于吏事非所长,财赋不理,仓库匮乏"。至于"修造劳民"则不见于《宋会要辑稿》,可予以补充。刘清之,字子澄,临江人,绍兴二十七年进士,"初,清之既举进士,欲应博学宏词科。及见朱熹,尽取所习焚之,慨然志于义理之学。吕伯恭、张栻皆神交心契,汪应辰、李焘亦敬慕之"。③ 他是否为朱熹弟子容有争议,但在学术上服膺道学则是确定无疑的,④故其被指罪名中"以道学自负"与王师愈完全相同,而"财赋不理"亦与王师愈"不肯屑意金谷事"如出一辙,皆是道学中人在为官施政中比较典型的表现。前面已指出,王师愈"不肯屑意金谷事"主要是出于对朝廷理财政策的不满,根源则在于将"裕民"作为为官先务。那么,刘清之又如何呢?刘清之对理财亦颇有非议。前文论述史正志主持发运司攫取地方财赋时,他即曾予以抵制。与此相对,刘清之对"裕民"则颇为用心。他既因在衡州任上的作为遭到弹劾,就以此为切入点来进行观察。

---

① 《宋会要辑稿》职官七二之四八,第4012页。
② 《朱熹集·续集》卷一《答黄直卿书》,第5140页。
③ 《宋史》卷四三七《刘清之传》,第12956页。
④ 全祖望就认为刘清之并非朱熹弟子,称:"朱、张、吕三先生讲学时,最同调者,清江刘氏兄弟也。敦笃和平,其生徒亦遍东南。近有妄以子澄为朱门弟子者,谬矣!"(《宋元学案》卷五九《清江学案》,第1938—1939页)

《宋史》本传主要记载了刘清之在衡阳任上的三件事,一是鉴于"衡自建炎军兴,有所谓大军月桩过湖钱者,岁送漕司,无虑七八万缗",希望朝廷加以蠲减,但未得允许。二是衡阳存在着"饰厨传以事常平、刑狱二使者,月一会集,互致折馈"的一贯做法,刘清之明确表示反对:"此何时也?与其取诸民,孰若裁诸公。吾之所以事上官者,惟究心于所职,无负于吾民足矣。岂以酒食货财为勤哉?"因此,"自常禄外,悉归之公帑,以佐经用"。三是"尝作《谕民书》一编,首言畏天积善,勤力务本,农工商贾莫不有劝,教以事亲睦族,教子祀先,谨身节用,利物济人,婚姻以时,丧葬以礼。词意质直,简而易从。邦人家有其书,非理之讼日为衰息"。① 三事皆与普通百姓息息相关,前两件主要在于减轻官府加诸民众之负担,第三件则意在对民众施以教化,无不体现出刘清之的"裕民"宗旨。他既称"与其取诸民,孰若裁诸公",是则有意奉行损上益下之原则。遵照该原则,恐怕很难满足积极理财政策下朝廷对地方财赋的汲取。余英时着意辩解言者指责刘清之"于吏事非所长"非真,认为他实为一极长于"吏事"之人。② 这恐是未能准确理解这里的"吏事"所指。言者所谓"吏事"当主要指向财政事务,即满足朝廷对地方财赋征收的要求。朱熹被任命为江西提点刑狱时,有论者指称"钱谷非其所长",③可作为刘清之"于吏事非所长"的注解。

不过,既然刘清之将"裕民"作为施政先务,又何以被指责为"劳民伤财"呢?《宋史·刘清之传》载:

> 念士风未振,每因月讲,复具酒肴以燕诸生,相与输情论学,设为疑问,以观其所向,然后从容示以先后本末之序。来者日众,则增筑临蒸精舍居之……为阅武场。凡禁军役于他所,隐于百工者,悉按军籍俾诣训阅。作朱陵道院,祠张九龄、韩愈、寇准、周敦颐、胡安国于左,祠晋死

---

① 《宋史》卷四三七《刘清之传》,第12955页。
② 《朱熹的历史世界——宋代士大夫政治文化的研究》,第474页。
③ 王懋竑:《宋朱子年谱》卷三上,《新编中国名人年谱集成》第七十辑,台北:台湾商务印书馆,1982年,第139页。

节太守刘翼、宋死节内史王应之于右。雅儒吉士日相周旋其间,而参佐谋论多在焉……部使者以清之不能媚己,恶之,贻书所厚台臣,诬以劳民用财,论罢,主管云台观。①

刘清之需要动用财赋之处,当包括了增筑临蒸精舍、建造阅武场、修建朱陵道院等事。建造阅武场的目的在于训练地方禁军,与孝宗的强兵路线相应和,似不大会被指责为"劳民伤财"。增筑临蒸精舍与修建朱陵道院,目的皆在于振作士风,培养士人。鉴于刘清之的道学背景,其所培养之士人,所意图振作之士风,当皆以道学为旨归,如朱陵道院中供奉的周敦颐、胡安国即为道学名臣。而这些在地方教化中似乎并非必不可少,被敌视者视作"劳民伤财"也就在情理之中了。② 但在道学中人看来,刘清之的衡州施政则是较为完美的,陈傅良就称:"湖南诸郡,刘子澄最善政,竟不能免。"③对他的被罢免十分不解。

弹劾刘清之的台谏究竟为谁已难确认,余英时推测可能是陈贾,④不过也没有切实证据。结合王师愈案来看,这种"以道学自负"以及"财赋不理"的罪名,很大程度上当出自才吏型官员之手。刘清之本人就表现出对才吏型官员的批判,他曾得参知政事龚茂良、宰相周必大推荐,获得机会入对孝宗。他进呈"用人四事":"一曰辨贤否。谓道义之臣,大者可当经纶,小者可为仪刑。功名之士,大者可使临政,小者可使立事。至于专谋富贵利达而已者下也……三曰使材能。谓军旅必武臣,钱谷必能吏,必临之以忠信不欺之士,使两人者皆得以效其所长。"⑤将"道义之臣"与"功名之士"对举,前者自然主要指道学中人,后者则指孝宗欣赏的才吏型、事功型官员。在他的

---

① 《宋史》卷四三七《刘清之传》,第 12955—12956 页。
② 朱熹就言道:"濂溪之祠,郡将乃能留意如此,并及陶、刘,亦甚善。此等事自世俗言之似无紧要,然自今观之,于人心政体所系亦不轻。"(《朱熹集》卷四六《答黄商伯(灏)书》,第 2218 页)可见为周敦颐等道学大儒建祠纪念,只是在道学中人看来很重要,在世俗看来则无关痛痒。
③ 《陈傅良先生文集》卷三六《与林懿仲》,第 466 页。
④ 《朱熹的历史世界——宋代士大夫政治文化的研究》,第 474 页。
⑤ 《宋史》卷四三七《刘清之传》,第 12954 页。

表述中,"道义之臣"的地位明显高于"功名之士"。同时,他又指出,擅长军旅、财政事务的"武臣""能吏"必须被置于"忠信不欺之士"下,方能更好发挥作用。所谓"忠信不欺之士"自属"道义之臣"范畴。可见,刘清之尽管不完全反对任用才吏型官员,但坚持其地位应被置于道学官员之下。与王师愈案一样,刘清之"以道学自负"案体现出的依旧是道学与才吏两种类型官员间的对立。

3. 郑丙、陈贾反道学事件

淳熙十年前后,发生了郑丙、陈贾攻击道学的事件。此事直接源于朱熹弹劾唐仲友案,不过不同材料的记载略有不同。《宋史·朱熹传》载:

> 知台州唐仲友与王淮同里为姻家,吏部尚书郑丙、侍御史张大经交荐之,迁江西提刑,未行。熹行部至台,讼仲友者纷然,按得其实,章三上,淮匿不以闻。熹论愈力,仲友亦自辩,淮乃以熹章进呈……淮不得已,夺仲友江西新命以授熹,辞不拜,遂归,且乞奉祠。时郑丙上疏诋程氏之学以沮熹,淮又擢太府寺丞陈贾为监察御史。贾面对,首论近日搢绅有所谓"道学"者,大率假名以济伪,愿考察其人,摈弃勿用。盖指熹也。十年,诏以熹累乞奉祠,可差主管台州崇道观,既而连奉云台、鸿庆之祠者五年。①

唐仲友与时任宰相的王淮同乡且有姻亲,又得吏部尚书郑丙推荐,故当其遭朱熹弹劾时得到了王淮的维护,郑丙也站出来攻击道学,矛头自然是指向朱熹。不仅如此,王淮还擢陈贾为监察御史,令其出面攻击道学。在这种形势下,朱熹的奉祠请求获得批准,郑丙、陈贾的相继攻击成为其奉祠的重要动因。

《宋史·郑丙传》的记载与此类似:

> 丙雅厚仲友,且迎合宰相意,奏:"近世士大夫有所谓'道学'者,欺世盗名,不宜信用。"盖指熹也。于是监察御史陈贾奏:"道学之徒,假名

---

① 《宋史》卷四二九《朱熹传》,第 12756—12757 页。

以济其伪,乞摈斥勿用。"道学之目,丙倡贾和,其后为庆元学禁,善类被厄,丙罪为多。①

据此,郑丙于唐仲友不仅有举荐之谊,且两人亦颇有私交。这里也强调了在攻击道学上,郑丙倡之于前,陈贾附和于后。这与后来叶适的说法相一致:"近创为'道学'之目,郑丙倡之,陈贾和之,居要津者密相付授。"②

《宋史·王淮传》的记载则有所不同:

> 初,朱熹为浙东提举,劾知台州唐仲友。淮素善仲友,不喜熹,乃擢陈贾为监察御史,俾上疏言:"近日道学假名济伪之弊,请诏痛革之。"郑丙为吏部尚书,相与叶力攻道学,熹由此得祠。其后庆元伪学之禁始于此。③

如此则似乎是王淮擢用陈贾为监察御史攻击道学在前,郑丙配合攻击于后,共同导致了朱熹的奉祠。

郑丙与陈贾对道学的攻击究竟发生在何时呢?与朱熹的奉祠关系如何呢?

郑丙、陈贾所为源于朱熹弹劾唐仲友。淳熙八年八月,朱熹出任浙东提举常平茶盐公事。次年七月,发起对唐仲友的弹劾。九月,改除江南西路提点刑狱,辞。十年正月,主管台州崇道观。据郑丙神道碑,郑丙出任权吏部尚书在淳熙八年九月,正任吏部尚书在淳熙九年八月,至淳熙十年二月出知建宁府。④ 他攻击道学当在淳熙九年八月至次年二月之间。至于陈贾攻击道学的时间,《宋史·孝宗本纪》有明确记载:"(淳熙十年)六月戊戌,监察御史陈贾请禁伪学。"⑤据此,攻击道学乃是郑丙倡之于前,陈贾附和在后。

---

① 《宋史》卷三九四《郑丙传》,第12035—12036页。
② 《水心文集》卷二《辩兵部郎官朱元晦状》,《叶适集》,第19页。
③ 《宋史》卷三九六《王淮传》,第12072页。
④ 《周必大集校证》卷六五《吏部尚书郑公(丙)神道碑(庆元六年)》,第964页。
⑤ 《宋史》卷三五《孝宗本纪》,第680页。

同时，既然朱熹在淳熙十年正月，也就是陈贾请禁伪学前半年业已奉祠，则陈贾是王淮擢用以攻罢朱熹的说法似乎就难以成立。朱熹弹劾唐仲友案中，迎合王淮攻罢朱熹的只有郑丙一人。黄榦在朱熹行状中称"时从臣有奉时相意上疏毁程氏之学，以阴诋先生者"。① 郑丙时任吏部尚书，正为侍从，黄榦所言显然仅暗指郑丙，而不包括陈贾。虽然陈贾攻击道学与朱熹奉祠没有直接关系，但若说其与郑丙所为共同反映出王淮与道学中人的矛盾则无太大问题。余英时将之视作官僚集团与道学集团的斗争，实则背后凸显的依旧是孝宗富国强兵路线与道学裕民路线的冲突。

郑丙攻击道学直接渊源于朱熹弹劾唐仲友案，但引起王淮对朱熹及道学不满的恐怕并非仅限于此。朱熹此番出任浙东提举常平本是出于王淮推荐，"会浙东大饥，宰相王淮奏改熹提举浙东常平茶盐公事，即日单车就道"。② 朱熹出任浙东提举常平事在淳熙八年王淮甫任宰相不久，背景则是"浙东大饥"，故任上的主要作为也集中在救荒上。《宋史·王淮传》亦载：

> 时以荒政为急，(王)淮言："李椿老成练达，拟除长沙帅，朱熹学行笃实，拟除浙东提举，以倡郡国。"其后推赏，上曰："朱熹职事留意。"淮言："修举荒政，是行其所学，民被实惠，欲与进职。"上曰："与升直徽猷阁。"③

面对急切的救荒事务，王淮不仅推荐了朱熹，还推荐了李椿。朱熹在道学中的地位自不待言，李椿乃胡安国弟子，亦为道学名臣。④ 何以朝廷要举行荒政，所用两人皆出身道学呢？是偶然的巧合吗？朱熹在浙东救荒任上做出了显著成绩，受到孝宗嘉奖。王淮称："修举荒政，是行其所学。"王淮举荐朱熹显然就是出于这种认识，即救荒本就符合朱熹学问宗旨。孝宗曾称朱熹

---

① 黄榦：《勉斋先生黄文肃公文集》卷三四《朱先生行状》，《宋集珍本丛刊》，第 68 册，北京：线装书局，2004 年，第 117 页。
② 《宋史》卷四二九《朱熹传》，第 12755 页。
③ 《宋史》卷三九六《王淮传》，第 12071—12072 页。
④ 《宋元学案》卷三四《武夷学案》，第 1190 页。

为"虚名之士",正是屡遭其批判的道学士人的代表,朱熹也因此仕途坎坷。然此番擢任浙东提举,则由王淮主动推荐,孝宗亦欣然接受,更重要的是朱熹亦未作推辞,三者可谓十分默契,个中根由当即在此。救荒即救民,孝宗和王淮很清楚朱熹等道学中人学问的要义即在于救民,这也正是后者一直以来批判富国强兵路线的根本立足点,故在"时以荒政为急"的特殊背景下,启用朱熹、李椿这样的道学之士来缓解天灾,以及此前政策给民众造成的灾难,无疑再合适不过。而朱熹等人即便对时政有何不满,面对饿殍遍野亦难推辞,故双方一拍即合。

朱熹不负孝宗期望,在浙东积极推行荒政,对各种"不便于民"之政极力厘革,主旨自然在于民得实惠。但他所为依旧遭到了非议,有言者"谓其疏于为政",赖孝宗赞赏其"政事却有可观"而未遭惩处。朱熹因诸多奏请未得朝廷允许,愤而上疏希望进行一番彻底的政治革新,"为今之计,独有断自圣心,沛然发号,责躬求言,然后君臣相戒,痛自省改"。他要求孝宗"尽出内库之钱,以供大礼之费为收籴之本",同时"诏户部免征旧负,诏漕臣依条检放租税,诏宰臣沙汰被灾路分州军监司、守臣之无状者,遴选贤能,责以荒政",只有这样"庶几犹足下结人心,消其乘时作乱之意"。① 这些损上益下之举与朱熹的"裕民"主张是相符合的,也反映出他对朝政的不满。他又上书宰相,一方面指责朝廷"爱民之心不如惜费之甚,是以不肯为极力救民之事",一方面批评宰相"忧国之念不如爱身之切,是以但务为阿谀顺指之计"。在他看来,"财散犹可复聚,民心一失,则不可以复收。身危犹可复安,国势一倾,则不可以复正。至于民散国危而措身无所,则其所聚,有不为大盗积者耶?"②其时王淮独相,所谓"阿谀顺旨"者即是王淮。简单来说,朱熹批判的正是王淮所迎合、孝宗所秉持的以理财为核心的富国强兵路线。

郑丙、陈贾攻击道学,或者是为迎合王淮,或者是受王淮唆使,但他们本身很可能亦属才吏型官员,攻击道学也是自身政治立场的本能反映。受限

---

① 《宋史》卷四二九《朱熹传》,第 12755—12756 页。
② 《朱熹集》卷二六《上宰相书》,第 1133 页。

于材料,陈贾的情况不是很清楚,这里主要关注郑丙。郑丙《宋史》有传,但十分简略,且较为负面,记载的主要事迹就是其攻击道学的情形,体现出强烈的道学叙事色彩。不过,周必大为之撰有神道碑,叙述生平事迹颇详。两种性质的材料皆提到了郑丙的为官风格,值得注意。《宋史·郑丙传》载:"尝知泉州,为政暴急,或劝之尚宽,丙曰:'吾疾恶有素,岂以晚节易所守哉。'闻者哂之。"①郑丙神道碑载:"除龙图阁学士、知建宁府。政尚严明,千里肃然。……起知泉州……治泉如治越,或劝从宽。公曰:'惟有德者能以宽服民,吾固非用猛者,然嫉恶有素,岂以晚节丧所守哉?'"②郑丙施政以严明为主,神道碑对此如实记述,未作过多评价。但在道学中人看来,施政当以宽仁为基本,故《宋史》本传持明显的贬责倾向。据郑丙解释,唯有德者方能行宽厚之政,令百姓信服,他为政尚严乃是一贯嫉恶如仇的性格所致。这一解释表明郑丙似乎并不以有德者自居,故不认为自己能以德化民,政尚严明的背后隐然显露出法家色彩。

这种为政尚严的特点,是孝宗朝才吏型官员的典型特征。前文提到的王佐、赵善俊皆为其例。据陆游称,王佐曾对他言道:"里中或谓仆以诛杀众,故多难,不知仆为人除害也。湖湘乡者盗相踵,今遂扫迹者二十年,绵地数州,深山穷谷之氓,得以滋息。而仆以一身当祸谴,万万无悔。"③王佐在潭州知州任上主持平定了郴州宜章陈峒的叛乱。他在平叛过程中诛杀甚多,以至引起乡里非议,但他认为此举看似残酷,却能保持地方长期安定,故宁愿承担骂名亦不后悔。至于赵善俊,淳熙元年十二月,在淮南转运判官任上遭罢,"以言者论善俊天姿刻薄,昨守襄阳,政事乖谬,惟务凶残,有击狱者,或至断其手足,一方之民莫不震骇"。④淳熙九年,又从建宁知州任上遭罢,"以言者论其所历州郡,专尚残暴,耗费钱物故也"。⑤言者的弹劾容有夸张,但赵善俊竟先后两次因类似罪名被弹劾,表明其为官崇尚严苛当是没

---

① 《宋史》卷三九四《郑丙传》,第12036页。
② 《周必大集校证》卷六五《吏部尚书郑公(丙)神道碑(庆元六年)》,第964页。
③ 《渭南文集》卷三四《尚书王公墓志铭》,第4册,第87页。
④ 《宋会要辑稿》职官七二之一二,第3994页。
⑤ 《宋会要辑稿》职官七二之三四,第4005页。

有疑问的。

事实上,在孝宗朝倡导严刑峻法以御下的正是孝宗本人。乾道七年,针对有"统兵官掊克不法"事,他对宰执言道:"威克厥爱允济,爱克厥威允罔功。苏轼乃谓尧、舜务以爱胜威,朕谓轼之言未然。""威克厥爱允济,爱克厥威允罔功"出自《尚书·胤征》,苏轼传解该句称:"先王之用威爱,称事当理而已……是尧舜已来常务使爱胜威也。今乃谓威胜爱则事济,爱胜威则无功,是为尧、舜不如申、商也,而可乎?此后羿之党临敌誓师一切之言,当与申、商之言同弃不齿。而近世儒者欲行猛政,辄以此借口,予不可以不辨。"①苏轼认为帝王施政当秉持宽容慈爱的原则,"威克厥爱允济,爱克厥威允罔功"乃是后羿党羽之言,不可信奉。苏轼口中采信这一经文作为推行"猛政"借口的"近世儒者",主要是指王安石。王安石在《尚书新义》中阐发该句含义称:"威严胜于慈爱,人则畏而勉力,故诚有成;若慈爱胜于威严,则人无所畏而懈怠,故诚无功。"②强调的是施政当崇尚威严胜于慈爱。③ 孝宗明显更倾向于王安石的观点。梁克家对此不以为然,指出"先儒立论,不可指为一定之说。如崔寔著《政论》,务劝世主驭下以严。大抵救弊之言,各因其时耳"。孝宗似不愿承担崇尚严刑峻法的指责,故回应道:"昔人以严致平,非谓深involving峻法也。纪纲严整,使人不敢犯耳。"④但梁克家提到的崔寔"劝世主驭下以严"而著之《政论》,正为孝宗所偏好。孝宗曾亲自御书《政论》以赐虞允文,并称:"寔之说切中今世士大夫之病,有会于朕心,因书此为赐,且见朕修政救弊不敢怠忽之意。卿亦宜广朕意,以风励卿士大夫。"⑤可以看出孝宗本意依旧是崇尚威严之政。淳熙六年,孝宗又在《科举论》中宣称:"国朝以来,过于忠厚,宰相而误国者,大将而败军师者,皆未尝诛戮之。"

---

① 苏轼:《书传》卷六,《景印文渊阁四库全书》,第 54 册,第 538 页。
② 王安石:《尚书新义》卷三,王水照主编:《王安石全集》,第 2 册,上海:复旦大学出版社,2016 年,第 105 页。
③ 关于苏轼与王安石围绕该条经文的争论及其背景,可以参看刘力耘:《王安石〈尚书〉学与熙宁变法之关系考察》,《中国史研究》2019 年第 1 期。
④ 《宋史全文》卷二五下"乾道七年四月庚午"条,第 2114—2115 页。
⑤ 《历代名臣奏议》卷五一,第 704 页。

认为用人当"懋赏立乎前,严诛设乎后"。史浩批评孝宗是"自欲行刻薄之政,而归过祖宗"。① 既有孝宗倡之于上,则其擢用之才吏型官员自会效法于下,呈现出为政尚严的特点,郑丙的施政风格应当正是该风气下的产物,也凸显出其本身具有的才吏型官员特征。

余　论

孝宗朝反道学问题的本质乃是两种不同恢复路线的对立。在恢复的大目标上,孝宗与道学中人并无分歧,但在如何实现这一目标上,双方差不多处于根本对立的状态:一者强调以理财为基础的富国强兵路线,一者则强调将"裕民"作为首要之务。如果抛开恢复的目标不谈,作更深一层的考虑,这种路线的对立亦是两种不同治国理念的差异。道学时常被称作性命道德之学,批判道学者经常指责的也是道学喜好空谈性命道德。作为一种学术,讲究性命道德可能确实是道学的典型特征。但若亦将道学视作治国理政之学,其最为突出的特点当在于将"裕民"置于至高地位。这一主张因与儒家传统的"民为邦本""民贵君轻"等思想一脉相承,加之孝宗理财路线暴露出来的聚敛厉民等弊端,使得道学无形中占据了道义上的制高点。

论者多认为孝宗在文化上实行平衡策略,不过分倾向任何一家,②但从本章的论述中来看,孝宗为贯彻富国强兵路线,保证才吏型、事功型官员在朝中立足,对道学的排挤是全方位的,既有舆论风气上的引导,又有制度上的压制,更容忍才吏型官员一再掀起反道学事件,似乎并未刻意保持平衡。道学之所以能够在不利的氛围下依旧获得发展,而孝宗不得不容忍,当与道学占据了道义制高点是息息相关的。王质致书宰相虞允文:"吕夷简抑群贤而庆历之党论兴,王安石抑群贤而元祐、绍圣之党事炽,蔡京抑群贤而宣和、

---

① 《建炎以来朝野杂记》乙集卷三《孝宗论用人择相(史文惠论忠厚岂有过)》,第545页。
② 范立舟:《理学的产生及其历史命运》,第266页。

第三章 孝宗朝反道学问题的实质

靖康之党祸极矣。故不可抑而抑之,抑者受名,抑之者受谤,甚则受祸,岂不悲夫!"①作为孝宗"急进"恢复路线的支持者,虞允文屡遭道学中人批判,这当构成了王质言论的背景。王质认为对这些人应当予以包容,若强力压制反而会抬高他们的声誉,损害自身威望。虞允文在政治生涯中未见与道学过分交恶,甚至推荐过朱熹,②或即与王质所言有关,或出于类似考量。如此做法也为孝宗及其他推行富国强兵路线的宰相所接受。淳熙七年,朱熹上疏批评时政触怒孝宗,得到另一位主张恢复的宰相赵雄救解方免遭惩处,《朝野杂记》载:"始上素疾虚名之士,恶言清浊流,本非为先生也,而小人因是为谗。上每与大臣言之,辄动容变色。"朱熹正是孝宗眼中"虚名之士"的代表,李心传所谓"本非为先生"不过是意在维护孝宗和朱熹的形象。赵雄言道:"欺世盗名,陛下恶之是也。虽然,上疾之愈甚,则下誉之愈众。以天子之贵而切切焉反与之角,若惟恐不能胜者,无乃适所以高之乎?不若因其长而用之,彼渐当事任,则能否自露,谬伪自乖,虚名败矣,何必仰劳圣虑。若摈而不用,则徒令以不遇借口耳。"③《宋史·赵雄传》记载赵雄所言更为露骨:"熹狂生,词穷理短,罪之适成其名。若天涵地育,置而不问可也。"④得到孝宗认可。这与王质的基本思路是一致的。不仅虞允文、赵雄等主张恢复的宰相如此,奉行"安静"之政的宰相王淮亦复如是。博士章颖因"论事狂直"引起孝宗不满,"上议绌之"。⑤ 章颖为汪应辰门人,亦分属道学。⑥王淮言道:"陛下乐闻直言,故士夫以言相高,耻不相若,此风可贺也。若绌之,乃成其名也。绌之愈甚,其名愈重。名既皈于下,谤必皈于上。"⑦孝宗很多时候选择容忍道学中人的作为,某种程度上可以说是不得已而为之。因道学占据的道义高地,利用强权打压不仅难以收到理想效果,反倒可能进

---

① 《雪山集》卷三《与虞相书》,《宋集珍本丛刊》,第61册,第570页。
② 《建炎以来朝野杂记》乙集卷八《晦庵先生非素隐》,第633页。
③ 《建炎以来朝野杂记》乙集卷八《晦庵先生非素隐》,第634—635页。
④ 《宋史》卷三九六《赵雄传》,第12074页。
⑤ 《杨万里集笺校》卷一二〇《宋故少师大观文左丞相鲁国王公神道碑》,第4649页。
⑥ 《宋元学案》卷四六《玉山学案》,第1461—1462页。
⑦ 《杨万里集笺校》卷一二〇《宋故少师大观文左丞相鲁国王公神道碑》,第4649页。

一步提升他们在朝野的影响力。

当然,在论述孝宗朝的反道学问题时候,还需要注意到以下三点:

第一,不应陷入道学中人设定的"君子""小人"二元对立模式,来对孝宗朝的反道学问题进行理解。诚然,在孝宗富国强兵路线下,确实出现了不少投机迎合名不副实之辈。① 但才吏型、事功型官员与道学官员对抗的本质,是富国、富民两条不同政策路线的对立。两条路线很难说孰更符合道义,尤其是在付诸实践时,任何一条路线一旦与现实名利挂钩,势必会出现诸多迎合投机者,良莠不齐,泥沙俱下。就如同不能因道学末流的存在而将整个道学视作空谈,也不当因出现了某些投机者而对整个才吏型官员予以否定。特别值得注意的是,随着道学在南宋中后期的兴盛而出现的刻意贬低甚至丑化反道学者的情况,如郑丙在《宋史》本传中就完全是一幅反道学的负面形象,但他在当时乃以直言敢谏、刚劲正直著称,堪称清流名臣。② 又如钱良臣,字师魏,杨万里称其"尝以巧聚敛而进",③以至参政,是孝宗重用的才吏型官员。《宋史·龚茂良传》载:"钱良臣侵盗大军钱粮,累数十万,茂良奏其事,手诏令具析。"④似为一赃吏,且又攻罢支持道学的龚茂良,属"小人"无疑。但刘宰称:"泛观近世从政者,其苛刻者、迂阔者皆置不论,若史直翁、钱师魏,非世所谓善官者欤?"⑤可知时誉颇佳。刘宰与道学关系密切,所言自当可信。这表明才吏型官员本身是颇为复杂的,难以用"小人"标签一概而论,需要在面对具体人物时做具体分析,切忌以偏概全。

第二,不可低估道学中人批判才吏型官员的主动性。本章主要探讨的是孝宗及才吏型官员对道学的攻击,容易让人误以为道学中人始终处于被动挨打地位。其实道学中人对才吏型官员的抨击亦颇为主动。王十朋对史

---

① 如周必大就指出:"乃者常遣使理财矣,又尝遣使按军矣,方被命之初,截截幡幡,似若可听。及责成效,蔑如也。此无他,用之过其量,赏之不待功。彼既冒受宠荣,则惧诞谩获罪,于是多方以掩其过,妄作以盖厥愆。"(《周必大集校证》卷一三六《论人才札子》,第 2118 页)
② 《宋元学案》卷三四《武夷学案》,第 1196—1197 页。
③ 《杨万里集笺校》卷六二《旱暵应诏上疏(淳熙丁未七月十三日上)》,第 2674 页。
④ 《宋史》卷三八五《龚茂良传》,第 11845 页。
⑤ 刘宰:《漫塘刘先生文前集》卷一九《政说赠句容江大夫》,《宋集珍本丛刊》,第 71 册,北京:线装书局,2004 年,第 639 页。

正志的弹劾,林光朝对谢廓然的弹劾,皆是其例。又如张栻讥讽王之奇事,《朝野杂记》载:"时王能甫(之奇)为兵部侍郎,张南轩为左司员外郎,继除侍讲,亦不赐出身,用吕元明、吴传正例也。已而,有为上言南轩讥能甫不学,不当在讲筵者。上怒。南轩俄以事去。"①张栻与王之奇皆非科举出身,孝宗擢用两人进入经筵,但在张栻看来,王之奇乃属"不学",似无资格担任经筵讲官。王之奇与道学颇有渊源,"蚤尝从和靖先生尹焞学,探穷理尽性之妙,讲贯经旨,周知物情,尹深器之"。但他本人长于吏治,有治繁理剧之能,在泸南钤司干官任上,"时年逾四十矣,实初试吏,而政事谙练,宪章明习,若素宦然,婉画之当,出人意表"。虞允文目之为"当今第一等人"。乾道元年,他在面对时,"极论名实之辨,乞精选部使者,贤守令,考别实效,以赴事功,用激偷惰",深得孝宗欣赏。② 表明其认同孝宗崇尚实学的做法,强调趋事赴功,在政治上应是孝宗路线的支持者。张栻讥讽王之奇根源的当即在此。一定程度上也可以说正是道学中人对才吏型官员表现出来的敌意,强化了后者对前者的攻击。

第三,不必将孝宗朝的反道学问题全部解释为两条不同路线的斗争。虽然我们认为孝宗与道学中人秉持之恢复路线的不同,构成了孝宗朝反道学问题产生的主要根源,但现实毕竟是十分复杂的,若将所有反道学问题强行纳入此框架予以解释,难免有削足适履之嫌。如吕祖谦因奉命编纂《宋文鉴》,在论功行赏除授馆职时遭中书舍人陈骙反对。余英时认为这是官僚集团掀起的反道学事件之一,将陈骙强行解释为官僚集团的成员,但许浩然认为该事件反映出的乃是南宋长期存在着的理学文化与馆阁文化的碰撞与冲突,陈骙正是典型的馆阁之臣。③ 根据陈骙的仕宦经历,后者的解释似乎更贴合实情。后文中将会提到的林栗弹劾朱熹案亦是其例。④

---

① 《建炎以来朝野杂记》乙集卷一一《任子赐出身》,第676页。
② 《定斋集》卷一四《故端明殿学士王公行状》,第709—715页。
③ 许浩然:《从〈宋文鉴〉的编纂看南宋理学与馆阁之学的分歧》,《中国典籍与文化》2014年第3期。
④ 见本书第四章第二节。

第四章　走向"安静":孝宗朝后期的政治转向

前面几章讨论孝宗与道学群体围绕恢复路线的冲突,都是就孝宗朝整体而言,实际上孝宗在淳熙年间发生过一次明显的政治转向,即如朱熹所说"寿皇之初是一样,中间又是一样"。① 具体而言,就是逐渐由前期锐意进取的积极恢复政策,转变为以维持现状为基调、倾向保守的"安静"之政。方大琮称:"孝宗二十八年,其始也以审机俟时为心,故有振饬奋厉之说;其后也以安静和平为福,故有含濡容贷之说。"②这一转向有着怎样的政治意涵?对孝宗朝后期的政治进程产生了怎样的影响?余英时所指出的孝宗晚年积极援引理学集团进行革新的部署是否存在?孝宗的内禅又有着怎样的政治意义?这些就将是本章重点讨论的问题。

第一节　"安静"之政的内涵及其影响

孝宗晚年的政治转向大约发生在淳熙八年前后。岳珂《桯史》卷五《宸奎坚忍字》记载:

---

① 《朱子语类》卷一〇八,第 2690 页。
② 方大琮:《宋宝章阁直学士忠惠铁庵方公文集》卷二五《治体(甲子乡试)》,《宋集珍本丛刊》,第 79 册,北京:线装书局,2004 年,第 39 页。

第四章　走向"安静":孝宗朝后期的政治转向　99

　　　　淳熙中,上益明习国家事,老成乡用矣。一日,躬朝德寿,从容宴,玉音曰:"天下事不必乘快,要在坚忍,终于有成而已。"上再拜,请书绅,归而大字揭于选德殿壁。辛丑岁(笔者注:淳熙八年),将廷策多士,贡名者或请时事于朝路间,闻其语而不敢形于大对,且虑于程文不妥帖,仅即其近似为主意,或曰持守,或曰要终。既而御集英胪唱,宰执进读,独有一卷子首曰:"天下未尝有难成之事,人主不可无坚忍之心。"上览而是之,遂为第一,盖亲擢也。①

"乘快"正是孝宗此前在恢复上急于求成的心态。高宗规劝孝宗凡事不当"乘快",而须"坚忍",虽未直接否定孝宗的恢复主张,但无疑是令其将恢复的目标暂时搁置,或者说是放在了遥远的未来。高宗乃以主和著称,他在恢复上对孝宗的压制也是众人皆知。② 因此,所谓"坚忍"不过是维系和议的另外一种说法。只是高宗此番说辞却获得了孝宗高度认同,他亲书"坚忍"二字悬挂于选德殿墙壁上,日夕观览。这在朝野引起了不小反响,直接影响到了淳熙八年的科场。孝宗自即位以来对于恢复的热情早已深入人心,他在此时对高宗"坚忍"的接受究竟有何深意? 是仅仅出于孝道的礼仪性接受,还是发自内心的立场改变? 这在那些参加科考的士人心中想必产生了不小疑惑,以至于在对策中皆不太敢过分地直接表达意见。唯独一位士子在对策中径直使用了"坚忍"二字,得孝宗亲擢为状元。很明显,孝宗是有意识地通过这样的方式来向朝野发出政治转向的信号,而这种转向最鲜明的内容就是对此前"急进"恢复目标的放弃。淳熙十四年,陈傅良在奏疏中指出其时存在"以恢复为讳"的状况。③ 对照淳熙四年孝宗还在对宰执抱怨"士大夫讳言恢复"的情形,这种风气的转变是显而易

---

① 岳珂著,吴企明点校:《桯史》卷五《宸奎坚忍字》,北京:中华书局,1981年,第56页。
② 《齐东野语》载:"在德寿日,寿皇尝陈恢复之计,光尧曰:'大哥,且待老者百年后却议之。'"(周密:《齐东野语》卷三《诛韩本末》,第51页)《鹤林玉露》载:"孝宗初年,规恢之志甚锐,而卒不得逞者,非特当时谋臣猛将凋丧略尽,财屈兵弱未可展布,亦以德寿圣志主于安静,不思违也。"(《鹤林玉露》丙编卷四《中兴讲和》,第302页)
③ 《陈傅良先生文集》卷一九《赴桂阳军拟奏事札子一》,第266页。

见的。面对叶适畅谈恢复的奏疏,孝宗更是直白地言道:"朕比苦目疾,此志已泯。"①

政治上的转向往往伴随着人事上的更迭,尤其是中枢宰执的变换。就在科考结束后半年的淳熙八年八月,宰相赵雄被罢,王淮继任右丞相兼枢密使。②赵雄与虞允文一样,皆是孝宗恢复路线最重要的支持者,继任的王淮则呈现出另外一种截然不同的政治风格。这种差异杨万里在王淮神道碑中有着清晰地描述:

> 孝宗皇帝齐圣天授……故其图任相臣,在初元时则有若魏国张公浚,在中年时则有若雍国虞公允文,皆骏发扬厉,誓清中原,人咸谓君臣投分,一何契也! 至其季年则不然,乃选于众而举鲁国王公。公之为人貌不襮,其刚劲不显,其方呐呐恂恂,言徐色夷,以春迟冬湿之气,当风行雷厉之威。人又谓君臣异趣,又何瞑也! 然公自疑丞以宅该辅十有四年,视前数公独久。③

孝宗中前期所用宰相皆是如张浚、虞允文那般以恢复中原为志向,慷慨激昂,骏发扬厉之辈,晚年所用的王淮则截然异趣,以温和稳重著称。因书写神道碑的缘故,无论是对孝宗前期的虞允文等人,还是对后期的王淮,杨万里皆采用了褒扬语气。魏了翁则用另外一种相反的笔调表达了类似意思,他言道:"孝宗锐意规恢,迎合者往往至大官,言多不验,久亦厌之,更用谨嘿之士。"④"谨嘿之士"自是包括王淮在内。这种用人风格上的变化,与政治上由锐意进取向"安静"的转变可谓若合符契。伴随着政治上的转向,孝宗在统治方式上也做出了一些明显改变,突出地表现在两个方面:一是对宰执大臣的信任增加,宰相任期明显延长;二是近习政治衰歇,自淳熙八年王抃

---

① 《宋史》卷四三四《叶适传》,第12890页。
② 《宋史》卷三五《孝宗本纪》,第676页。
③ 《杨万里集笺校》卷一二〇《宋故少师大观文左丞相鲁国王公神道碑》,第4637页。
④ 魏了翁:《重校鹤山先生大全文集》卷八五《显谟阁学士特赠光禄大夫倪公墓志铭》,《四部丛刊初编》,上海:上海书店,1989年,第4页b。

被逐后,终孝宗一朝都未再出现引起朝野侧目的近习。①

政治上转向"安静",意味着晚年的孝宗已经放弃了"急进"的恢复追求,统治方式也随之发生改变,但这是否也意味着他对此前以理财为基础的富国强兵式的施政思路也予以了否定呢?② 还是可以从淳熙八年的科举中寻出端倪,真德秀在袁燮行状中记载:

> 淳熙辛丑,第进士。孝宗在御久,责治切,有劝公对策宜谓"大体已正,当坚忍以俟其成"。公不谓然,直以意对,具言"大体未正,与所当更张者",以是仅得丙科,而言坚忍者竟为举首。③

袁燮为陆九渊弟子,属道学中人,他也参与了淳熙八年的科考,自然也面对着"坚忍"的难题。当有人劝袁燮在对策中称朝廷"大体已正",所要做的就是"坚忍以俟其成"时,为其所拒。他在对策中言道:"大体未正,与所当更张者。"最终,袁燮只是中了丙科,而赞成"坚忍"者则夺得魁首。袁燮之不能获得高科是否果真渊源于此,难以遽断。但从真德秀的叙述可以明显看到,孝宗晚年政治上从"乘快"向"坚忍"的转向只是对恢复目标的调整,将原先急于完成的目标予以暂时搁置,或者说无限期推延,并不意味着否定此前为推动恢复而采取的富国强兵式的施政路线。在孝宗看来,此前施政的主体是正确的,并不需要作出什么大的更改,此后所要做的就是继续秉持原先的施政路线,坚定不移,等待恢复时机的到来。道学出身的袁燮则坚持认为朝廷"大体未正",即原先的施政路线也是存在问题的,当下需要的乃是改弦更张。这表明,道学中人与孝宗围绕施政路线的对立,并未随着淳熙后期的政治转向而消失。

---

① 《南宋宁宗朝前期政治研究》,第 51—52 页。
② 胡斌在其博士论文中就尤为强调淳熙八年在孝宗朝政治转变中的关键性意义,认为此后孝宗转向"安静",基本放弃了"功业自治"路线,丧失了推动"自治"和内政整顿的动力。参见胡斌:《宋孝宗时代的"自治"与内政整顿(1155—1181)》,第 185—189 页。
③ 真德秀:《西山先生真文忠公文集》卷四七《显谟阁学士致仕赠龙图阁学士开府袁公(燮)行状》,《四部丛刊初编》,第 2 页 b。

孝宗淳熙八年政治转向后,继续坚持以理财为基础的富国强兵路线,可以从他对宰执大臣的言论中得到证实。淳熙十年八月,宰执大臣奏告"封桩库见管钱物已及三千余万缗"。孝宗言道:"朕创此库以备缓急之用,未尝敢私也。"① 前文论及,封桩库是孝宗为发动恢复积累财富而设,通过种种理财举措获得的财富多进入封桩库中,这也成为道学士大夫批判孝宗聚敛厉民的重点所在。从孝宗之言可以看出,虽然恢复的目标已被搁置,但他对设立封桩库的做法并无悔意,选择继续保留并不断加以充实。这也意味着他一如既往的认同于此前的理财政策。他继而对宰执言道:

> 何以聚人,曰财。周以冢宰制国用,《周礼》一书,理财居其半。后世儒者尚清谈,以理财为俗务,可谓不知本矣。祖宗勤俭,方全盛时,财赋亦自不足,至变更盐法,侵及富商。朕二税之外,未尝一毫妄取,亦无一毫妄费,所以帑藏不至空虚,缓急不取之民,非小补也。②

孝宗从两方面论证了理财的合理性:一者理财是儒学经典的重要内容,本就是儒家治国平天下所必须认真对待之事,当下的士大夫却崇尚清谈而鄙弃理财为俗务,乃是背本之举;二者即便在宋朝的全盛时期,祖宗治理下的国家也要通过种种理财举措来充实国库,满足朝廷用度。因此,无论是按照圣人之道,还是依据祖宗法度,理财都具有无可质疑的合理性。将孝宗的这些论述与前期批判士大夫"清谈"的做法相对照,很难看出有什么本质区别,或者说本就是一脉相承。也就是在同一年,户部尚书王佐"又请于次年四月,将诸路监司、守倅所起上供钱比较,以定赏罚",得到孝宗认可,"自是罕有逋欠"。③ 进一步强化了对地方州县财赋的征收。

既然以理财为基础的富国强兵路线并未得到改变,其带来的种种弊端自然也就难以克服。而"安静"之政的推行,又在原来的弊端之外带来了新

---

① 《宋史全文》卷二七上"淳熙十年八月"条,第2281页。
② 《宋史全文》卷二七上"淳熙十年八月"条,第2282页。
③ 《宋史全文》卷二七上"淳熙十年八月"条,第2282页。

的问题。

首先,以恢复为旗号通过理财等举措聚集起来的巨额财富,在恢复目标被搁置后逐渐沦为君主享乐的资本。这在孝宗时期就已露出苗头,淳熙十年,礼部侍郎颜师鲁言道:"赐带多滥,应奉微劳,皆得横金预外朝廷会,如观瞻何?且臣下非时之赐,过于优隆;梵舍不急之役,亦加锡赉。虽南帑封桩不与大农经费,然无功劳而概与之,是弃之也。万一有为国制变御侮,建功立事者,将何以旌宠之?"①孝宗将封桩内藏的钱物大量用于赏赐亲信,兴建庙宇,以至于引起了外朝官员的注目。这在后来光宗、宁宗时期将表现的更为突出。

其次,更为严重的是"安静"之政的推行引起了政治风气的变化。随着恢复目标的放弃,朝野上下逐渐安于现状,认为国家业已实现富强。淳熙十一年,陆九渊在轮对中指出:"执事者方雍雍于于,以文书期会之隙,与造请乞怜之人俯仰酬酢而不倦,道雨旸时若,有咏颂太平之意。"②在私下场合,陆九渊更为直白地言道:"当时诸公见上下相安,内外无事,便为太平气象。独郑溥之有一语极好:'而今只要为庑人借路登泰山云耳。'"③是则朝野上下已沉浸于太平盛世的幻象之中。这就不可避免的导致贪图安逸、不思进取、因循苟且之风大盛,士气日趋于萎靡不振。淳熙后期,担任国子录的薛叔似针对孝宗"功业"未成却满足于现状的心态批评道:"正使海内富庶如文、景,不过江左之文、景;法度修明如明、章,不过江左之明、章。陛下即位二十余年,国势未张,未免牵于苟安无事之说。"④淳熙十一年,卫泾在对策中对孝宗前后期政治风气上的变化及其弊端进行了剖析:"夫前日之治伤于太急,而今日之治又失之太缓。惟其责效之速,故诞谩之徒得以肆其欺罔,窃取陛下爵禄而去。惟其习于纵缓,故庸常琐琐之流得以偷安固位,自为保持之计。上下苟且,莫肯任责,而治效之不进,风俗日以坏,士气日以弱,民

---

① 《宋史》卷三八九《颜师鲁传》,第 11933 页。
② 陆九渊著,钟哲点校:《陆九渊集》卷一八《删定官轮对札子一》,北京:中华书局,1980 年,第 221—222 页。
③ 《陆九渊集》卷三六《年谱》,第 497 页。
④ 《宋史》卷三九七《薛叔似传》,第 12091 页。

生日以困,刑罚日以峻。"①卫泾指出,孝宗前期之政过于求速,故伤于太急,所用者皆大言诞谩之徒,无补于恢复。孝宗也因此心灰意冷,转而趋于"安静"。然"安静"之政又过于松弛懈怠,朝野上下因循苟且,朝廷风气日渐败坏。这大概是当时不少士大夫的共识。赵汝愚就称孝宗的转向是因噎废食:"臣窃闻诸道路之言,或谓陛下颇惩前日群臣诞谩之说,比年不轻于举动,所谋既多不遂,稍有怠于初志。夫不轻于举动,善则善矣,若稍怠于初志,则何异于因噎而废食也。"②罗点在面对孝宗时亦称:"陛下初载,急于事功,小人乘时,以才自进,久之皆以虚诞,纷然扰败。圣意厌之,由是韬晦敛缩,日趋偷惰颓靡之域,其失等尔。"③

第二节 改革的呼声与契机

孝宗前期为恢复而推行的富国强兵之路本就问题丛生,淳熙后期伴随着"安静"之政的施行又增加了新的因循苟且之弊,这引起了包括道学中人在内的不少士大夫的不满,他们迫切希望有所改变。卫泾提出了"更化"的主张,他在淳熙十一年的对策中言道:"臣首以更化为陛下献,次愿陛下正人心以美士风,定经制以善民俗,次愿陛下节用以厚民生,谨按察以省刑罚。"他强调所谓"更化"并不是要求孝宗"变更祖宗之法度",而是"士大夫之偷惰者,从而振作;王业之偏安者,思有以规恢而广大之;万事之积废者,思有以作新而奋励之,而不失祖宗立国之本意"。如此"则士风之日美,民俗之日醇,民生之厚而刑罚之清,固有不期而致"。④ 三年后,卫泾在轮对中再次重申了"更化"的主张,"臣尝以更化之说为陛下献。臣所谓更化,非变法易令之谓也,愿陛下体刚健之德,坚自强之志,振纪纲以

---

① 《后乐集》卷九《集英殿问对》,第581—582页。
② 《历代名臣奏议》卷五二,第726页。
③ 袁燮著,李翔点校:卷一二《罗公行状》,杭州:浙江大学出版社,2020年,第186页。
④ 《后乐集》卷九《集英殿问对》,第586—587页。

尊国体,明赏罚以厉偷惰,起万事于积废,图大业于日新,顾岂在于纷纷多事耶?"①

如果说卫泾的"更化"建议还相对较为温和的话,道学中人的主张则更为激进。孝宗转向"安静"前,其所推行的富国强兵路线就遭到道学中人严厉批判,他们迫切希望改弦更张,进行一番大的改革。乾道年间,薛季宣在召对中言道:"陛下必欲仍今日之文弊,以图天下治理,非臣所知。必欲政修而事举,财丰而兵振,则非更弦易调不可也。"②认为孝宗若要真正实现富国强兵,此前的聚敛厉下之举乃非正道,须改弦易辙方可。淳熙五年的殿试廷对中,叶适又言道:"陛下徒因今之法而少宽之,此不足以裕民;果裕民也,更为之法可也。"③针对富国强兵路线的厉民性质,叶适认为在维护既定政策情况下简单地减免百姓赋税,是不会起到什么显著效果的。若要真正裕民,就必须更法立制。待孝宗转向"安静"后,原先富国强兵路线的旧问题又叠加上因循苟且的新弊端,在道学中人看来可谓雪上加霜。淳熙九年,陈亮在给朱熹的信中言道:"以大势论之,渡江安静又五十余年,文恬武嬉今亦甚矣,民疲兵老今亦极矣。安静之福,难以常幸。"故而指出:"当今之世而不大更化以回天意,恐虽智者无以善其后。"④淳熙十五年,朱熹在封事中亦尖锐指出:"臣窃观今日天下之势,如人之有重病,内自心腹,外达四肢,盖无一毛一发不受病者。虽于起居饮食未至有妨,然其危迫之证,深于医者固已望之而走矣。是必得如卢扁、华佗之辈,投以神丹妙剂,为之湔肠涤胃,以去病根,然后可以幸于安全。如其不然,则病日益深而病者不觉,其可寒心,殆非俗医常药之所能及也。"⑤在朱熹看来,天下在表面上的太平无事背后差不多已是病入膏肓,若孝宗不能幡然醒悟,及时寻得神医施以灵丹妙药,进行一番"湔肠涤胃"式的彻底改革,国家将无可挽回的走向衰亡。

---

① 《后乐集》卷九《轮对札子》,第589页。
② 《薛季宣集》卷一六《召对札子二》,第192页。
③ 《水心别集》卷九《廷对》,《叶适集》,第753页。
④ 《陈亮集》(增订本)卷二十八《又壬寅夏书》,第334—335页。
⑤ 《朱熹集》卷一一《戊申封事》,第461页。

道学中人认为,孝宗晚期确实存在着革新朝政的契机,而且不止一个。淳熙十四年十月太上皇高宗的去世,就是契机之一。高宗对金主和的坚定立场构成了孝宗恢复的重要障碍,因此他的去世就自然被视作推动孝宗重新高举恢复旗帜的难得契机。淳熙十五年五月,王淮的罢相对于道学中人来说则构成了另外一个革新契机。王淮作为孝宗朝在位最久的宰相,是孝宗"安静"之政最主要的推行者,由此也被道学中人视作革新朝政的最主要障碍,朱熹等人与王淮的种种冲突皆源于此。许及之是攻罢王淮的重要人物之一,他上疏孝宗:"陛下即位二十七年,而群臣未能如圣意者,以苟且为安荣,以姑息为仁恕,以不肯任事为简重,以不敢任怨为老成。敢言者指为轻儇,鲜耻者谓之朴实。陛下得若人而相之,何补于治哉!"[1]所谓"姑息""苟且"之弊正是"安静"政治下的产物,王淮被认为需要对此负责,结果"淮竟罢职予祠"。[2] 王淮罢相,与道学中人关系较好的周必大独相,很容易会让人联想到这可能是孝宗有意推动政治路线转变的信号,也就理所当然地被道学中人视作革新朝政的契机。下面就道学中人如何利用这两个契机,及其所产生的影响稍作论述。

1. 高宗去世后道学中人的革新热情

前文曾详细论述过陈亮、叶适的恢复主张,他们皆强调恢复须"明大义"与"定大计",认为实现恢复一方面需要破除和议,另一方面需要进行一番大规模的改革。高宗去世让他们看到了实现抱负的希望,"高宗崩,金遣使来吊,简慢。而光宗由潜邸判临安府,亮感孝宗之知,至金陵视形势"。随后上疏:"高宗皇帝春秋既高,陛下不欲大举,惊动慈颜,抑心俯首,以致色养,圣孝之盛,书册之所未有也。今者高宗既已祔庙,天下之英雄豪杰皆仰首以观陛下之举动,陛下其忍使二十年间所以作天下之气者,一旦而复索然乎?"奏疏之意"大略欲激孝宗恢复"。然"是时孝宗将内禅,不报"。[3] 淳熙十四年底,叶适也上疏论恢复:"臣窃以为今日人臣之义所

---

[1] 《宋史》卷三九四《许及之传》,第 12042 页。
[2] 《宋史》卷三九四《许及之传》,第 12042 页。
[3] 《宋史》卷四三六《陈亮传》,第 12942 页。

当为陛下建明者,一大事而已;二陵之仇未报,故疆之半未复,此一大事者,天下之公愤,臣子之深责也。"①希望孝宗奋发有为,重新振作以图恢复。《宋史·叶适传》载:"读未竟,帝蹙额曰:'朕比苦目疾,此志已泯,谁克任此,惟与卿言之耳。'及再读,帝惨然久之。"②与陈亮的遭遇基本相同,表明孝宗虽对恢复尚有所不甘,但早年恢复的热情已消磨殆尽,难以再度承担起陈亮等人重整朝纲,再造山河的期盼。淳熙十五年三月,时任左拾遗的许及之也在奏对中指陈"近日风俗萎靡,人才不振",主张在高宗"祔庙后,当新政事"。孝宗未做正面回应,只是简单答道:"有事但预言,在卿不失为良臣,朕亦无过举。"③从对这些革新呼声的冷淡反应看,孝宗似乎无意在高宗去世后发动一场政治革新运动。

2. 林栗弹劾朱熹案

王淮罢相后一月,朱熹应召入朝。于向来注重出处的朱熹而言,王淮罢相毫无疑问让他看到了一丝革新的希望,故应召而出。只是他的遭遇较叶适等人似乎更为不堪,入朝不久旋遭林栗弹劾,引发了一场反道学风波。淳熙十五年六月,朱熹以江西提刑召还出任兵部郎官,但他以足疾为由请假,希望病愈后上任。时任兵部侍郎的林栗派遣吏员敦促朱熹就职,遭到拒绝。林栗遂弹劾朱熹,并进而攻击道学。随后,叶适、薛叔似等道学中人接连为朱熹辩护,后侍御史胡晋臣又弹劾林栗,致其被罢出知泉州。与此同时,朱熹也被命依旧担任江西提刑。朱熹一再辞免,被授予直宝文阁、主管西京嵩山崇福宫的祠禄官职。林栗弹劾朱熹案,以两人双双离开朝廷而收结。

余英时将林栗弹劾朱熹案置于官僚集团与道学集团斗争的框架下予以解释,认为林栗弹劾朱熹虽然最初是出于学术上的争论,带有个人泄愤性质,但很快就与王淮一系的官僚集团合流,由"理学家的思想敌人转为政治敌人"。④

---

① 《水心别集》卷一五《上殿札子(淳熙十四年)》,《叶适集》,第830页。
② 《宋史》卷四三四《叶适传》,第12889—12890页。
③ 《周必大集校证》卷一七三《思陵录》,第2667页。
④ 《朱熹的历史世界——宋代士大夫政治文化的研究》,第507—512页。

只是支撑这一判断的论据似乎并不多,①他用来论证林栗所为出于官僚集团意志的最主要材料,即是胡晋臣弹劾林栗的言论。《宋会要辑稿》载,淳熙十五年七月二十五日,"兵部侍郎林栗与郡。言者论栗狠愎自用,党同伐异,无事而指学者为党,乞黜之以为生事者之戒。故有是命"。② 结合《宋史·胡晋臣传》中"晋臣上疏留熹而排栗,物论归重"的记载,③可知"言者"即胡晋臣。《宋会要辑稿》所载为胡晋臣奏疏节文,应该涵盖了弹劾的要点。余英时根据胡晋臣指责林栗"狠愎自用,党同伐异",断定参与弹劾朱熹者并非林栗一人,背后当有一个更大的群体,而该群体乃是王淮罢相后依旧盘踞在朝廷上的王淮一系职业官僚。由此就坐实了该案系官僚集团有意识发动的一场反道学行动的判断。姑且不论此处"党同伐异"中的"党"是否可以单纯依靠推断直接对应于官僚集团,这条材料本身也是存在问题的。

如果稍微深思《宋会要辑稿》中胡晋臣的言论,就会发现前后似乎存在一些矛盾之处。胡晋臣在指责林栗"狠愎自用,党同伐异"后,又称其"无事而指学者为党"。这是说林栗在弹劾朱熹时,指责朱熹有结党之嫌。胡晋臣认为这完全是林栗在无事生非,故请求加以贬黜,"以为生事者之戒"。既然胡晋臣声称林栗指朱熹结党乃是无事生非,为何又反过来指责林栗"党同伐异"呢? 这不等于是在指责林栗结党吗? 不同样是在无事生非吗? 关于胡晋臣的弹劾,其他史料也有记载,但与《宋会要辑稿》略有差异。《宋史·朱熹传》载:"会胡晋臣除侍御史,首论栗执拗不通,喜同恶异,无事而指学者为党,乃黜栗知泉州。"④《宋会

---

① 叶适在为朱熹辩护的奏疏中,针对林栗批判道学的说法言道:"栗为侍从,就其謇浅,无以达陛下之德意志虑,孚信于下,而更袭陈贾、郑丙密相付授之说,以道学为大罪,文致语言。"(《道命录》卷六《叶正则为晦庵先生辨庶及论陈贾封事》,第 55—56 页)将林栗的所为与陈贾、郑丙的反道学行动联系起来,但只是强调两者在行为上的相似性,即皆以"道学"罪人,并没有提出林栗与陈贾等人一样皆为王淮之党。至于元代史官在《宋史·林栗传》中所言:"栗为人强介有才,而性猖急,欲快其私忿,遂至攻诋名儒,废绝师教,殆与郑丙、陈贾、何澹、刘德秀、刘三杰、胡纮辈党邪害正者同科。"(《宋史》卷三九四《林栗传》,第 12032 页)也只是强调林栗与此前和此后的反道学之士如一丘之貉,并不意味着相互之间存在着党同关系。
② 《宋会要辑稿》职官七二之一〇,第 3993 页。
③ 《宋史》卷三九一《胡晋臣传》,第 11978 页。
④ 《宋史》卷四二九《朱熹传》,第 12758 页。

要辑稿》中的"党同伐异"变成了"喜同恶异",后者所代表的仅仅是林栗个人的性格缺陷,与结党无甚关联,故根据《宋史·朱熹传》的记载,胡晋臣的弹劾主要是针对林栗指责"学者为党",也就是朱熹有结党之嫌,而非是说林栗也在结党。《道命录》中记载:"林栗之劾晦庵先生也……胡侍御晋臣亦言:'栗狠愎自用,党同伐异之论,乃起于论思献纳之臣,无事而指学者为党,最人之所恶闻,所谓天下本无事,庸人扰之尔。'诏罢栗知泉州。"①将之与《宋会要辑稿》对照,两者基本意思一致,皆强调林栗指责朱熹结党乃无事生非。不同之处在于《宋会要辑稿》中紧接着"狠愎自用"的"党同伐异"一句,在《道命录》中变成了"党同伐异之论乃起于论思献纳之臣"。林栗为侍从官员,故为"论思献纳之臣"。比较而言,很容易发现两处记载的意思恰好相反。前者是指林栗所为是"党同伐异",后者的意思乃是说林栗提出了朝廷上存在着"党同伐异"的情形,矛头所指自是朱熹,是在指责朱熹"党同伐异",故接下来胡晋臣才会继续指责林栗"无事而指学者为党",以对前一句补充说明。如此,胡晋臣之言方能前后贯穿,逻辑一致。既然所谓胡晋臣指责林栗"党同伐异"不过是《宋会要辑稿》对胡晋臣奏疏节取不当所致,有关林栗所为是王淮一系官僚集团发动的反道学行动的说法显然就需要重新审视。

梳理关于此事的相关史料可以发现,论者基本都只是单纯地将林栗弹劾朱熹的动因归结为学术冲突,认为正是在弹劾案前不久林、朱两人围绕《易经》等经典的不同见解引发了矛盾,是学术争端进而演变成政治冲突。② 正因如此,不少道学中人将林、朱的冲突视作同道中人的内部矛盾。朱熹对弟子言及陈傅良时提道:"又谓某前番不合与林黄中、陆子静

---

① 《道命录》卷六,第 56 页。
② 黄榦称:"(朱熹)除兵部郎,以足疾匄祠,未供职,本部侍郎林栗前数日与先生论《易》、《西铭》不合。至是,遣部吏抱印迫以供职,先生以疾在告,遂疏先生欺慢。"(《勉斋先生黄文肃公文集》卷三四《朱先生行状》,《宋集珍本丛刊》,第 68 册,第 118 页)李心传称:"侍郎林栗数日前,与先生论《易》不合,退惭其从者,遂劾先生欺慢。"(李心传:《道命录》卷六,第 52 页)俞文豹称:"(朱熹)除兵部郎中,侍郎林栗就问所著《易解》及论《西铭》,先生历攻其失,栗意不平,奏熹偏说欺谩,出为江西提刑。"(俞文豹著,张宗祥校订:《吹剑录全编》,上海:古典文学出版社,1958 年,第 95 页)

诸人辨,以为'相与诘难,竟无深益。盖刻画太精,颇伤易简;矜持已甚,反涉吝骄。'"①陈傅良既将朱熹与林栗围绕学术的辩论与朱熹同陆九渊的辩论相提并论,是则在他眼中也是将林栗与陆九渊等量齐观,视作同道中人。陆九渊给弟子罗点的信中亦提到:"来书言朱林之事,谓'自家屋里人,自相矛盾',不知孰为他家?"②表明罗点将林栗与朱熹皆视为"自家屋里人"。即便在弹劾案发生后,部分道学中人仍旧没有将林栗视做反道学之"小人"。黄榦在代友人撰写的林栗祭文中就称赞林栗"为时直臣",进而言道:"若夫刚正不惧,仕优而学,求之斯世,如公几人?"祭文对林栗与朱熹的争论亦未回避:"至其立朝正色,苟咈吾意,虽当世大儒或见排斥。著书立言,苟异吾趣,虽前贤笃论亦不乐于因循。观公之过,而公之近仁者抑可见矣,论者固不可以一眚而掩其大醇也。"③作为朱熹弟子,黄榦自不会认同林栗所为,故将之视作林栗之"过"。但他并未因此将林栗斥为"小人",而是认为这恰好体现出了林栗坚持己见,不随波逐流,不趋炎附势的刚正品质。林栗弹劾朱熹不过是"一眚",并不妨碍其"大醇"。④ 可以设想,拥有如此刚正品质者,似乎不大可能依附于朝中的某一利益群体以谋求私利。

通过上面的论述,林栗弹劾朱熹主要是出于个人动机,是因学术争论引发的政治冲突。林栗本人与余英时所说的王淮一系官僚并无关联,其弹劾行动也与党争无涉。这与此前孝宗朝的一系列反道学行动明显不同,某种程度上可以说,这一事件的出现带有相当的偶然性。⑤ 只是林栗毕竟公然

---

① 《朱子语类》卷一二三,第 2960 页。
② 《陆九渊集》卷一三《与罗春伯书》,第 177—178 页。
③ 《勉斋先生黄文肃公文集》卷三六《代祭林黄中侍郎》,《宋集珍本丛刊》,第 68 册,第 170 页。
④ 黄榦的看法也得到了后世学者的认同,如清代学者全祖望就对《宋史》中将林栗与郑丙等人同传的做法不以为然,他言道:"予谓黄中立朝,风节卓绝,其论朱子激于一时之胜心,不过如东坡之排伊川耳。后世不闻因伊川之争,而置东坡于惇、卞之间,安得因朱、林之争而以黄中与陈贾、胡纮同传?"(全祖望:《鲒埼亭集外编》卷二七《读林简肃公〈周易集解〉》)这里将林栗弹劾朱熹之举视同于苏轼对程颐的批判,也即是"君子"内部的意气之争。
⑤ 朱学博也认为朱熹与林栗之间的冲突不过是因学术问题引发的意气之争,将其视作道学与反道学的斗争是特定理学叙事的结果。他通过勾稽史料指出林栗不但不反道学,反而与朱门及道学中人多有交谊。参见朱学博:《朱熹林栗纠葛新辨——兼论林栗与道学人士交谊》,《历史文献研究》2021 年第 2 辑。

打出了批判道学的旗号,视朱熹为代表的道学为"伪学",在形式上与此前的反道学行动有着相似之处。在林栗弹劾朱熹事件中,更为重要的意义不是体现在事件本身,而是反映在孝宗君臣的应对处置上。

林栗弹劾朱熹后,据说"大臣畏栗之强,莫敢深论"。① 时任太常博士的叶适独自上疏为朱熹及道学辩护,为道学辩护尤为重中之重,"至于其中谓'道学'一语,则无实最甚。利害所系,不独朱熹,臣不可以不力辨"。② 林栗对"道学"的攻击关系到整个道学群体,这是叶适所不能不辩的,也应该是促使其上疏最为重要的原因。叶适的目的很明确,就是希望朝廷通过贬黜林栗来为"道学"正名。《宋史·叶适传》称"疏入不报",③《皇宋两朝中兴圣政》则称"或云适此疏不果上"。④ 无论何种情况,都表明叶适的奏疏并未产生明显效果。最终导致林栗被贬谪的是侍御史胡晋臣的弹章。前引胡晋臣弹词中,或云"天下本无事,庸人扰之尔",或云"乞黜之,以为生事者之戒"。玩其语意,乃是在指责林栗没事找事,无事生非,扰乱了朝廷的安静秩序。为维护这种安静秩序,须将林栗贬黜以给妄图生事者以警示。这里并没有涉及林栗有关"道学"言论的是非对错问题。结合淳熙后期孝宗主张"安静"的政治氛围,无论胡晋臣初衷如何,其奏疏呈现出的都是在有意利用"安静"之政的要求来达到弹劾林栗的目的,客观上起到了维护"安静"之政的作用。然而,以朱熹为代表的道学中人,一直以来就对孝宗的治国路线持反对立场,尤其是对孝宗后期的"安静"之政更是批判有加,他们十分希望朝廷启动革新进程。若按照胡晋臣奏疏之意,道学中人恐怕同样会成为他口中的"生事者"。因此,胡晋臣为朱熹辩护而攻击林栗的作为,并没有得到所有道学中人的赞扬,如陆九渊就对罗点声称:"近见台端逐林之辞,亦重叹其陋。"⑤陆九渊也许并不反对胡晋臣为朱熹辩护,但是他明显不认同胡晋臣为朱熹辩护所使用的理由,其症结当即在于他认识到了胡晋臣之言客观指

---

① 《宋史》卷三九四《林栗传》,第 12031 页。
② 《道命录》卷六《叶正则为晦庵先生辨诬及论陈贾封事》,第 55 页。
③ 《宋史》卷四三四《叶适传》,第 12890 页。
④ 《皇宋中兴两朝圣政》卷六四,第 4 册,第 582 页。
⑤ 《陆九渊集》卷一三《与罗春伯书》,第 178 页。

向了对"安静"之政的维护,这是他难以接受的。然而,胡晋臣的奏疏却得到了孝宗君臣的认可,这意味着孝宗尚未否定"安静"之政。最终的结果,林栗固然被贬出朝廷,朱熹同样未能留在朝中。朝廷的处置实质上是各打五十大板,通过将纷争双方驱离朝廷来重新恢复平静局面,至于是非对错则依旧暧昧不清。

这一处置自是孝宗意志的体现,朱熹就曾指出孝宗晚年的这种施政风格。他在《戊申封事》中言道:"臣伏见近年惟有主张近习一事,赏信罚必,无所假借。自余百事多务含容,曲直是非,两无所问。似闻圣意以谓如此处置,方得均平。"①而作为其时唯一宰相的周必大,同样难以置身事外。淳熙十五年八月,也就是林栗弹劾朱熹两个月后,已经离开朝廷的朱熹致书周必大:"丞相方且歉然深以前日不能力辨是非为病,此则仰见大君子责己之周,又不自胜其愧仰也……又况温陵之行,情状未白,此必怏怏,尚有余言。且其为人亦尝颇有时誉,今日之去,远近必有为之不平者。异时得以借口,则非独为熹之害,窃恐丞相亦不得不以为虑也。大抵近年习俗,凡事不欲以大公至正之道显然行之,而每区区委曲于私恩小惠之际。本欲人人而悦之,而其末流之弊,常反至于左右拘牵,倍费财处,而卒又无以慰天下之公论。此则熹之所不敢言,而丞相之明其自知之,亦不待熹之言矣。"②看来周必大在事后致书朱熹,表达了在林栗弹劾案中未能挺身而出辨明是非的歉意。朱熹对此也是颇为介怀的,但这并非出于个人私心,而是他认识到林栗作为颇有声望之士,朝廷对其予以贬黜,却又未能真正声明其罪,很有可能为别有用心者留下把柄,成为日后攻击道学的口实。届时不仅仅朱熹自己会受到冲击,周必大恐怕也将被牵连。因此,对于朱熹来说,他最希望的并非如何惩治林栗,而是如叶适一样,希望朝廷借此机会为"道学"正名,如此就可以有效保护道学,避免日后的政治反复。结合后来庆元党禁的情形,朱熹之言是颇有远见的。但是,朱熹也很清楚,周必大

---

① 《朱熹集》卷一一《戊申封事》,第474页。
② 《朱熹集》卷二八《与周丞相书(戊申八月十四日)》,第1178—1179页。

之所以如此并非单纯个性使然,而是其时的政治风气即是如此。① 在任何事情上都是只求面面俱到,各方满意,不问是非,正是孝宗后期"安静"之政的突出特点。通过此事,朱熹看清了孝宗虽然在此前不久罢免了主张"安静"的宰相王淮,并征召一批道学中人入朝,但并不意味着他已决心改弦更张,革新朝政。正如陆九渊颇为失望地对罗点所说:"大蠹之去,四方属目。惟新之政,藐未有所闻。"②在这个意义上,林栗弹劾朱熹案某种程度上反映了孝宗对于既有施政路线的维护,而这也就意味着对于道学改革路线的压制。

3. 道学中人的荐士风波

孝宗在王淮罢政后对革新朝政呼声的冷淡,还表现在道学中人的荐士事件上。淳熙十五年七月初,也就是在林栗弹劾朱熹案后不久,叶适等人向周必大、留正、萧燧等宰执大臣上呈了一道以陈傅良为首的三十余人的士人名单,希望予以擢用。周必大等宰执对此似乎实行了冷处理,并未上奏孝宗。但此事还是很快传扬出去,并辗转传到了孝宗耳中。据周必大称:"直至八九月间,好事者方知,以告葛邲,因而转相传说,敬达睿听。"③孝宗于十月二十六日给周必大颁降了一道御笔:"近日臣僚多说有朝士荐三十余人在

---

① 朱熹对于周必大的批评还是较为克制的,但到了之后的道学家那里,周必大在林栗案中的形象渐趋恶化。黄榦在朱熹行状中称林栗发动弹劾后,"时上意方向先生,欲易以他部郎,时相竟请授以前江西之命,仍旧职名"。孝宗有意将朱熹调离林栗所在的兵部以化解冲突,"时相"则建议让朱熹依旧担任江西提刑。"时相"如此做法的原因乃是"时庙堂知上眷厚,惮先生复入,故为两罢之策"。(《勉斋先生黄文肃公文集》卷三四《朱先生行状》,《宋集珍本丛刊》,第68册,第118页)即"时相"担心朱熹的入朝会威胁到自身地位,故在林栗弹劾朱熹后,有意将两人同时罢免,逐出朝廷。这里的"时相"除周必大外别无他人。到了林栗之子林行知那里,周必大甚至变成了林栗弹劾案的始作俑者。刘克庄曾向林行知询问林栗与朱熹之争的缘由,林行知:"吾翁有殊眷,朱公负重名,当轴皆貌礼之,内不善也。及翁被夏卿之擢,朱辍橐事而留,俱出独断,不由启拟。当轴愈甚,知二人素刚,不相下。翁又新与朱公论《易》撑柱,遂除朱公为兵部郎。二人果以不咸皆去,卒如当轴所料。"(刘克庄著,辛更儒笺校:《刘克庄集笺校》卷一五六《林经略墓志铭》,北京:中华书局,2011年,第6141页)据此,"当轴"即周必大担心朱熹与林栗两人的刚直会威胁到自身,故在明知两人不合的情况下,刻意将他们安排一处任职,引发了冲突,一举将两人皆逐出朝廷。林行知虽为林栗之子,但在学术上却服膺于朱熹,他一方面不能否定自己的父亲,另一方面又不能否定朱熹,故将这一切视作周必大从中作梗,自是两全其美。

② 《陆九渊集》卷一三《与罗春伯书》,第177页。

③ 《周必大集校证》卷一五二《缴荐士奏(十月二十七日)》,第2324页。

庙堂,如果有之,可缴进来。"①周必大方将此事原委奏告。余英时详尽分析了荐士事件的来龙去脉,指出荐士的发起者共有袁枢、罗点、詹体仁、叶适、冯震武等五人,而无论叶适等荐举者,还是陈傅良等被荐举的三十余人,绝大部分都属道学阵营。他们选择在王淮罢相不足两个月的时机集体荐士,是因为王淮党羽仍然遍布朝中,势力旺盛,"他们深感理学集团在朝中仍然势力薄弱,非大量增加新成员不足以与'王党'抗衡"。②而且,他们如此行事并非仅仅出于自身的改革理想,更因为他们深刻体会到了此时孝宗革新朝政的意向,"这一大规模的荐士应可视为在朝理学家为执行孝宗政治部署而进行的奠基工作"。③既然孝宗已有意擢用道学士人,周必大等宰执何以却对此事漠然置之呢?余英时认为与周必大明哲保身的政治态度有关,他虽深知孝宗属意于理学集团,有革新之意,但担心孝宗会怀疑其与道学结为朋党,故不愿参与到荐士行动中。④

余英时的分析至少存在以下几个值得考虑的问题:首先,如果孝宗果然属意理学集团,期待着类似叶适等人的荐士行动,作为宰相的周必大又熟知此点,他似乎不必担心孝宗会疑心其结党。一者宰相原则上本就有向皇帝推荐人才的职责,二者荐士行动的发起者为叶适等人而非周必大,且叶适等人的荐举书又是同时面向所有宰执,周必大率宰执将此书上奏不过是起到了中间人的作用,接不接受完全取决于孝宗,孝宗又怎会疑心周必大结党呢?其次,如果孝宗果然属意理学集团,希望擢用他们革新政治,即便由于周必大等宰执出于某种原因未能及时呈奏,那么当辗转获悉此事,并从周必大处索得荐举书,他自然可以按照名单对道学人物加以任用。但是余英时自己也说道:"孝宗本人对于荐士一案和周、罗的奏议究竟有什么反响呢?正式史料是找不到痕迹的。"⑤也就是说,孝宗在从周必大处索得荐举书后

---

① 《周必大集校证》卷一五二《陆游除郎并朝士荐人御笔(淳熙十五年十月二十六日)》,第2323页。
② 《朱熹的历史世界——宋代士大夫政治文化的研究》,第598页。
③ 《朱熹的历史世界——宋代士大夫政治文化的研究》,第598页。
④ 《朱熹的历史世界——宋代士大夫政治文化的研究》,第599页。
⑤ 《朱熹的历史世界——宋代士大夫政治文化的研究》,第601页。

就没有下文了。这又当如何解释呢？再次，如果孝宗果然属意理学集团，而这对于"王党"来说是希望抵制的，那么当周必大将叶适等人的荐举行动予以冷处理，岂不正好符合他们的利益，又何必处心积虑将此事弄得满城风雨，最终为孝宗所知呢？他们难道不担心孝宗借此机会擢用道学中人吗？这些质疑汇集到一起指向的结论大概只有一个，就是此时孝宗恐怕并没有明显表现出对理学集团的属意。只有这样，周必大贸然接收叶适等人的荐举书并上奏才有可能被视作结党，毕竟其时距离王淮罢相尚不足两月。只有这样，才可以解释为何在孝宗辗转从周必大处索得荐士书后，没有采取任何进一步行动。也只有这样，当所谓"王党"中人将此事捅给孝宗之后，才有可能给周必大等敌对势力造成伤害。

实际上，孝宗心中究竟作何打算，似乎没有多少人会比周必大更为清楚。自淳熙七年迁任参知政事以来，周必大一路升迁至于宰相，至淳熙十五年业已八年之久。在此期间他与孝宗可以说得上是朝夕相对，孝宗的所思所想他都再熟悉不过。在《思陵录》中，周必大自述的一则事例可为旁证。高宗去世后，孝宗萌生"倦勤"之意，命太子参决政事，为此设立了专门的议事堂，供太子与大臣商议政务之用。在围绕议事开堂日期的选定上发生过一些争论，周必大记载："（淳熙十四年十二月）戊子，朝于延和。昨日太史局再选议事开堂，用正月二日、八日、十日、十三日、十九日、二十六日，内两日国忌，余多假日。临欲将上，予颇疑之，谓众人曰：'是日无朝殿可乎？'众唯唯，乃退下，别理会。既而上果问择日如何，予奏：'虽有数日，非国忌则假。'上曰：'须是有朝殿日。'王相退方悟曰：'如此则上依旧逐日视朝，姑使太子习惯耳。'予曰：'何知之晚也。'"[1]在选定议事开堂的日期上，太史局选择的多为国忌或者假期这样孝宗不坐殿视朝的日子，周必大认为这不符合孝宗用意。果然，孝宗认为日期应该选择视朝之时。这就涉及了对孝宗命太子参决本意的理解。作为左丞相的王淮事后方意识到，所谓令太子参决并非赋予太子单独处理政务的权力，而是仅仅在孝宗坐朝时让太子跟随身

---

[1]《周必大集校证》卷一七三《思陵录》，第 2638 页。

边见习,太史局选择的日期大概正是王淮意志的体现。从周必大对王淮语含嘲讽的回答可以看到,他明显较王淮更为准确地把握住了孝宗的真实意图。周必大自淳熙七年后一直获得孝宗青睐稳居中枢,与他这种把握孝宗意图的能力当是分不开的。

在荐士事件中,周必大的反应可谓谨小慎微。叶适记载向周必大荐士时的情形称,詹体仁"率同志请于周丞相,反覆极论,责以变通之理。因疏纳知名者三十余人,周丞相不能用"。① 他们竭尽全力希望争取周必大的支持,将道学中人擢用至朝中,但周必大并未接收,就连荐举书也未上奏。周必大在面对孝宗的询问时言道:"又蒙圣谕朝士荐三十余人在庙堂,此乃数月前事。当时并已峻拒,元不曾进拟一名。……自王淮去国,凡所迁除,多是婺人。其间如范嗣蠡,两为黄谦攻击,臣不免竭力救解,正欲消弭争端耳。其余在外人才,臣并不曾敢荐进一名。所有五月以后差除,臣续当一一开具来历。"②他一方面严拒了詹体仁等人的荐举书,未曾擢用一名亲信;另一方面又刻意擢用王淮一方之婺人。如此做法,固然如余英时所说是为了避免造成结党之嫌。但还有一个重要原因,则正如周必大所言乃是"欲消弭争端耳"。消弭争端的目的何在?自然是为了维持"安静"局面。这一做法很容易让人联想起周必大的前任王淮。"赵雄罢相,蜀士之在朝者皆有去意。淮谓:'此唐季党祸之胎也,岂圣世所宜有。'皆以次进迁,蜀士乃安。"③王淮继赵雄出任宰相,上任之初刻意擢用赵雄所用之蜀人,起到了稳定朝局的作用。周必大的做法如出一辙。王淮乃孝宗晚年"安静"之政的奉行者,他的做法正是"安静"之政的必然要求。周必大在王淮罢相后选择效仿王淮行事,恰好表明他奉行的同样是"安静"之政。换句话说,周必大非常清楚,此时的孝宗绝非属意道学集团希图革新,而是有意继续维系原先的"安静"之政。

如此再来看导致此次荐士风波的主要责任者葛邲,据周必大所说,正是

---

① 《水心文集》卷一五《司农卿湖广总领詹公墓志铭》,《叶适集》,第 287 页。
② 《周必大集校证》卷一五二《回奏》,第 1323 页。
③ 《宋史》卷三九六《王淮传》,第 12071 页。

葛邲从中唆摆，才使得本已被刻意遗忘的荐士事件传到了孝宗耳中。余英时认为葛邲作为东宫属官早先就与王淮接近，而在太子已参决政事的情况下，进一步成为"王党"为加强在新朝的权位而极力拉拢的对象。他推测正是在淳熙十五年八九月间，葛邲必已与"王党"合流。① 其实所谓葛邲早先就与王淮接近的证据只有一条，就是王淮为相期间曾推荐过葛邲，然而王淮推荐的人物甚多，不乏朱熹、陆九渊、吕祖谦等道学中人，②单凭此点很难说葛邲与王淮有着怎样密切的关系。而所谓葛邲与"王党"合流并断定恰在淳熙十五年八九月间，也就是葛邲宣扬荐士事件之际，这差不多是一种循环论证。可以说，将葛邲视作所谓"王党"并无切实根据。他针对荐举行动试图挑起事端的目的何在呢？从葛邲的政治思想上来看或许会更为清楚，楼钥在陈居仁行状中记载："一日（孝宗）从容谓辅臣曰：'陈某老成凝重，可大用，葛邲亦其人也。'又曰：'使是人坐庙堂，自然安靖和平。天下本无事，庸人扰之耳。'"③孝宗将陈居仁与葛邲并称为可大用者，表明两人的政治风格基本一致，皆属"老成凝重"之辈，若为宰执则能使庙堂"安靖和平"。很显然，葛邲正是孝宗晚年转向"安静"后所欣赏的官员类型，他们在政治上倾向于维持朝局稳定，不会妄生事端。因此，将他与王淮及其党羽联系到一起的未必就是权力或者利益上的牵扯，更可能是他们都奉行了同样一条政治路线。这条路线真正的主导者不是王淮，而是孝宗本人。

道学中人的荐士行动绝非如余英时所言是孝宗晚年革新部署的一部分，而仅仅是在王淮罢相的情况下道学中人自身革新意愿的体现。他们将王淮罢相视作推动孝宗放弃"安静"之政转向有为的难得契机，希望通过周必大等宰执向孝宗大量推荐道学中人入朝。在此事件中，周必大与葛邲虽然处于敌对立场，但都表现出对"安静"之政的维系。周必大不愿顺从道学中人的意愿向孝宗荐士，反而积极擢用王淮党人，既是有意规避结党之嫌，更是为了保持朝局的平稳安静。葛邲的横生枝节同样是希望利用孝宗维系

---

① 《朱熹的历史世界——宋代士大夫政治文化的研究》，第598—599页。
② 《杨万里集笺校》卷一二〇《宋故少师大观文左丞相鲁国王公神道碑》，第4643—4644页。
③ 《楼钥集》卷九二《华文阁直学士奉政大夫致仕赠金紫光禄大夫陈公行状》，第1633页。

"安静"之政的意愿,防止周必大与道学中人联合,进而对道学中人要求革新的不安分行为予以压制。

通过对高宗去世和王淮罢相后一系列政治事件的分析,大致可以得出三个结论:第一,道学中人将高宗去世和王淮罢相视作扭转"安静"之政,启动政治革新进程的难得契机,故在孝宗后期政治上表现的异常活跃。叶适等人不仅接连上疏孝宗畅谈恢复,宣扬改革,还大规模荐举道学中人,就连向以难进易退著称的朱熹也似乎看到了革新希望,在王淮罢相后应召还朝。第二,孝宗对于道学中人的改革呼声并未表现出特别的热情,叶适等人的上疏没有得到正面回应,荐士事件更是被熟知孝宗心理的周必大等宰执漠视,即便在后来葛邲等人将之捅到孝宗处后也是不了了之。林栗弹劾朱熹案虽喧嚣一时,结果也是各打五十大板,以含混不清的方式告终。无论是孝宗的反应,还是周必大、葛邲等人的行为,都表明孝宗有意继续维持"安静"之政。第三,余英时指出的孝宗晚年意图利用道学中人进行的大规模革新部署恐怕并不存在,被作为这一革新运动最主要障碍构建起来的以王淮为首的官僚集团,也有些言过其实。需要认识到,王淮确实是"安静"之政的最主要推行者,但转向"安静"的决定者乃是孝宗本人。王淮罢相并不必然构成政治再度转向的决定因素,就如同秦桧的去世并不必然意味着高宗对主和路线的放弃。

第三节 孝宗的革新意愿与淳熙内禅

晚年的孝宗倾向于继续维系"安静"之政,对革新朝政没有表现出太多的热情,但这并不意味着他对现状颇为满意。实际上,孝宗在高宗去世半年后罢免执政七年之久的宰相王淮,足以表明他对朝廷上下面临的问题是有深刻感知的。首先,朱熹曾与弟子讨论孝宗"最后所用宰执多是庸人"。在他看来,这些"庸人"中最具代表性的大概就是王淮。他言道:"寿皇本英锐,于此等皆照见。只是向前为人所误,后来欲安静,厌人唤起事端,且如此打过。至于大甚,则又厌之。"①因为前期的锐意恢复受到挫折,心灰意冷的孝宗转向"安静"之政,但这种状况长期推行又带来因循苟且、不思进取之弊,他对此也是甚为不满的,故罢免王淮,想要有所振作。叶适也提到孝宗"淳熙末年,求治愈新"。② 其次,王淮罢相后半年孝宗就举行内禅,将皇位传予了光宗。对于皇位的平稳交接来说,王淮本应是非常合适的人选。一者,王淮能够执政七年,成为孝宗朝在位时间最长的宰相,表明他深得孝宗信任;二者,王淮与太子即后来的光宗关系密切。光宗尚为恭王时,王淮以秘书少监兼任恭王府直讲,与光宗有师生之宜。不仅如此,担任直讲期间,王淮曾上疏为光宗的新生子争取嫡长孙名分。其时孝宗尚未立储,此举无疑有为光宗争取储君地位之意。因孝宗已有心立长子邓王为太子,王淮遭到惩处,外放知建宁府。光宗立为太子后,王淮以浙西提刑被召还朝,孝宗令王淮至东宫拜见,"皇太子待以师儒,特施拜礼"。③ 可见,光宗与王淮的关系已然超出了单纯的师生之谊。王淮既然同时得到皇帝与储君的信任,利用他来实现政权的平稳过渡自然再合适不过。然而,孝宗却在决意禅位的同时将王淮罢免,其中恐怕蕴含着阻断"安静"之政在新皇帝即位后继续延续的考量。

这就产生了一个矛盾,一方面根据上一节的分析,孝宗在王淮罢相后似乎并没有表现出革新的意愿,另一方面孝宗罢免王淮又似乎蕴含着改变"安静"之政的意图。如何来解释这一矛盾呢？或许可以从淳熙内禅中寻找到答案。从读史者的后见之明来看,淳熙后期孝宗与道学中人对未来的政治走向的认识存在着一个明显不同,即在高宗去世前后孝宗已萌生禅位之意,李心传称:"(淳熙)十四年十月,太上皇帝崩。先是,孝宗已有禅意。"次月,孝宗就命太子参决庶务。④ 此时的孝宗应该已开始安排禅位事宜。道学中人对此显然是不可能知道的,所谓太子参决也可能只是特殊时

---

① 《朱子语类》卷一二七,第3061页。
② 《水心文集》卷二四《施公(师点)墓志铭》,《叶适集》,第488页。
③ 《宋史》卷三九六《王淮传》,第12070页。
④ 《建炎以来朝野杂记》乙集卷二《己酉传位录》,第522页。

期的一种暂时安排。对于他们来说,孝宗朝或许还会延续很长一段时间,故极力希望抓住契机开启政治革新进程。政治革新需要的是君主的大有为,而皇位平稳交接需要的则是一个安静和平的局面。正是这种对未来政治动向的不同把握,导致双方行为上的迥然有别。于孝宗而言,在王淮罢相后选择继续维系"安静"之政,主要目的在于确保内禅顺利进行。只是孝宗既然有意革新,为何不愿亲力亲为,反而决定禅位呢?可以说,淳熙内禅或许正是孝宗为革新所采取的最重要的举措,或者说是为革新提供的真正契机。

首先,孝宗晚年转向"安静"之政后,恢复目标被搁置,其本人也自称恢复之志"已泯",但这并不表示他果真完全放弃了恢复念头。淳熙十二年,当获悉契丹耶律大石有意借道西夏攻打金朝时,孝宗的恢复之念又被触动。当年四月,"谍言故辽大石林牙假道夏人以伐金,密诏吴挺与留正议之"。①吴挺时为兴州都统制,留正则为四川制置使,两人为四川最主要的军政长官。在下发密诏前,孝宗与枢密使周必大有过商讨。他颁降一道御笔给周必大:"大石契丹欲加兵于金,果有之,在我岂得漠然?固不可违誓,或有衅端,何以为词?"孝宗看到耶律大石攻打金朝是一个难得机遇,但又顾及宋金盟约,为此询问周必大。周必大回应:"彼一方小警,何至移文宿、泗?若果有衅,何患无词?急在间探精审耳。"②周必大的态度是盟约并非重点,重要的是须先弄清楚耶律大石之事是否属实,不可轻信传闻轻举妄动。孝宗当是接受了周必大的意见,密诏留正等人的目的主要即在弄清事实。一年后,孝宗大概通过某种渠道确信了耶律大石之事,故有意与西夏联合,三方共同对金采取行动。他再度向周必大咨询:"欲亲书专人付吴挺,使人结约夏国。若肯放大石契丹过彼界至陕西,许他时策为夏帝,彼此用敌国礼。卿思之,密奏来,亦须先卜之上天。"孝宗之意是通过吴挺致意西夏允许耶律大石借道境内抵达陕西进攻金朝。西夏若同意日后可获册封为帝,与宋为平等之

---

① 《宋史》卷三五《孝宗本纪》,第683页。
② 《楼钥集》卷九九《少傅观文殿大学士致仕益国公赠太师谥文忠周公神道碑》,第1738页。

国。周必大回奏:"夏人戎狄之性,自来翻覆。乾道中,王炎尝因任令公用帛书通好,随即密送金虏。范成大奉使日,雍遂出以示之。其难保如此,结约似未可轻。"①鉴于乾道年间结约西夏的教训,他认为夏人不甚可信,希望谨慎从事。不过,这次孝宗似乎并未接受周必大的建议,淳熙十三年四月"诏吴挺结约夏人",②将结约西夏付诸行动。此事的结果,《宋史·夏国传》称:"当时论议可否及夏人从违,史皆失书。"③应该是不了了之。《宋史·周必大传》载:"或传大石林牙将加兵于金,忽鲁大王分据上京,边臣结约夏国。必大皆屏不省,劝上持重,勿轻动。既而所传果妄。上曰:'卿真有先见之明。'"④这当是孝宗为恢复采取的最后一次切实行动,可见即便在转向"安静"后,他对于恢复的希冀也没有完全消失。

对于孝宗来说,还有一个发动恢复的良好时机,这就是金世宗的去世。在前引回复孝宗有关结约西夏咨询的奏疏中,周必大指出:"若雍易世,亲离众叛,天相圣明,决有机会。顷岁闻平江异人说'贺新郎闹啾啾'之谶,陛下固当省记,度其应亦非远矣。"⑤周必大认为金世宗去世后很可能会出现内乱,彼时将是恢复的大好时机。这里提到了所谓"贺新郎闹啾啾"之谶。朱熹记载,"乙卯(庆元元年)十一月四日,詹元善说去年见李兼济说寿皇曾遣一小珰,以中原事问平江何蓑衣。蓑衣授以纸笔,口诵数语,令书以进曰:'贺新郎,贺新郎,胡孙拖白不终场。不终场,未便休,雄豪分裂争王侯。争王侯,闹啾啾,也须还我一百州。'寿皇以示兼济之父秀叔参政。后数年,虏储允恭死,虏酋雍亦毙,而孙璟袭位,即所谓胡孙者也。岂璟将不终而中原分裂,河南、北将复我也耶?"⑥周必大口中的"平江异人"即是指何蓑衣,孝宗时著名术士,颇得孝宗信赖。⑦孝宗曾向何蓑衣询问恢复事,何蓑衣口占

---

① 《周必大集校证》卷一四九《奉诏录》,第 2285 页。
② 《宋史》卷三五《孝宗本纪》,第 685 页。
③ 《宋史》卷四八六《夏国传下》,第 14026 页。
④ 《宋史》卷三九一《周必大传》,第 11970 页。
⑤ 《周必大集校证》卷一四九《奉诏录》,第 2285 页。
⑥ 《朱熹集》卷七一《偶读漫记》,第 3698 页。
⑦ 《宋史》卷四六二《莎衣道人传》,第 13532 页。

了几句谶语回复。孝宗将此谶语告知"秀叔参政"即李彦颖。李彦颖淳熙二年至五年担任参政,①是则此谶大致当出现在淳熙前期。表面上就很容易看出,此谶预示着南宋将收复中原,具体何时则还难以断定。但淳熙十二年金朝太子完颜允恭病逝,金世宗有意立允恭之子完颜璟为储,至此或可将"胡孙"与之对应,进而将"胡孙拖白"与金世宗去世联系起来。如此该谶语就意味着金世宗去世后,南宋将迎来恢复良机。

实际上,将金世宗去世视作恢复良机未必需要依靠何蓑衣隐晦难测之谶语。孝宗之不能恢复,一个很重要的外部因素就是金朝在金世宗的治理下国泰民安,无机可乘。《宋史》即称孝宗虽锐意恢复,然"值金世宗之立,金国平治,无衅可乘"。② 因此,他的去世自然会成为南宋人眼中的恢复良机。根据历史经验,金世宗在太子去世后舍子立孙的举动,也进一步增加了政局变数。淳熙十六年正月,金世宗去世,孝宗听闻此消息后曾感慨言道:"待此机会十五年矣。"③此机会自然是指恢复之机。他随即再度颁降御笔给已为宰相的周必大,询问"虏主身故,将来机会当复如何?"周必大回复:"窃料原王既立,叔侄之间必须纷纭。更半月以后郑侨归,可见大略。其他容来早面奏。"④表明金世宗的去世又让孝宗看到了恢复中原的希望。在周必大看来,原王即金章宗的继位势必将引起与世宗诸子的冲突,或许会成为恢复的时机。不过金世宗刚刚去世,金朝局势具体如何尚不明朗,周必大认为需要等此前派遣赴金的贺正旦使郑侨等人归来再详加咨询,但郑侨等人尚未回到临安孝宗业已禅位。⑤ 无论是根据何蓑衣的谶语,还是从金朝的现实状况分析,金世宗的去世都很可能会成为发动恢复的良机,孝宗本人对此也有着清楚地认识。但孝宗并没有等待恢复形势的出现便将皇位禅让,这在显示出其并未淡忘恢复的同时,也表明他已无意由自身来完成恢复大

---

① 《宋史》卷二一三《宰辅表》,第 5580—5582 页。
② 《宋史》卷三五《孝宗本纪》,第 692 页。
③ 《周必大集校证》卷一百七十三《思陵录下》,第 2692 页。
④ 《周必大集校证》卷一五二《奉诏录》,第 2330 页。
⑤ 郑岳:《莆阳文献列传·郑侨传第二十六》,《续修四库全书》,第 548 册,上海:上海古籍出版社,2002 年,第 249 页。

业。此时的孝宗年逾花甲,萌生"倦勤"之意,无复当年锐气,难以重新举起恢复旗帜,光宗则是"英武类己"且年富力强。孝宗禅位的目的之一,当即是希望由光宗来推动恢复这一未竟事业。

其次,孝宗始终坚持富国强兵式的恢复路线,晚年转向"安静"之政后,恢复目标被搁置,但富国强兵式的路线依然如故。该路线不仅未能帮助孝宗完成恢复大业,即便富国强兵似乎也未能真正做到,反而衍生出一系列弊端,这就不得不引起士大夫对于孝宗治国路线的质疑。乾道初年,赵汝愚在过阙奏事中言道:"陛下即位之初,天下皆以英才不世出,无不延颈以望太平。今将五年,而治不加进,岂所由而不得其道?"①蔡幼学在对策中言道:"陛下资皆聪明而所存未大,志虽高远而所趋未正,治虽精勤而大原不立。即位之始,冀太平旦暮至。奈何今十年,风俗日坏,将难扶持;纪纲日乱,将难整齐;人心益摇,将难收拾;吏慢兵骄,财匮民困,将难正救。"②至淳熙末年,朱熹又于奏疏中指出:"臣窃惟陛下以大有为之资,奋大有为之志,即位之初,慷慨发愤,恭俭勤劳,务以内修政事、外攘夷狄、汛扫陵庙、恢复土疆为己任,如是者二十有七年于兹矣。而因循荏苒,日失岁亡,了无尺寸之效可以仰酬圣志,下慰人望。"③这里揭露出来的问题,对于孝宗来说确实是难以否认的现实,由此他对于自身的治国路线恐怕也不能不产生一些疑问。

在与道学中人的不断互动中,孝宗对于道学中人的治国路线有了一定认识,甚至认同。乾道年间,张栻指责孝宗"论恢复固当,第其计非是",对富国强兵式的恢复路线提出批评,孝宗就颇为欣喜的声称"恢复当如栻所陈方是",因赵雄等人反对未果。④ 淳熙末年,朱熹又上疏:"今天下大势,如人有重病,内自心腹,外达四支,无一毛一发不受病者。"要求进行改革。据说,"疏入,夜漏下七刻,上已就寝,亟起秉烛,读之终篇",⑤表现出浓厚兴趣。

---

① 刘光祖:《宋丞相忠定赵公墓志铭》,傅增湘编:《宋代蜀文辑存》,第6册,北京:北京图书馆出版社,2005年,第57页。
② 《宋史》卷四三四《蔡幼学传》,第12896页。
③ 《朱熹集》卷一四《延和奏札五》,第538页。
④ 《宋史》卷三九六《赵雄传》,第12074—12075页。
⑤ 《宋史》卷四二九《朱熹传》,第12758、12762页。

只是道学中人要求的改革乃是一场自上而下的大规模政治革新,涉及内容十分广泛,并非通过简单的人事更迭或政策调整朝夕间即可完成。对于已年过花甲且锐气顿消的孝宗来说,要主持发动这样一场改革无疑是困难的。另外,要求孝宗彻底否定一直坚持的治国路线,转而认同道学路线,似乎也有着难以克服的心理障碍。孝宗乃英武之主,对自己的治国之道向来颇为自负。淳熙年十一年,陆九渊以敕令所删定官轮对。《宋史·陆九渊传》载:"九渊少闻靖康间事,慨然有感于复仇之义。至是,访知勇士,与议恢复大略。因轮对,遂陈五论。"①可知这"五论"皆与恢复有关。其中第二道围绕"道"的问题展开,陆九渊回忆:"读第二札论道,上曰:'自秦汉而下,无人主知道',甚有自负之意,其说甚多说禅。答:'臣不敢奉诏,臣之道不如此,生聚教训处便是道。'"②陆九渊听出孝宗言辞中对"道"的自负,③但他认为孝宗坚持之"道"基本上不出禅宗范畴,这与朱熹的看法不谋而合,后者曾指出孝宗走向富国强兵的功利之路亦渊源于此。④ 孝宗的自负就决定了他对所持之"道"或者说富国强兵式治国路线的坚持是极为笃定的。以上两个方面共同决定了孝宗不大可能按照道学中人的期望推动政治革新,但孝宗自知原先的治国之道也确实存在着难以克服的弊端。在这种情况下,将皇位禅让于太子,在皇位更迭的同时开启政治革新的进程,就可以为改革的持续进

---

① 《宋史》卷四三四《陆九渊传》,第12880页。
② 《陆九渊集》卷三五《语录下》,第447—448页。
③ 孝宗之以"道"自负,并不仅仅表现在与陆九渊的对话中。淳熙二年,孝宗对龚茂良等称:"今士大夫能文者多,知道者少。故平时读书不见于用。"(《宋史全文》卷二六上"淳熙二年九月己亥"条,第2167页)淳熙十二年,孝宗对王淮等称:"自唐虞而下,人君知道者少,唯汉文帝稍能知道,专务安静,所以致富庶。自文帝之外,人君非唯不知道,亦不知学。"(《宋史全文》卷二七下"淳熙十二年二月丁卯"条,第2312页)在孝宗看来,知学较之知道已是等而下之,"知学者未必尽知道,但知学者亦少"。(《宋史全文》卷二七下"淳熙十二年二月丁卯"条,第2312页)而唐太宗就连学亦有所欠缺,孝宗对谢谔称:"人君不知学则自息。如唐太宗,功非不高,恨不知学。"(《周必大集校证》卷六八《朝议大夫工部尚书赠通议大夫谢谔神道碑(嘉泰二年)》,第1006页)淳熙十三年,孝宗又对臣僚言道:"自古人主读书,少有知道,知之亦罕能行之,且如'与人不求备,检身若不及'二句,人君岂不知,自是不能行。"淳熙十三年,孝宗又对臣僚言道:"自古人主读书,少有知道,知之亦罕能行之,且如'与人不求备,检身若不及'二句,人君岂不知,自是不能行。"从这些言辞中,我们可以看到孝宗作为南宋最有作为的君主,不仅展示出于对于士大夫群体的优越感,更是傲视汉文帝、唐太宗等前代帝王。
④ 《朱熹集》卷一一《戊申封事》,第483页。

行注入活力,并有效避免自我否定的尴尬。就在内禅前一月,孝宗"罢拘催钱所。复二广官般官卖盐法"。① 前文中已提到,设置拘催钱物所和在两广改官卖盐法为钞盐法,皆是富国强兵路线下所采取的重要理财举措,并因此饱受非议。孝宗选择在内禅前夕废弃这两项举措,也预示着他希望接下来的新皇帝可以沿着这一方向将改革推向深入。

由此可见,孝宗晚年虽然未必存在着如余英时所描述的那般精心的改革部署,但孝宗内禅确实应该有着自身用意。一方面,内禅正值金世宗去世,金朝皇权更迭之际,而孝宗一直将这一时刻视作恢复的可能契机。可以说,孝宗的内禅并非发生在恢复无望之时,而恰恰是在恢复时机重新浮现之际。选择此时禅位当是有意利用新君之锐气,重新推进恢复大业。另一方面,孝宗对于恢复路线的认知,随着一直秉持的富国强兵路线的重重弊端不断浮现,而逐渐发生转向,道学路线似乎成为可以尝试的选择。禅位既可以避免自我否定的尴尬,又可以为路线的更换创造契机。因此,内禅确实应该蕴含着改弦更张之意。只是新继位的光宗并未按照孝宗意愿开启新的政治进程,反而由于父子矛盾,以及在治国路线上的冲突,引发了一系列始料未及的变化。

---

① 《宋史》卷三五《孝宗本纪》,第691页。

第五章　绍熙政争与道学影响力的上升

淳熙十六年二月,在位二十八年的孝宗皇帝举行内禅,传位于太子即光宗皇帝,自己则作为太上皇退居重华宫,光宗一朝的政治由此拉开帷幕。光宗朝前后不过六年时间,为时甚短,最终以另外一场内禅结束。除了过宫、内禅等个别事件受到较多关注外,[①]有关这一时期的研究相对较少。但是这并不意味着光宗一朝无足轻重,相反,在这五年中发生的一系列政治事件深刻影响了此后南宋的政治走向。在此期间,不同政治力量重新分化组合,不同政治理念纠缠交锋,以至于宁宗初年的庆元党禁之发生,很大程度上都需要从这一时期来索求解答,是理解党禁缘起不可缺失的一环。

第一节　道学中人的革新期待与实践

通常而言,新皇帝的即位都会带来一番新的政治气象,至少朝野上下会有此期待,对孝宗朝政治深为不满的道学群体更是如此。寺地遵指出,光宗

[①] 如肖建新:《南宋绍熙内禅钩沉》,《安徽师范大学学报(人文社会科学版)》,2002 年第 6 期;虞云国:《宋光宗·宋宁宗》,长春:吉林文史出版社,2004 年;方燕:《南宋光宗朝过宫流言探析》,《四川师范大学学报(社会科学版)》,第 2015 年第 4 期;李超:《南宋宁宗朝前期政治研究》第一章《从内禅到党禁》,第 22—66 页,等等。

即位对于内外官僚群体,尤其是立基于"政治性儒教主义"的官僚阶层来说,将是"一个隆兴、乾道、淳熙持续将近三十年的孝宗政治的转捩点——庶政一新之时"。① 光宗即位不久,以道学中人为代表的士大夫群体,纷纷通过上疏或其他途径,希望朝廷有一番新的作为。光宗即位后迁任殿中侍御史的林大中上疏:"今日之事莫大于仇耻之未复,此事未就,则此念不可忘……恢复固未容轻议,惟此念存于心,则陵寝如见于羹墙,故都如见其禾黍。于以来天下之才,作天下之气,倡天下之义。"②林大中,字和叔,婺州永康人,与道学中人关系密切,政治立场也相类似。③ 正是在殿中侍御史任上,他成功阻止了孝宗朝反道学官员陈贾的还朝。④ 朱熹评价林大中在台官任上所为"无一事不中的,去国一节,风义凛然,当于古人中求之"。⑤ 可见他的政治作为颇合乎道学中人的期待。他将恢复视作新皇帝应当关注的核心事务。当然,他并非主张立即对金用兵,而是希望光宗以此为志向来振作士气民心。光宗即位后应召赴行在奏事的楼钥则称:"人主初政,当先立乎其大者,至大莫如恢复。欲谋西北,先保东南,诚能加之圣心,自然畏天益谨,遵祖宗法益严,事亲益孝,求贤必广,用财必俭,逸谄面谀之人自疏,嗜欲宴安之念自息。边防以修,军政以肃,故虽甲兵未动,而恢复之计成矣。"⑥楼钥,字大防,明州鄞县人,他在政治、学术上的倾向与林大中类似。⑦ 他也认为光宗初政当以恢复为首务。不过,恢复的目标虽指向西北,着眼点却当放在东南,重点是改革内政。这里提到要消除"宴安之念",此种宴安情绪的出现正是孝宗后期"安静"之政的突出弊端。朱熹在给时任监察御史的友人李信甫的信中亦言道:"恢复一事,以今事力固难妄动,然此意则不可忘。项见先生亦常常说今日但当将'不共戴天'四字贴在额头上,不知有其他,是第一

---

① 寺地遵著,吴雅婷译:《韩侂胄专权的成立》,《中外论坛》2020年第4期,第160页。
② 《楼钥集》卷一〇四《签书枢密院事致仕赠资政殿学士正惠林公神道碑》,第1803页。
③ 《宋元学案》卷七九《邱刘诸儒学案》,第2640—2641页。
④ 《宋史》卷三九三《林大中传》,第12013页。
⑤ 《宋史》卷三九三《林大中传》,第12014页。
⑥ 《絜斋集》卷一一《资政殿大学士赠少师楼公行状》,第168页。
⑦ 《宋元学案》卷七九《邱刘诸儒学案》,第2633—2634页。

义。今观老兄所论,亦得此意。但当因此便陈内修政事之意,而稍指切今日宴安放倒之弊,乃为有力耳。"①作为道学领袖,朱熹亦希望朝廷立志恢复,且将恢复重点放在内政治理上,将"宴安放倒之弊"视作内治的最大问题。

无论林大中、楼钥,还是朱熹,皆选择在新皇帝即位之初的当口,通过不同方式进言。可见他们对光宗抱有很大期待,非常希望他能扭转淳熙后期因循苟且的"安静"之政,转向以恢复为目标的有为之政。光宗似乎确实展现出了一些革新气象,就在即位当月接连颁布诏书要求内外臣僚上疏言事,指陈时政阙失。② 在这种形势下,官员士人纷纷进言,其中最具代表性的当属郑湜。

郑湜,字溥之,福建闽县人,乾道二年进士,淳熙十六年三月出任秘书郎。③ 他先后向光宗进呈三道奏疏,其中第三道有云:

> 民力之困,莫甚于此时,盖所取者皆祖宗时所未尝有而作俑于后来,所用者皆循习承平积弊而不量今日之事力。愿先以清心寡欲、躬自节俭为本,然后明诏大臣(铛)〔裁〕度经费,除奉宗庙、事两宫、给兵费之外,一切量事裁酌,惟正之供滥恩横例皆厘正之,然后使版曹会一岁之入,择诸路监司之爱民而晓财赋者,使之稽考调度,蠲其烦重,以宽民力。④

通观奏疏主旨,就是希望朝廷采取切实举措减轻民众负担。郑湜认为其时民力之困已到极致,根源则包括两个方面:一是朝廷从百姓处索取的财赋远远超过了祖宗时期的制度规定;二是朝廷用度依旧按照承平的标准而无减损。两者明显是一体两面。郑湜希望在保证军事等必要支外,尽可能减少开支,然后蠲免苛捐杂税,量入为出,真正减轻民众负担。他在奏疏中就如何节省开支言道:

---

① 《朱熹集》卷二八《答李诚父书》,第1188页。
② 《宋史》卷三六《光宗本纪》,第695页。
③ 佚名著,张富祥点校:《南宋馆阁续录》卷八,北京:中华书局,1998年,第292页。
④ 佚名编,汝企和点校:《续编两朝纲目备要》卷一,北京:中华书局,1995年,第10页。

>今黄老之宫,卫卒动以百数,外戚家庙防护之兵多于太庙,额外将校之俸钱半于正额,外庭百执之费不足当閤门、医职、近侍之半。请明诏大臣裁定经费,上自乘舆,下至庶府,除奉宗庙、事两宫、给兵费之外,一切量事裁酌,罢其不急,损其太过。①

该记载与前引奏疏的内容有重复之处,但详略和侧重皆有不同,当是同一奏疏的不同节文。郑湜认为,朝廷在黄老、外戚、宫廷内侍等方面的花费过于高昂,这些皆属可裁减的非必要开支。

郑湜指出的种种弊端,毫无疑问是孝宗朝遗留下来的问题,而孝宗朝在财政上的另一个饱受诟病之处,就是将大量财赋以各种名目纳入直属皇帝的内藏,致使户部经费匮乏。此点同样引起了郑湜注意:

>先是,孝宗创左藏封桩库,其法:非奉亲,非军需不支。至淳熙末年,往往以犒军或以造军器为名,拨入内库,或睿思殿,或御前库,或修内司,有司不敢执。湜为敕令所删定官,因转对为孝宗力言之,时十三年矣,库中所储,金至八十万两,银一百八十六万余两。又有籴米钱、度牒钱,而下库复储见缗常五六百万。至是湜又言之,后亦未尝闻有所施行云。②

前文指出,左藏封桩库也是具有内藏性质的财库,只是在名义上隶属户部。从这里则可以看到,淳熙后期孝宗竟将左藏封桩库的财赋进一步转移至更私密的内库。这为我们所指出的,孝宗在淳熙后期转向"安静"之政后依旧没有放弃前期富国强兵目的下的理财路线,又提供了一例佐证。郑湜在淳熙十三年就谏言过此事,光宗即位后旧事重提,表明他批判的正是孝宗的财政政策。

---

① 《续编两朝纲目备要》卷二"绍熙二年正月"条,第21页。
② 《续编两朝纲目备要》卷一,第10页。

寺地遵指出:"郑湜认为应该改善的,实际上都是针对孝宗朝既有措施而发,如削减内廷经费、肃正武职滥给、特别拔擢,要求有司强化统制等等要求事项,皆是从矫正与检讨孝宗政治出发。……随着光宗即位所出现的庶政一新之求,具体而言,无非是转换孝宗之政的要求。"①这是一个颇有洞见的发现,看到了郑湜等人反对的正是孝宗之政。不过,他并没有准确揭示郑湜等人的政治、学术背景,更没有明确指出这是自孝宗朝以来就存在着的两种不同治理路线的对立。如果将郑湜的主张与道学中人对孝宗之政的一系列批判相对照,可谓如出一辙。孝宗为恢复采取的治国路线,在道学中人看来最大问题就是聚敛厉民,道学中人针锋相对提出的恢复路线则是以裕民为先,裕民的首要自然在宽民力。结合郑湜与周必大的关系(详后),以及他名列所谓庆元"伪学逆党"籍的事实来看,郑湜的主张体现的正是道学中人希望利用光宗扭转孝宗治国路线的强烈意愿。

郑湜上疏一出"四方盛传",②产生了相当影响,也引起了宰相留正注意,尤其是宽民力的内容,"湜所陈,惟宽恤民力一章,丞相留正尝命中司、版曹、检正都司置局,同共稽考"。③但结果并不理想,如孝宗移用左藏封桩库财赋进入内库的问题,"后亦未尝闻有所施行"。④至绍熙二年正月,光宗下诏编修《绍熙会计录》:"赵彦逾为户部侍郎,因请稽考内外财赋,置《绍熙会计录》,俟见大概之后,命户部宰属共同详议,而一二大臣公心协意,为之斟酌,以其所减捐以予民。"⑤很明显是根据郑湜"请明诏大臣裁定经费"建议采取的相应举措。光宗随即"命户书叶翥、中执法何澹等与彦逾同为之",然"未几澹丁内艰去官,后亦未闻有所减也"。⑥ 同月,又诏令稽考、裁减浮费:"合同冯由司者,宫禁所由取索也,岁取金银钱帛率以百万计,版曹但照数除破耳,虽有岁终比部驱磨之令,然郎官第赴内东门司终日危坐,而数珰与数

---

① 寺地遵著,吴雅婷译:《韩侂胄专权的成立》,《中外论坛》2020年第4期,第160页。
② 《续编两朝纲目备要》卷一,第10页。
③ 《续编两朝纲目备要》卷一,第10页。
④ 《续编两朝纲目备要》卷一,第10页。
⑤ 《续编两朝纲目备要》卷二"绍熙二年正月"条,第21页。
⑥ 《续编两朝纲目备要》卷二"绍熙二年正月"条,第21页。

臠自为会计,郎官不得预。毕事则卷牍尾示之,俾书名而已。是年春,议者以为滥予横赐无以撙节,请自今内诸司所给赐、所营造、所取索悉从有司,定为中制,惟正之供滥恩横例皆厘正之。"① 同样是根据郑湜建议而发,此事亦交托给"叶翥、赵彦逾、何澹同稽考","其后亦不果裁节焉"。②

当然,光宗初年采取的减轻税费以宽民力的措施也并非全部不了了之,在减免月桩钱方面就取得了一些成果。月桩钱创自高宗绍兴初年,乃是为应付军需而设,原则上从地方上供、经制、系省、封桩等钱中支出,但"所桩不能给十之一、二",不得不"横赋于民",成为百姓的一项沉重负担。自高宗朝、孝宗朝屡有蠲减,但杯水车薪。③ 光宗即位后,"以月桩有敷额太重去处,令台谏、侍从同户部长贰详悉措画闻奏,当议斟酌施行,以宽民力。是年,用吏部尚书颜师鲁等奏,再减江、浙诸郡月桩钱十六万五千缗有奇云"。④ 时在淳熙十六年十一月。⑤ 此番减免力度无论从数额上还是范围上,较之孝宗朝都有所增加。只是相较于其时月桩钱总额,这样的蠲减还是十分轻微。在此之后,"东南月桩钱岁为缗钱犹三百八十余万"。⑥ 至绍熙元年夏,又有蠲减无窠名版帐钱之举。所谓版帐钱,"军兴后诸邑皆有之,而浙中为尤甚",光宗即位后"议者请令监司州郡宽属县无名之取,以纾民力",但真正采取行动的只有岳阳、漳州等个别地区,"其余郡未减者,今犹存"。⑦

由此可见,光宗即位后以郑湜为代表的道学群体,积极要求扭转孝宗朝以来的治理路线,采取切实举措减轻地方财政负担以宽减民力。不仅如此,光宗初年的裕民举措还有着颇为现实的政治意义,就是与金朝的道义竞争。秘书监杨万里在光宗即位后上疏言及民众负担沉重问题:"陛下欲薄赋敛,

---

① 《续编两朝纲目备要》卷二"绍熙二年正月"条,第21页。
② 《续编两朝纲目备要》卷二"绍熙二年正月"条,第21页。
③ 《建炎以来朝野杂记》甲集卷一五《月桩钱》,第322页。
④ 《续编两朝纲目备要》卷一,第11页。
⑤ 《宋史》卷三六《光宗本纪》第697页。
⑥ 《续编两朝纲目备要》卷一,第13—14页。
⑦ 《续编两朝纲目备要》卷一,第13—14页。

当节用度,用节而后财可积,财积而后国可足,国足而后赋可减,赋减而后民可富,民富而后邦可宁。不然日复日岁复岁,臣未知其所终也。"①希望光宗节用以爱人。马端临指出此疏背景:"时金主璟新立,万里迓使客于淮,闻其蠲民间房园地基钱,罢乡村官酒坊,减盐价,又除田租一年,窃仁义以诳诱中原之民,使虚誉达于吾境,故因转对而有是奏。"②宋、金差不多同时经历了皇位更迭,新即位的金章宗在境内率先采取了一系列裕民举措,声名甚至传入宋境。这无疑对南宋造成了道义上的压力,故杨万里认为有必要采取相应措施以抗衡。然而,光宗似乎并没有如金章宗那般积极作为,虽然表现出了某种裕民意向,但大多不了了之,有些虽然采取了实际行动,但要么力度太轻,要么局限于个别州县,总体上依旧没有较大改观。可以说,光宗初政较之道学中人的期待相差甚远。为何会出现这种情形呢?是什么因素阻碍了道学中人的政治革新之路呢?

第二节　周必大与留正的党争

对于道学中人来说,若要推动政治革新,需要在朝廷上寻找到一位拥有权力的主盟者,以便更多道学中人进入朝廷,占据核心职位,进而尝试将自身的政治主张付诸实践。在孝宗、光宗之际,周必大似乎可以担当此任,他与道学关系密切,虽然在淳熙末年曾拒绝了叶适等人的荐士行动,但伴随着孝宗革新意愿的显现,也为了巩固在朝中地位,他仍然成为道学中人的积极援引者与支持者。然而,光宗即位仅三个月,周必大就被罢相。③ 这对道学中人的革新行动构成了沉重打击。周必大罢相也成为光宗初年最为重要的政治变动。周必大是孝宗晚年亲自为光宗安排的宰相,为何如此迅速遭到罢免呢?

---

① 《历代名臣奏议》卷二五九,第 3401 页。
② 《文献通考》卷五《田赋考》,第 65 页。
③ 《宋史》卷三六《光宗本纪》,第 696 页。

周必大的罢相至少包括两方面因素：一是光宗的不满，二是与留正的党争。

对于光宗的不满，周必大有着清醒认识，在《光宗御书跋》一文中有较为详细的回忆。[①] 原来，淳熙十五年孝宗决意内禅时，与作为宰相的周必大讨论过内禅的具体时间及相关典礼。本来孝宗有意在淳熙十六年春金朝贺正使节离开后举行内禅，但周必大听闻二月可能会有一次严重日蚀。按照规制，日蚀时皇帝需采取避殿减膳等行动来攘除灾异。周必大认为若新皇甫一即位就遭逢日蚀，举行避殿之礼，似乎不太吉祥，建议将内禅稍作推迟。孝宗接受了这一建议。只是关于内禅将在淳熙十六年初举行的说法业已传开，光宗更是在焦急地等待正式宣布。眼见直至正月末尚无动静，光宗近习姜特立向周必大询问此事，遭到拒绝。周必大认为正是这段曲折导致光宗听信离间，使自己迅速罢相。

周必大的说法明显是在自我辩解，旨在向世人说明请求孝宗延迟内禅完全出于为光宗考虑的忠心，他之所以未能得到谅解而被罢相，则是姜特立等近习小人挑拨离间的结果。不过，周必大需要专门撰文辩解，恰恰表明对他在此事上的质疑是颇为广泛的。对于光宗来说，即便没有姜特立挑拨，恐怕也会产生类似怀疑。姜特立向周必大的咨询，应该本就出于光宗意志。余英时根据《西湖游览志余》的相关记载指出，光宗早在内禅前就曾通过高宗吴皇后向孝宗施压，希望早日继位。[②] 在这种心理状态下，周必大不仅没有顺应光宗意愿积极推动内禅，反而以日蚀等名目刻意拖延，无论初衷如何，在光宗看来或许都是有意作梗。更何况周必大毕竟为孝宗一手拔擢而至宰相，是否真正能为我所用，光宗也无把握。这些因素叠加，促成了光宗即位后随即采取行动更换宰相。

光宗顺利罢免周必大，还得益于另一位宰相留正的支持与配合。内禅前一月，孝宗在将周必大擢任左丞相的同时，拜留正为右丞相，形成两相并

[①] 《周必大集校证》卷四六《光宗御书跋》，第682页。
[②] 《朱熹的历史世界——宋代士大夫政治文化的研究》，第693页。

立的中枢格局。然而,周必大与留正"议论素不相合",矛盾由来已久。《续编两朝纲目备要》记载周必大罢相的过程称:

> 必大与留正并相,议论素不相合,上受禅之初,必大已有罢意。时罗点以奉常兼修注,上密遣访可为言事官者,点荐朝士叶适等八人,皆意向与周必大类者,由是不果用。于是谢谔自左谏议迁中丞,何澹自权兵部侍郎除右谏议。澹初与必大厚,为司业二年不迁,殊怏怏。正既相,白用为祭酒,故德之。至是首上疏攻必大,必大求去,再请而遂罢,故必大第二状中有"右揆贤德,中外具瞻"之语,盖谓是也。初罢,除观文殿大学士、判潭州。谔以不论列之故,改权工部尚书,而范处义自新知滁州改殿中侍御史。必大方恳辞除职典藩之命,澹又论之,处义亦助其说,于是内批免朝辞,与在外宫观,谔亦以杂学士出守泉州。①

记载显示周必大罢相过程中,光宗与留正颇为默契。所谓"上受禅之初,必大已有罢意",自然是说光宗早就有意罢免周必大,个中原因则如前述。当光宗否决了罗点的推荐人选时,朝野大概都已看出了光宗对周必大的不满,留正更不会例外。随即,属于留正一方的何澹迁任右谏议大夫。何澹起初与周必大交好,因官职升迁未能厌其所望,转而投靠留正获得升迁。这一任命本身无异于发出了攻击周必大的信号。何澹果不负所望,上任第一件事就是弹劾周必大致其罢相,新任御史中丞谢谔因不肯附和弹劾亦遭贬谪。即便在周必大出判潭州后,何澹依旧不依不饶,又协同新任殿中侍御史范处义上疏论列,使周必大再遭贬谪。光宗对周必大的不信任,无疑成为留正敢于发动攻击的主要动力。而留正及何澹与周必大的矛盾,则成为光宗有意利用的对象,双方可谓各取所需。

周必大的罢相,对于道学中人在朝中立足及他们主张的政治革新,不可避免地会形成冲击。如郑湜,在呈上请求恤民的奏疏后不久就外放浙东

---

① 《续编两朝纲目备要》卷一"淳熙十六年五月"条,第10—11页。

提举。① 秘书监丞沈清臣,师从张九成,属道学中人,②正是罗点推荐的八名言事官人选之一。随着周必大失势,他随即遭范处义弹劾罢官。③ 不过,也不必过分高估周必大罢相对道学革新运动的冲击,这就涉及留正与道学关系的演变。

余英时将周必大、留正与赵汝愚视作孝宗退位前为利用道学中人发动政治革新而刻意安排的宰执人选,认为三人具有两个共同特点:一是积极推动孝宗"求治愈新"的构想,二是深得理学家集团的信任。④ 周必大与道学的关系自不待言,但留正与道学的关系,不少学者有着不同意见,如张其凡就将留正视作与周必大对立的王淮一党,并在王淮罢相后接过了反道学大旗。⑤ 其实,留正对于道学似乎并不如张其凡等人认为的那般敌对,他在四川制置使任上就向朝廷推荐过黄裳、范仲黼等道学中人。⑥ 范仲黼是张栻弟子,是将张栻之学传入蜀中的关键人物,⑦黄裳则为张栻再传。⑧ 可见,留正于道学至少并不特别反感。

不过,当留正从四川还朝后,确实挑起过一次反道学事件,这就是淳熙末年著名的"道学邪气"事件。淳熙十五年六月,朱熹因林栗弹劾奉祠还乡。其后朝廷一再征召,至十一月朱熹又有应召之意,"会执政有指道学为邪气者,力辞新命,除秘阁修撰,仍奉外祠"。⑨ 指责道学为"邪气"的执政正是留正。表面上看,留正的指责似乎是针对整个道学而来,实则特指围绕在周必大身边以叶适、薛叔似、许及之等为代表的永嘉士人。他如此做法的直接动因,并非出于与生俱来的反道学倾向,而是出于攻击政敌的需要。⑩ 正因如

---

① 《续编两朝纲目备要》卷一,第 10 页。
② 《宋元学案》卷四〇《横浦学案》,第 1325—1326 页。
③ 《宋史全文》卷二八"淳熙十六年三月"条,第 2378—2379 页。
④ 《朱熹的历史世界——宋代士大夫政治文化的研究》,第 530 页。
⑤ 张其凡:《留正与光宗之立》,《番禺集》,广州:广东人民出版社,第 214 页。
⑥ 《建炎以来朝野杂记》乙集卷一〇《淳熙至嘉定蜀帅荐士总记》,第 662 页。
⑦ 《宋元学案》卷七二《二江诸儒学案》,第 2410—2411 页。
⑧ 《宋元学案》卷七二《二江诸儒学案》,第 2417—2418 页。
⑨ 《勉斋先生黄文肃公文集》卷三四《朱先生行状》,《宋集珍本丛刊》,第 68 册,第 121 页。
⑩ 李超:《周必大、赵汝愚与永嘉士人》,《温州大学学报(社会科学版)》2017 年第 5 期。

此,我们才能理解留正如何可以一面积极推荐黄裳等人入朝,一面又指责道学为"邪气"。这也就决定了他随后可以较为顺利地完成政治上的道学转向。

第三节　留正的道学转向及其影响

留正在攻罢周必大后,开始转向与道学中人展开深入的政治合作,顺利取代周必大成为道学的主盟者。对于留正的道学转向,刘三杰在庆元党禁期间论列"伪学"的奏疏中有所提及:

> 周必大为右相,欲与左丞相王淮相倾而夺之柄,知此曹敢为无顾忌大言,而能变乱黑白也,遂诱而置之朝列,卒借其力倾去王淮,而此曹愈得志矣。其后留正之来,虽明知此曹之非,顾势已成,无可奈何,反借其党与心腹。①

"此曹"即指道学中人。刘三杰认为,周必大为打击王淮,夺取相位,援引道学中人入朝,导致道学群体在朝中形成势力。待留正为相后,眼看道学势力已成,难以抗衡,故在明知其非的情况下转而与道学合流。另一位党禁期间的著名反道学之士刘德秀也指责留正,"欲固宠保位,见伪学之徒方盛,已不能敌,反倚为助,纵臾钩致,蟠据朝廷,几危社稷"。② 这些言论虽然出自政敌之口,有其偏向性,但所论留正转向道学的事实大致是没有问题的。

李心传指出,在留正转向道学的过程中,沈有开扮演了至关重要的角色。周必大罢相后,周氏门人遭到牵连,纷纷被逐出朝廷。太学博士沈有开

---

① 李心传著,朱军点校:《道命录》卷七下《刘三杰论伪学党变而为逆党防之不可不至》,上海:上海古籍出版社,2016年,第76页。

② 《道命录》卷七上《刘德秀论留丞相引伪学之徒以危社稷》,第66页。

"为留丞相所厚",他利用这层关系"力劝以拔用知名之士",得到留正认同,"自是一时善类多聚于朝,而不得志者始侧目矣"。① 沈有开,字应先,常州人,淳熙五年进士。据叶适所撰墓志,沈有开在学术上服膺道学,与张栻、吕祖谦、薛季宣、陈傅良等道学名儒皆有师承渊源。进士及第后因洁身自好,不汲汲于进取,得宰相留正赏识,"朝廷方选旧人使教国子,而公在焉。竟讲,下帘重扉深拒,未尝妄请谒。留丞相异之,唤语揖坐,常耸听移日"。正是利用这层关系,沈有开得以向留正提出收揽周必大门下士的建议,"当是时,丞相患淳熙末知名士不采察而沉废于贱冗,数年间拔用几尽。士欢喜诵说,以为自赵元镇、陈应求才有此尔。丞相既得誉于天下,而公阴赞密请,力尤多。天下虽知公助之,而莫知其所以进者何人"。② 留正对沈有开的赏识与器重,表明他早在与周必大党争前就与部分道学中人存在着友好关系,为此后转向道学奠定了基础。

然而,单凭沈有开的谏言就促成了留正转向道学的解释似乎过于单薄。鉴于墓志的书写特征,叶适对沈有开的作用容有夸大。留正转向更为重要的原因当在于光宗强化皇权的行动。光宗即位后,在罢免周必大的同时表现出了强化皇权的强烈意愿,而其选择的途径与孝宗类似,即重用亲信近习。其中,最具代表性的就是对姜特立的重用。姜特立因父姜绶在靖康之变中殉国而荫补入仕,③此后其仕途并不畅达,直至淳熙年间方升至福建路兵马副都监。淳熙十年,因在捕捉海贼姜大獠中立下功劳,④得福建安抚使赵汝愚推荐。⑤ 次年,入觐孝宗,获除阁门舍人,同时令充太子宫左右春坊兼皇孙平阳王伴读,由此"得幸于太子",⑥与尚在潜邸的光宗结下了亲密关系。光宗即位当月,他与光宗的另一近习谯熙载一同被任命为知阁门事。⑦ 知阁门事乃

---

① 《道命录》卷六,第 59 页。
② 《水心文集》卷二一《朝请大夫直龙图阁致仕沈公墓志铭》,《叶适集》,第 400 页。
③ 《宋史》卷四五三《忠义传》,第 13324 页。
④ 《皇宋中兴两朝圣政》卷六〇,第四册,第 422 页。
⑤ 《宋史》卷四七〇《姜特立传》,第 13695 页。
⑥ 《宋史》卷四七〇《姜特立传》,第 13695 页。
⑦ 《宋史》卷三六《光宗本纪》,第 695 页。

是皇帝信任的近习最常担任的职务。依托皇帝信任,姜特立与谯熙载权重一时,以至朝野将之与孝宗朝的著名近习曾觌、龙大渊相提并论,谓之"曾、龙再出"。不过,谯熙载在弄权上较为收敛,遭受非议也较少。①

皇帝重用近习往往意味着对外朝大臣的不甚信任,孝宗在重用曾觌、龙大渊等近习的同时,频繁更换宰相即为明证。对于留正来说,光宗为强化皇权重用姜特立等近习,直接威胁到了自身地位。他与姜特立处于对立立场所必然,后者也正是在他的攻击下遭到贬谪。《宋史·留正传》载:

> 光宗受禅,主管左右春坊姜特立随龙恩擢知閤门事,声势浸盛。正列其招权预政状,乞斥逐,上意犹未决。会副参阙,特立谓正曰:"上以丞相在位久,欲迁左相,叶翥、张构当择一人执政,未知孰先?"正奏之,上大怒,诏特立提举兴国宫。②

留正不断进言批评姜种种招权纳贿情状,希望予以贬黜。但这与光宗强化皇权的意愿背道而驰,故始终犹豫不决。当中枢参政空缺时,姜特立私下向留正传达旨意,称光宗有意拜留正为左丞相,同时咨询叶翥、张构两人中何人可填补参政空阙。留正上奏光宗,龙颜大怒,姜特立罢官奉祠。光宗的反应似乎表明姜特立只是假传圣旨。但诚如余英时分析,姜特立应确实是奉承光宗之意,否则恐怕没有胆量向留正许诺左丞相之位。③ 留正也未必不明白此点,但在他看来这或许正是打倒姜特立的大好时机。光宗让姜特立私下传言本就有悖常理,留正自然可以乘机将此事上奏光宗,公诸于众,光宗为顾全颜面自难承认姜特立是奉命行事。如此,该事就成了姜特立招权纳贿的铁证,迫使光宗不得不加以惩处。

虽然现有记载多强调留正在攻罢姜特立上的主导作用,如《宋

---

① 《宋史》卷四七○《谯熙载传》,第 13695 页。
② 《宋史》卷三九一《留正传》,第 11974 页。
③ 《朱熹的历史世界——宋代士大夫政治文化的研究》,第 656 页。

史·光宗本纪》就称,淳熙十六年五月,"右丞相留正论知阁门事姜特立,罢之"。① 但光宗对姜特立的任用是其强化皇权意志的体现,即便姜特立遭到贬谪亦难以从根本上阻止近习政治出现。一者这种贬谪未必出自光宗本心,难保姜特立不会去而复返;二者果然姜特立就此退出政治舞台,也难保不出现第二个、第三个姜特立。留正自不能不有所顾虑,这当在很大程度上促成了他与道学中人的合作。孝宗朝,曾觌、龙大渊、张说、王抃等近习相继用事。其时,反对近习的官员士大夫不胜枚举,但最为坚定、最为激烈者则莫过于道学士大夫。② 作为孝宗朝成长起来的官员,留正对此知之甚深。光宗初年姜特立、谯熙载用事,身为道学中人的殿中侍御史刘光祖就对何澹声言"曾、龙之事不可再"。③ 对于外朝士大夫与近习勾结,刘光祖更是深恶痛绝,他"劾罢户部尚书叶翥、太府卿兼中书舍人沈揆结近习,图进用"。④ 叶翥正是姜特立向留正推荐的参政人选之一,刘光祖指责其所结之近习当即是姜特立。这无疑在客观上策应了留正攻罢姜特立的行动。因此,有理由相信,沈有开在留正转向道学的过程中固然发挥了引导作用,但决定其转向的更重要因素,乃是光宗强化皇权形势下重用近习严重危及了其地位,道学一贯的反近习倾向成为可资利用的有力资源。

留正转向与原先聚集在周必大门下的道学中人合作,最显著的标志就是赵汝愚的还朝。绍熙二年九月,"召知福州赵汝愚为吏部尚书"。⑤ 赵汝愚还朝乃是出于留正援引,《宋史·留正传》称:"引赵汝愚首从班,卒与之共政。"⑥淳熙末年,赵汝愚有过一次还朝机会,"孝宗谓其有文武威风,召还。光宗受禅,趣召未至,殿中侍御史范处义论其稽命,除知潭州,辞,改太平州。进敷文阁学士,知福州"。⑦ 孝宗内禅前夕有意将赵汝愚从四川制置

---

① 《宋史》卷三六《光宗本纪》,第 696 页。
② 张维玲曾详细论述了道学士大夫在孝宗朝的反近习斗争。见氏著《从南宋中期反近习政争看道学型士大夫对"恢复"态度的转变(1163—1207)》,台湾大学硕士学位论文,2009 年。
③ 《续编两朝纲目备要》卷一,第 13 页。
④ 《宋史》卷三九七《刘光祖传》,第 12099 页。
⑤ 《宋史》卷三六《光宗本纪》,第 701 页。
⑥ 《宋史》卷三九一《留正传》,第 11974 页。
⑦ 《宋史》卷三九二《赵汝愚传》,第 11983 页。

使任上召还。光宗即位后,殿中侍御史范处义弹劾尚未回到朝中的赵汝愚有意稽延诏命,遂改知太平州。范处义在光宗即位后方由知滁州迁任殿中侍御史,在台官任上的主要作为就是协助何澹攻罢周必大,①表明亦当为留正所用台谏。他弹劾赵汝愚也应是留正意志的体现。留正与赵汝愚究竟有何恩怨?这就涉及赵汝愚与周必大的关系。

周必大与赵汝愚的交往,至迟可追溯至孝宗乾道年间同在秘书省任职期间。② 在仕途上,赵汝愚得到周必大大力提携。淳熙十二年赵汝愚由福州迁任四川制置使,当就出自周必大举荐。③ 在淳熙十四年致赵汝愚的信中,周必大感慨身在朝中的艰难处境:"作事之难,古今所同。碌碌循常,必致误国。稍出意见,定遭指目。老兄在彼,与仆在此,内外虽异,其理一也。"④正因如此,出任宰相后,尤其是面临与留正的冲突之际,他势必希望赵汝愚回朝相助,这应该是赵汝愚在内禅前夕获得孝宗征召的最主要原因。⑤ 但这也让赵汝愚为留正所忌惮,故光宗即位后遭到弹劾。周必大罢相后,留正出于现实利害考量,转而寻求与周氏门下的道学中人合解。为此,留正摇身一变,由起初赵汝愚入朝的阻碍者变为积极援引者。与周必大类似,赵汝愚亦与道学关系密切,且在政治思想上似乎更为认同道学。⑥

---

① 《续编两朝纲目备要》卷一"淳熙十六年五月"条,第11页。
② 陈骙著,张富祥点校:《南宋馆阁录》卷七、八,北京:中华书局,1998年,第86、116页。
③ 《楼钥集》卷九九《少傅观文殿大学士致仕益国公赠太师谥文忠周公神道碑》,第1737页。
④ 《周必大集校证》卷一九一《赵子直丞相》,第2936页。
⑤ 余英时将赵汝愚目为孝宗晚年为推动革新而属意的三位宰执人选之一,故孝宗在即将内禅前夕急从四川召其还朝。表面上看确乎如此,刘光祖撰赵汝愚墓志铭亦载:"公方陛辞入蜀,孝宗面许归日大用,故中外荐试之。及将内禅,亟召公。"(刘光祖:《宋丞相忠定赵公墓志铭》,《宋代蜀文辑存》,第6册,第43—44页)与《宋史·赵汝愚传》中的说法可相印证,但这种表述更多恐怕是为抬高传主身份而使用的叙述,有夸大之嫌,未必准确。赵汝愚获召,更为直接的动力当在于周必大而非孝宗。
⑥ 李华瑞指出:"赵汝愚本身不是理学家,但他不仅赞同理学,而且在这部书(笔者按:指赵汝愚所编《宋朝诸臣奏议》)里贯穿了理学家们的政治主张,只要翻阅一下《宋朝诸臣奏议》有关篇章,就可明了他坚决反对变法,政治上绝对保守。"(《历史学视野中的政治文化》,《读书》2005年10月,第125页)李氏认为赵汝愚在政治立场上与道学家相类似是正确的,但认为赵汝愚在政治上绝对保守却是值得商榷的,赵汝愚所反对的变法恐怕主要是指王安石变法。王安石变法所强调的富国强兵与当下孝宗所主张的富国强兵式的恢复路线是有着共通性的,而这正是赵汝愚以及其他道学中人极力批判与反对的。在孝宗朝的特定时代背景下,赵汝愚恰好是要求进行政治革新者,而非保守势力之代表。

赵汝愚，字子直，出身宗室，乾道二年进士。他胸怀经世之志，每自言"丈夫得汗青一幅纸，始不负此生"。①他在思想上倾向于道学，"凡平昔所闻于师友，如张栻、朱熹、吕祖谦、汪应辰、王十朋、胡铨、李焘、林光朝之言，欲次第行之"，②故而对孝宗以来推行的恢复路线或者说治理路线亦不以为然。乾道初年，在过阙奏事时他对孝宗言道："陛下即位之初，天下皆以英才不世出，无不延颈以望太平。今将五年，而治不加进，岂所由而不得其道？"③淳熙初年，再次上奏："今陛下宵衣旰食，苦心劳思，十有五年，而治不加进，岂天下之事终不可为欤？将所由者未得其道欤？何为力甚勤而收功甚远也？"④两道奏疏间隔十年，但主旨前后贯穿，皆对孝宗的治理路线表示质疑。孝宗与道学中人在恢复上的最显著区别，就在于前者认为富国强兵优先于改善民生，后者则恰好相反。赵汝愚则同样强调以民为本，他上疏孝宗："若谓国家驻跸东南，规模略定，须俟平定之后，复行宽大之泽者。臣闻兵以民为本，其本末先后之理，固自有序，若夫不量彼己之势，而务以胜人者，盖亦兵家之所甚忌也。"⑤明确对先平定天下后改善民生的做法提出批评。

对于孝宗后期的"安静"之政，赵汝愚也有不同看法。淳熙十四年，他在四川制置使任上遭到弹劾。有官员称："窃闻蜀帅欲撤百年之堰，以从一己之规模，民情易摇，当以静治，好作为者可得而恃哉！当以厚化也。善恶太明，则无所措矣。"⑥据李心传记载，弹劾赵汝愚的官员乃是司农少卿万钟。所谓"欲撤百年之堰"是指赵汝愚有意将位于成都府东的千金堰改筑石堤。此役工程颇为浩大，效果也存在争议，但赵汝愚执意为之。⑦万钟指责赵汝愚违背了以静治蜀的原则，容易动摇四川民情，批评其为不可以恃的"好作为者"。另外，万钟指责赵汝愚对待辖下官员善恶太过分明，有违忠厚之道。

---

① 《宋史》卷三九二《赵汝愚传》，第11982页。
② 《宋史》卷三九二《赵汝愚传》，第11989页。
③ 《宋代蜀文辑存》卷七一《宋丞相忠定赵公墓志铭》（刘光祖），第6册，第57页。
④ 《历代名臣奏议》卷五二，第724页。
⑤ 《历代名臣奏议》卷五二，第725—726页。
⑥ 《历代名臣奏议》卷五二，第724页。
⑦ 《建炎以来朝野杂记》乙集卷八《丁未成都火》，第639—642页。

联系到孝宗后期的"安静"之政,万钟无疑正是"安静"之政的奉行者,完全是站在该立场上发动了弹劾。面对指责,赵汝愚声称万钟"所奏事理,其间有实关朝廷治体者",显然是意识到了万钟言论背后对"安静"之政的肯定,而这恰恰是他所不能认同的。在他看来,清静无为的"安静"之政本身并非绝对错误,"自汉以来,固有以清净简易、惇厚宽博、雍容而致理者",但施行当有着特定的时代前提,即"兵革初定之后"。其时,"人厌久乱,欲相安于无事,故明君贤相亦因时而致化",汉初和北宋前期皆因此取得了良好的治理效果。但"安静"之政的长期推行却会带来"人情习于宽纵,久则弛玩"的弊端,北宋初期的"安静"之政推行至仁宗朝已面临内忧外患,不得不改弦更张。结合南宋建立以来的政治情势,朝廷需要的绝非"安静"之政,而是励精图治,振衰起敝,以求恢复,"国家自渡江以来,用吴蜀之力,养兵数十万,日朘月削,六十余年,如木将凋,根本先病,如人既老,血气已衰。有志之士怀忧窃叹,凡有为国家深谋远计者,咸谓为今之策,要当如管仲之治齐,勾践之治吴,诸葛亮之治蜀,君臣合谋,小大毕力,选贤任能,兴滞补弊,使兵强国富,截然成不拔之势,然后进可以复祖宗之境土,退犹不失太上中兴之业也"。目前的情形却是"圣主焦劳恭俭,常恐不及,而士大夫风俗日益偷敝,以循默为静厚,以容悦为靖共,比年以来,此风尤甚。今论者因事而言,又曰静治,曰厚化,凡为此论议者,亦已多矣"。赵汝愚担心片面追求"安静","日渐月渍,阴移陛下刚健有为之志,而成此苟且偷安之俗,是皆群臣目前之利,而非国家长久之福"。①

无论是孝宗前期锐意进取时所秉持之恢复路线,还是后期推行的"安静"之政,赵汝愚的立场皆与道学中人类似,故而他也得到了道学中人的支持。他的还朝虽出于留正援引,背后也有着道学中人的呼吁。《宋史·林大中传》载:"知潭州赵善俊得旨奏事,大中上疏劾善俊,而言宗室汝愚之贤当召。上用其言,召汝愚而出善俊与郡。"②赵善俊与赵汝愚皆为宗室,但前者

---

① 《历代名臣奏议》卷五二,第724—725页。
② 《宋史》卷三九三《林大中传》,第12013页。

乃孝宗所用之才吏型、事功型官员,素不为道学中人所喜。林大中反对他而主张赵汝愚,正体现出赵汝愚与道学中人的志同道合。赵汝愚的政治理想与抱负也得到了朱熹赞赏:"近世士大夫忧国忘家,每言及国家辄感愤慷慨者,惟于赵子直、黄文叔见之耳。"①鉴于这层关系,留正借助他无疑可以与道学中人形成更为牢固的同盟。

对于留正来说,道学势力的支持可以增加与光宗身边近习力量对抗的资本,为长期执政奠定基础;对于道学中人来说,可以在周必大罢相后重新获得政治上的主盟者,为在朝中立足创造条件。可谓各取所需,各得其所。这种"双赢"局面突出体现在何澹服丧、赵汝愚执政、姜特立还朝,以及攻罢葛邲等一系列政治事件中。

1. 何澹服丧事件

何澹在光宗即位之初为留正用为右谏议大夫,后又迁御史中丞,帮助留正劾罢了周必大、王蔺等政敌。② 尽管何澹一度为留正羽翼,两人在政治倾向上却有着明显分歧:第一,在对待近习态度上,留正与姜特立对立,并设计将其逐出朝廷。何澹则与姜特立等近习过从甚密,刘光祖称:"澹引之入便閤,有数客在焉,光祖顾视,则皆姜、谯之徒。"③第二,在对待周必大门下道学士人的态度上,留正转向与道学中人合作,何澹却始终对道学中人心存敌意。刘光祖规劝何澹:"周丞相岂无可论,第其门多佳士,不可并及其所荐者。"为何澹拒绝。④ 以上两点又引出第三个分歧,就是留正转向道学也意味着一定程度上接受了道学的革新主张,何澹却是孝宗路线尤其孝宗后期"安静"之政的坚定奉行者。淳熙十六年十一月,"诏遵祖宗成宪,用何澹之请也"。⑤ 虽以"祖宗成宪"为言,但在何澹看来,孝宗法度应该就是"祖宗成宪"的最好体现,遵守"祖宗成宪"即是遵守孝宗法度。宁宗初年他为反对

---

① 《朱子语类》卷一三二,第3182页。
② 《续编两朝纲目备要》卷一"淳熙十六年五月"条,第10—11页;《宋史》卷三八六《王蔺传》,第11854页。
③ 《续编两朝纲目备要》卷一,第13页。
④ 《宋史》卷三九四《何澹传》,第12025页。
⑤ 《宋史全文》卷二七"淳熙十六年十一月"条,第2361页。

赵汝愚的革新,就指责其"废坏寿皇良法美意"。① 何澹选择与姜特立等近习合作,而不愿与道学中人和解,或就可从这种奉行"安静"之政的政治立场得到解释。因为道学中人正是孝宗以来"安静"之政最坚定的反对者,姜特立等近习背后的光宗却恰好奉"安静"为国是。(详后)这就让何澹为道学中人所敌视。

绍熙二年,何澹因不为继母服丧事遭弹劾去职。何澹本为何偁之子,生母姚氏。姚氏死后,何澹出继何扬,后何偁又续娶妻周氏。② 何澹所谓"本生继母"即指周氏。周氏死后,何澹奏请议定当如何服丧。太常寺给出的意见是何澹当解官丁忧。但何澹认为其父迎娶周氏时自己已出继何扬,与周氏并无牵连,因此"引不逮事之文"予以反对,希望将此事交由台谏、给舍重新商定。③ 太学生风闻后移书谴责何澹,要求其遵从礼寺定议。在此事中力主何澹服丧的太常寺官员主要就由道学中人构成,代表者为章颖与吕祖俭。④《宋史·章颖传》载:"除太常博士。御史中丞何澹闻继母讣,引不逮事之文,颖定议解官,澹犹未决去,乞下侍从朝列集议。"⑤要求何澹解官持丧的方案正是由作为太常博士的章颖给出。吕祖俭时任籍田令,隶属太常寺。面对集议,他致书宰相:"《礼》曰:'为伋也妻者,是为白也母。'今周氏非中丞父之妻乎?将不谓之母而谓之何?中丞为风宪首,而以不孝,令百僚何观焉。"⑥从礼法上来说,周氏正是何澹母亲,故应完全按照母亲制度服丧。先是由章颖提议,后又有吕祖俭论列,再加上太学生的攻击,迫使何澹不得不去职服丧。

其实,何澹服丧事件带有相当的特殊性,周氏既非何澹生母,又是在何

---

① 《宋史》卷三九四《何澹传》,第12025—12026页。下文中将提到的维护孝宗"安静"之政的葛邲,同样也是将"专法孝宗"与"专守祖宗法度"相提并论。
② 《齐东野语》卷一四《继母服》,第263页。
③ 《宋史》卷三九四《何澹传》,第12025页。
④ 《宋元学案》卷四六《玉山学案》,第461—462页;《宋元学案》卷五一《东莱学案》,第1680—1681页。
⑤ 《宋史》卷四〇四《章颖传》,第12227页。
⑥ 《宋史》卷四五五《吕祖俭传》,第13369页。

澹出继他人后生父续娶,这种情况是否需要按照嫡母规制服丧,在礼法上是存有争议的。《齐东野语》记载:"集议既上,虽以为礼有可疑,义当从厚,合听解官。然竟以礼律不载,无所折衷。"①虽然集议根据"礼有可疑,义当从厚"的原则要求何澹解官持丧,但当时的礼法条文中并不能找到相应规定,故"无所折衷"。何澹是否需要服丧,该如何服丧,存在着相当的讨论空间。换句话说,何澹服丧事件的处置带有明显的主观倾向性,而道学中人则发挥了重要作用。站在何澹的角度,道学中人无疑有党同伐异之嫌。道学中人的排挤,在何澹服丧期满后表现得更为突出。何澹本以御史中丞解官服丧,照常理而言,服丧结束后自应回朝任职。绍熙四年,服丧期满的何澹却被命出知明州,被挡在了朝堂之外。《续编两朝纲目备要》载:"免丧,时赵汝愚已执政,止除焕章阁学士、知明州。澹愈怨恨,祈哀韩侂胄,庆元初遂除御史中丞。"②赵汝愚的执政被视作何澹未能返朝的主要因素,凸显出道学中人对何澹的敌视。直至庆元初,何澹方在韩侂胄援引下回到朝中重新担任御史中丞。

2. 赵汝愚执政事件

绍熙四年三月,中枢格局发生变动,除留正继续担任左丞相外,又以葛邲为右丞相,胡晋臣知枢密院事,陈骙参知政事,赵汝愚同知枢密院事。③其中,赵汝愚以宗室执政在宋代前所未有,由此掀起一场政治风波。

这场风波起于监察御史汪义端的弹劾。《宋史·赵汝愚传》载:

> (绍熙)四年,汝愚知贡举,与监察御史汪义端有违言。汝愚除同知枢密院事,义端言祖宗之法,宗室不为执政,诋汝愚植党沽名,疏上,不纳。又论台谏、给舍阴附汝愚,一切缄默,不报。论汝愚发策讥讪祖宗,又不报。汝愚力辞,上为徙义端军器监。④

---

① 《齐东野语》卷一四《继母服》,第263页。
② 《续编两朝纲目备要》卷七"嘉泰元年七月乙卯"条,第112页。
③ 《宋史》卷三六《光宗本纪》,第705页。
④ 《宋史》卷三九二《赵汝愚传》,第11983页。

绍熙四年初,朝廷任命吏部尚书赵汝愚担任知贡举,监察御史汪义端则被命为参详官。① 本传认为正是两人在科考期间产生的矛盾,引起了汪义端在赵汝愚擢任执政之际的发难。这意味着汪义端乃是挟私报复,从根本上缺乏合理性,是典型的"小人"行径。《宋宰辅编年录》就称:"初,公之知贡举也,时监察御史汪义端为参详官,险薄专横,好为异论,公每抑之。故公同知枢密院也,公方援高宗圣训控辞,而义端挟贡闱私憾,论公新除不当。"②不过,此前汪义端的声誉似乎并不太差。汪义端,字充之,徽州人,乾道五年进士第三人及第,祖父汪勃高宗朝官至签书枢密院事。③ 进士及第后,汪义端被授予奉国军节度推官,不久丁忧,服阕后获除南外宗学教授,此时他得到史浩举荐。史浩称:"文林郎、新差充南外敦宗院宗学教授汪义端,好学不倦,有为善心,尝任四明郡僚,事无诡随,唯徇公议。"④荐举之辞难免夸张,但在史浩看来,汪义端耿直公正,非趋炎附势随波逐流之辈。当是因此机缘,汪义端直接升任太学博士。⑤ 此后辗转朝廷与地方,至绍熙年间得除监察御史。若将汪义端对赵汝愚的弹劾视作挟私报复,似有诛心之嫌。

姑且不论汪义端是否出于私心,弹劾本身是否存在着某种程度的合理性呢?汪义端先后上过三道奏疏,指责渐趋严厉。最初上疏的重点在于赵汝愚执政有违祖宗法度,他声称:"宗室之不为执政,祖宗法度守此至严。"随后引用《中兴会要》中有关高宗不任宗室为执政的两则典故以资证明。一是绍兴六年正月,高宗言道:"唐用宗室为宰相,本朝宗室虽有贤才,不过侍从而止,乃所以安全之也。"二是绍兴十四年十一月,秦桧等宰执乞以宗室出身的军器监赵子厚暂权吏部侍郎,高宗圣语有云:"宗室之贤孝如曾中科第及不生是非之人可置行列,如寺监秘书省皆可处之。祖宗以来不用宗室作宰

---

① 《宋会要辑稿》选举二二之一二,第 4601 页。
② 徐自明著,王瑞来校补:《宋宰辅编年录校补》卷一九,北京:中华书局,1986 年,第 1283 页。
③ 程敏政辑,何庆善、于石点校:《新安文献志》卷八一,合肥:黄山书社,2004 年,第 1979、1981 页。
④ 《史浩集》卷八《经筵荐石䐑等札子》,第 173 页。
⑤ 《新安文献志》卷八一,第 1981 页。

相,其虑甚远,可用至侍从而止。"该原则在孝宗朝得到了严格贯彻,"虽以寿圣皇帝雄略远驭,立贤无方,唯才是用。惟于擢用宗室,则一守高宗圣训,未尝处之以为执政也"。既然高宗、孝宗两代君主皆严守不用宗室为执政的原则,光宗自然没有理由破此成例。① 赵汝愚以宗室而为执政,确实是前所未有。在这种情况下,作为监察御史的汪义端上疏阻止,似乎亦有其合理性依据。

实际上,身处漩涡中心的赵汝愚也曾以维护祖宗法度为由,阻止孝宗任用宦官参预军事。《宋史·陈源传》载:"陈源,淳熙中提举德寿宫,颇有宠。俄带浙西副总管,给事中赵汝愚言,内侍不当干军政。遂罢。"②赵汝愚对孝宗言道:"伏睹建炎三年诏书:自崇宁以来,内侍用事,循习至今,理宜痛革,自今内侍不许与主兵官交通。假贷馈遗,借役禁兵,且犹不可,今乃假以一路总戎之任,恐非太上所以防微杜渐之意。神宗皇帝时,始令王中正、李宪稍预边事,是时朝廷法度峻整,若无甚害,而卒之夤缘攀引,觉致童贯开边之祸。"③赵汝愚并没有指责陈源本身存在何种问题,而是纯粹从祖宗法度立论。他援引高宗诏书作为依据,同时举出神宗的反面事例作为对照,指出任用宦官干预军事即便起初看来无甚大碍,但风起于青萍之末,终将引发大祸。赵汝愚的思路很简单,就是不能因人废法。若将赵汝愚的言论与汪义端的奏疏比较观之,基本思路并无太大差异。无论宦官还是宗室,也确实都是宋朝帝王有意防范的对象。若赵汝愚所为正确,亦难以对汪义端的同样做法加以指责。

尽管如此,汪义端的遭遇却与赵汝愚判若云泥,其第一道奏疏石沉大海。在第二道奏疏中,汪义端将批判矛头指向了给舍、台谏等官员,指责他们"阴附汝愚,一切缄默"。④ 汪义端揭示的情况是有根据的,当时除汪义端外确实不见其他官员出来反对。相反,却有不少人声援赵汝愚,批判汪

---

① 《宋宰辅编年录校补》卷一九,第 1282 页。
② 《宋史》卷四六九《陈源传》,第 13672 页。
③ 《宋会要辑稿》职官四八之一一八,第 3514 页。
④ 《宋史》卷三九二《赵汝愚传》,第 11983 页。

义端。给事中黄裳上疏:"汝愚事父孝,事君忠,居官廉。忧国爱民,出于天性,如青天白日,奴隶知其清明。义端所见,皆奴隶之不如,不可以居朝列。"①赵汝愚乃忠孝廉节、忧国忧民之士,完全有资格出任执政。汪义端在明知赵汝愚品行的情况下依旧加以弹劾,乃奴隶不如之人,根本没有资格在朝中任职。只是黄裳似乎有意回避了祖宗法度问题。若循此思路,一个人才德兼备就可随意违背祖宗法度加以任用,祖宗法度又如何能够发挥作用呢?黄裳的言论带有明显的不尽合理之处。但弹劾却产生了显著效果,汪义端外放舒州。中书舍人陈傅良,在《内引札子》中言道:"臣窃见闻者擢用同姓为大臣,有以故事争之者,陛下勿疑也。虽大臣自以绍兴圣训,逡巡不敢就职,而诏旨丁宁,不可回夺。"②此处所指正是赵汝愚执政事件,而"以故事争之者"自是指汪义端。陈傅良对光宗能不为所动表示赞赏,而对赵汝愚因高宗圣训而不敢就职,光宗反复以诏旨敦促的做法则表示肯定。毫无疑问,陈傅良本人亦是赵汝愚执政的支持者。黄裳、陈傅良,一为给事中,一为中书舍人,正在汪义端所指责的给舍、台谏之列,两人皆为道学中人。可见,道学中人在侍从官员中已拥有了相当势力,成为赵汝愚执政的鼎力支持者。而他们在支持赵汝愚的过程中,一如何澹事件,表现出了党同伐异的倾向。汪义端在庆元党禁期间成为反道学阵营的一员,与此当有一定关系。

当然,赵汝愚获得执政任命以及后来的顺利就职,除了道学中人的支持,更得益于太上皇孝宗的认可。《续编两朝纲目备要》就明言:"至于枢府有阙,寿皇欲用汝愚。"遭遇汪义端弹劾时,也是孝宗站出来破解了祖宗法度的难题。汪义端外放后赵汝愚犹不敢受命,"上谋于寿皇,遂命宰执召当笔学士申谕圣意,谓:'高宗圣训本以折秦桧之奸谋,故答诏有云'若乃绍兴之故实',盖有为而言。况我寿皇之畴咨,欲播告于众,盖为是也。'汝愚乃受命"。③ 孝宗将宗室不得为执政的法度,解释成高宗为破坏秦桧奸

---

① 《宋史》卷三九三《黄裳传》,第12002页。
② 《陈傅良先生文集》卷二二《内引札子》,第305页。
③ 《续编两朝纲目备要》卷二"绍熙四年三月"条,第29—30页。

谋而采取的权宜之计,有特定的时代背景,时过境迁自可废除。无论该解释是否符合事实,由孝宗说出自可堵住悠悠众口,赋予赵汝愚执政以合法性。赵汝愚作为道学在政治上的领袖,希望改变孝宗朝以来的政治路线,开启革新进程。孝宗在赵汝愚执政事件中的作用,显示出他对赵汝愚及其背后道学中人的政治主张某种程度的认同,这进一步增强了道学中人的政治能量。

3. 阻止姜特立还朝与攻罢葛邲事件

赵汝愚执政风波甫一平息,又发生了姜特立还朝事件。光宗起初贬黜姜特立,本就是形格势禁下的产物。至绍熙四年五月,光宗突然下诏召姜特立还朝,再度掀起了一阵波澜。《宋史·留正传》载:

> 姜特立除浙东副总管,寻召赴行在,正引唐宪宗召吐突承璀事,乞罢相。上批:"成命已行,朕无反汗,卿宜自处。"正待罪六和塔……因缴进前后锡赉及告敕,待罪范村,乞归田里,不许。①

姜特立既因留正弹劾而去,两人实处于势不两立的态势,故光宗意图召回姜特立时,无疑会直接危及留正的地位,他不得不坚决反对。留正援引唐宪宗召还吐突承璀的先例,请求罢相。吐突承璀为唐宪宗亲信宦官,遭弹劾外放,后宪宗有意召还,遂先行将曾弹劾吐突承璀的宰相李绛罢免。② 此事体现的乃是宪宗对宦官的宠幸,并非值得效法的嘉言懿行,留正选择该典故本就暗含讽谏,也表现出了他不惜以去就相争的决心。光宗虽未罢免留正,但依旧坚持召还姜特立。无奈之下,留正选择出城待罪的极端方式迫使光宗收回成命。此番待罪自绍熙四年六月一直持续到十一月,③历时一百余天,前所未有。

尽管光宗态度决绝,仍未能如愿召回姜特立。留正出城待罪后,"秘书

---

① 《宋史》卷三九一《留正传》,第 11975 页。
② 刘昫等:《旧唐书》卷一八四《吐突承璀传》,北京:中华书局,1975 年,第 4768—4769 页。
③ 《宋史》卷三六《光宗本纪》,第 705、707 页。

省著作郎沈有开、著作佐郎李唐卿,秘书郎范黼、彭龟年,校书郎王蔺,正字蔡幼学、颜棫、吴猎、项安世上疏,乞寝姜特立召命"。① 余英时已指出,抗议者多为道学中人,此奏代表了道学集团的集体抗议。② 确实如此,朱熹致信留正言道:"相公自居大位,悉引海内知名之士,无一不聚于朝。今兹之事,虽相公出舍于郊,不得亲回天意,而诸贤在列,各摅忠悃,并进苦言,不遗余力,是乃无异出于相公之口。"③留正在周必大罢相后积极援引道学的做法,再次得以证实。所谓"今兹之事"即是指姜特立事件。光宗可以枉顾留正反对任其出城待罪,但面对道学群体的集体抵制,他还是不得不收回成命。在朱熹看来,留正虽不能亲自改变光宗意志,但道学中人的纷纷进言与留正亲口所言无异。表明他已将留正与道学视为一体。

值得注意的是,就在力阻姜特立于朝廷之外的同时,道学中人还趁机攻罢了与留正并相的葛邲,帮助留正化解了另一场相位危机。留正出外待罪的举动,为另一位宰相葛邲创造了独相空间。葛邲,字楚辅,吴兴人,以荫补入仕。他深得孝宗信任,长期担任光宗东宫属官,"邲为东宫僚属八年,孝宗书'安遇'字以赐,又出《梅花诗》命邲属和,眷遇甚渥"。④ 应该正是基于葛邲与前后两位皇帝的密切关系,孝宗内禅前夕擢任葛邲同知枢密院事。葛邲在政治上倾向于"安静"之政,是孝宗路线的坚定奉行者。光宗即位后,于绍熙元年七月进一步擢升参知政事。在任上"劝上专法孝宗",为光宗嘉纳。同年十二月,迁任知枢密院事。至绍熙四年三月,官拜右丞相。为相期间,"专守祖宗法度"。⑤ 葛邲先是"劝上专法孝宗",后又"专守祖宗法度",本质都是希望继续奉行孝宗后期的"安静"之政,这恰好契合了光宗本人的"安静"意愿(详后),葛邲绍熙年间的一路升迁当即渊源于此。

但"安静"之政正是道学中人深恶痛绝,迫切希望改变的政治路线,是他们意图发起革新的最大障碍,葛邲自然成了他们必欲除之的政敌。早在淳

---

① 《宋史》卷三六《光宗本纪》,第705页。
② 《朱熹的历史世界——宋代士大夫政治文化的研究》,第656页。
③ 《朱熹集》卷二九《与留丞相书》,第1233页。
④ 《宋史》卷三八五《葛邲传》,第11828页。
⑤ 《宋史》卷三八五《葛邲传》,第11828页。

熙末年叶适等人的荐士事件中,就可以看到葛邲从中挑动的身影,其对道学的敌意已显露无遗。葛邲越是得到光宗的拔擢与任用,越会引起道学中人的警觉与攻击。绍熙四年葛邲出任右丞相,与留正并相,已让道学中人嗅到了危险气息。此番因召还姜特立而迫使留正出外待罪,进一步强化了光宗独相葛邲的可能性。魏了翁称:"留丞相请罢政,待放于范村,久不获命,廷臣谓上欲专相葛公邲,陈起居赞章司谏击之。"①陈起居即陈傅良,时为起居郎;章司谏则为章颖,时为右司谏。朝廷上传言光宗久久不召还留正,乃是有意独相葛邲,这直接促成了道学中人对葛邲的攻击。陈傅良正是留正转向道学后擢用的道学中人之一,绍熙二年,陈傅良"以奏事再入修门,须鬓如雪。丞相留公正一见,叹曰:'几年陈君举,尚可使外补邪?'奏留为吏部员外郎。"②章颖亦为道学中人。他们在留正出外待罪之初接连上疏声援,"始,正之出国门也,谏官章颖以札子留之,陈傅良为起居郎,请直前奏事,上谕阁门止勿进"。③ 此时章颖又成为攻击葛邲的急先锋,"时左相留正去,右相葛邲当国,颖论邲不足任大事,凡二十余疏"。④ 据魏了翁所言,章颖背后则有陈傅良支持。当时攻击葛邲者远不止章颖与陈傅良,袁燮称:"时台谏交疏论邲无虑数十。"不仅如此,与葛邲同为湖州人的礼部侍郎倪思,也因被视作葛邲党羽遭到陈傅良攻击,"公于葛虽同郡人,实未尝附丽,而陈疑之,谋于执政,命公为金国贺正使以间之"。试图通过出使金朝来让倪思离开朝廷,以剪除葛邲羽翼。随后章颖又弹劾倪思"以房事胁君,以《孝经》讥讪",迫其出知绍兴。⑤ 光宗再度让步,绍熙五年正月,葛邲罢右丞相出判建康府。⑥ 留正地位得到稳固,道学中人的力量再一次得到彰显。

由此可见,周必大的罢相虽然对道学中人的革新进程产生了不利影响,但随着留正转向道学,赵汝愚还朝,以及孝宗对赵汝愚的支持,都有力推动

---

① 《重校鹤山先生大全文集》卷八五《显谟阁学士特赠光禄大夫倪公墓志铭》,第 7 页 a。
② 《楼钥集》卷一〇一《宝谟阁待制赠通议大夫陈公神道碑》,第 1760 页。
③ 《续编两朝纲目备要》卷二,第 31 页。
④ 《宋史》卷四〇四《章颖传》,第 12227 页。
⑤ 《重校鹤山先生大全文集》卷八五《显谟阁学士特赠光禄大夫倪公墓志铭》,第 7 页 b。
⑥ 《宋史》卷二一三《宰辅表》,第 5588 页。

了道学势力在光宗朝的增长。这种力量的增长充分体现在了绍熙年间的一系列政治事件中:为光宗所宠幸的近习姜特立被驱逐出朝廷,有效阻止了孝宗朝近习政治在光宗朝的重现。坚持孝宗路线的何澹、葛邲的相继被攻罢,有效清除了政治革新的障碍。在这一过程中,不仅留正的相位得到巩固,赵汝愚更是被史无前例的推上了执政位置。对于道学群体政治力量的增长,道学中人有着清晰地认识。宁宗即位后,陈傅良向宁宗列举了光宗朝值得效法的数项善政,其中首要一条:"太上皇每事付之外庭,采于公论,左右便嬖,绝不预政,不唯不听其言,又禁切之,而金缯酒食之赐,则不吝啬。"①表明光宗充分倚信外朝大臣,严格限制近习干政。陈傅良将之皆视作光宗主动作为的结果,与事实并不相符,但透露出外朝士大夫力量的强大却是准确的,而其主体无疑就是以留正、赵汝愚为首的道学群体。真德秀在刘光祖墓志中也称:"光庙飨国日浅,委政庙堂,而群贤挟维,迄以无事。"②恰可与陈傅良的说法相印证。

第四节　政治革新的根本障碍

留正取代周必大成为道学在政治上的主盟者,并推动道学势力在朝廷上的不断增长,然而在光宗即位之初由郑湜等人提出的改革举措,却并未能持续贯彻施行。纵观光宗一朝,似乎也未能看到任何有实质意义的政治革新展开。实际上,阻碍道学群体政治革新的最主要障碍,既非姜特立等近习,亦非何澹、葛邲等所谓官僚集团,而正是光宗本人。关于此点笔者在此前的研究中业已指出,③但无论对于光宗的政治态度,还是道学群体的立场,阐述得都还不是十分清楚,故在此就这一问题稍作申论。

光宗对道学革新意图的阻碍,首先就表现在他有意延续孝宗后期的"安

---

① 《陈傅良先生文集》卷二六《中书舍人供职后初对札子二》,第352—353页。
② 《西山先生真文忠公文集》卷四三《刘阁学墓志铭》,第1页a。
③ 《南宋宁宗朝前期政治研究》,第45—48页。

"静"之政。即位当月,光宗颁降御笔:"恭惟寿皇圣帝临御岁久,典章法度粲若日星,可令日历所依隆兴元年六月七日指挥编类成书,朕当遵而行之,仰称付托之意。"①明确表示遵循孝宗行用之典章法度。至淳熙十六年十一月,又用何澹之请,"诏遵祖宗成宪"。② 所谓"祖宗成宪"也主要体现为孝宗的典章法度。光宗对孝宗法度的延袭还体现在启用的新年号上,"上之继统也,将绍淳熙之政,遂以绍熙纪元"。③ 通常来说,类似声明多半只是新皇帝遵循儒家子承父道传统的礼仪性做法,并不必然代表真实的政治意愿。但是,"绍熙"却似乎确然体现了光宗的真心实意。具体而言,其意图延续的就是淳熙后期的"安静"之政。

是选择继续奉行前任帝王的治理路线,还是另起炉灶改弦更张,关键还在于继位者如何看待前朝。客观来说,延续孝宗的治理路线并非全无根据。孝宗在位的二十八年享有"淳熙之治"的美誉,后世论者也多将之视作南宋的兴盛期。光宗选择效法孝宗继续推行"安静"之政,自有其合理性。但道学中人的看法却截然不同。在他们眼中,孝宗朝的繁荣最多也只是一种表象,孝宗晚年转向的"安静"之政,在延续了前期富国强兵式治国路线带来之弊端的同时,又导致朝野上下因循苟且、不思进取,若不能及时进行一番彻底革新,势必带来严重危害,而光宗即位本应成为革新的良好契机。光宗意志与道学中人期望间的反差,在绍熙元年的殿试策问中有着鲜明体现。绍熙元年进士及第的周南,在殿试对策中言道:

> 臣伏读圣策曰:"帝王无为而天下治,固未始敝精神于事为之烦。然舜孳孳汲汲,禹胼胝,文王日昃不遑暇食,何勤劳若是乎?"……且陛下亦知今日之治体果可以无为而治与否耶?……今惑乎无为之说,而有精神劳敝之疑。臣以为陛下若能举今急政要务尽力而为之,则事为之末固不足以劳圣虑。若因循苟且不立一政,不兴一事,举今所谓急政

---

① 《南宋馆阁续录》卷四,第200页。
② 《宋史全文》卷二七"淳熙十六年十一月"条,第2361页。
③ 《续编两朝纲目备要》卷一,第11页。

要务尽废之,则虽知事为之末不足为亦无益矣。①

周南字南仲,平江人,师从叶适,又为黄度之婿,②他在殿试对策中就有为道学辩护之言。据周南所述,光宗在策问中表现出了对无为而治理想的倾慕,对舜、禹、文王等圣王夙兴夜寐勤于政事表示了质疑。陈傅良曾对光宗言道:"臣顷因奏事,妄意窥测,以陛下之心务在无为,而厌多事。"③可与周南的记载相印证,表明光宗在即位之初即倾向无为而治。所谓无为而治不过是"安静"之政的另一种表述,都强调皇帝在政治上的清静无为。事实上,早在淳熙六年作为东宫讲官的周必大就与尚为太子的光宗讨论过帝王无为而治的问题。汉武帝策董仲舒:"虞舜游于岩廊之上,垂拱无为而天下太平,周文王日昃不暇食而宇内亦治,得非疑二君劳逸不同而治效同耶?"周必大解释道:"以舜继尧后,因其辅佐,故享任人之逸。文王逢商之末,天下耗乱,贤者隐处,故任求贤之劳。帝王之道,同条共贯,特所遇之时异耳,易地则皆然也。"也就是说,帝王是否可以无为而治,关键要看前任帝王作为如何?若其继承的是太平盛世,自然可以延续前代做法。④ 光宗倾向清静无为或即与此种思想有关。这与道学中人期望的皇帝大有为,可谓南辕北辙。在"安静"论者看来,道学中人的主张乃是无事生非。周南对策中称:"彼为道学之论者曰:心术暗也,才具偏也,恶静而喜生事也。"⑤他对光宗的策问颇不以为然,明确表示光宗应对"急政要务"予以重视,不应沉迷"无为"之说,因循苟且,"不兴一事"。

卫泾在轮对时表达了类似意见:

臣侧闻群臣进言者,多劝陛下即位之初,当大有所设施,以竦动四

---

① 周南:《山房集》卷七《庚戌廷对策》,《景印文渊阁四库全书》,第1169册,第85—86页。
② 《宋史》卷三九三《周南传》,第12012页。
③ 《陈傅良先生文集》卷二二《内引札子》,第304页。
④ 《周必大集校证》卷一六一《缴故事札子》,第2428—2429页。
⑤ 《山房集》卷七《庚戌廷对策》,第87页。

方之观听。陛下圣意以循循为治……半岁之间,课效未见,救过不给,众人窃议,有识忧疑,毋乃陛下虽知循循之可尚,而未能践其实乎?夫圣贤之循循,与世俗之因循相近,而实相远也。……况今日风俗颓靡,百度弛纵,人材削弱,国势未张,汲汲有为,尚恐不济,若犹因循,其弊将至于不可为矣。①

可见,光宗即位之初,不少士大夫都希望新皇帝奋发图强,"大有所设施",卫泾当亦属其中之一。淳熙后期他上疏孝宗,对"安静"之政下的因循苟且风气表示不满,希望进行更化,重振朝纲。光宗即位后,他自然又将希望寄托在新皇帝身上,只是光宗奉行的却是"循循为治"的治国理念。原则上看,"循循为治"亦为圣人之道,但从光宗即位半年来的具体实践看却是"课效未见",令卫泾不得不怀疑光宗之"循循"最终将沦落为世俗之"因循"。他认为朝廷的现状是"风俗颓靡,百度弛纵,人材削弱,国势未张",光宗急需的乃是励精图治,积极有为,若一味因循苟且,终将至于不可收拾的境地。

"安静"之政在光宗朝的延续,也就意味着自孝宗朝后期呈现出来的因循苟且、不思进取的弊端同样被延续了下来。其对朝政的侵蚀,对士气的败坏,引起了道学中人严厉批评。罗点指出:"今道涂之言,皆谓陛下每旦视朝,勉强听断,意不在事。宰执奏陈,备礼应答,侍从庶僚,备礼登对,而宫中燕游之乐,锡赉奢侈之费,已腾于众口。强敌对境,此声岂可出哉!"②至绍熙三年十一月,陈傅良弟子蔡幼学上奏:"有司之所建明,类苟且于目前,而鲜及于大计远虑……臣恐偷惰委靡之习浸以成风,非陛下所以望于臣子也。"③皇帝的怠惰已使朝野弥漫着因循苟且、萎靡不振的风气。

如果说"安静"之政的推行会带来因循苟且等诸多弊端,皇帝本人的贪图享乐则将这些弊端进一步推向极致。无论光宗早年是否真如孝宗声称的"英武类己",其即位后毫无疑问没有表现出孝宗当年的宏图大志与锐意进取,反

---

① 《后乐集》卷九《轮对札子》,第 592—593 页。
② 《宋史》卷三九三《罗点传》,第 12007 页。
③ 蔡幼学:《育德堂奏议》卷一《绍熙轮对札子一》,北京:中华书局,1987 年影印本。

而陷入了声色犬马之中。绍熙二年五月,太学生余古上疏批评光宗:

> 间者侧闻宴游无度,声乐不绝,昼之不足,继之以夜。宫女进献不时,伶人出入无节,宦官侵夺权政,随加宠赐,或至超迁。内中宫殿已历三朝,何陋之有,奚用更建楼台,接于云汉?月榭风亭,不辍兴作,深为陛下不取也。甚者奏胡戎乐,习斋郎舞,乃使幸臣嬖妾杂以优人,聚之数十,饰以怪巾,施之异服,备极丑恶,以致戏笑,至亡谓也。①

余古指责光宗沉迷宴会游乐,宠幸宫女伶人,纵容宦官干政,又大兴土木营建亭台楼阁,宫殿苑囿,凡此种种皆昏君所为。如此行事,"求海内不盗贼,民生不涂炭,日月不食,水旱不作,可得乎?"②他规劝光宗"无池其酒〔而林其肉〕、玉其台而琼其室,无听亡国之音,无视倾城之色"。③ 这无异将光宗拟作了类似纣王的无道之君。光宗"览书震怒,始议特旨编管,言者救之,乃送秀州听读"。④ 余古虽因上疏触怒光宗,但却得到了不少士大夫的认同,他们也在奏疏中不断就类似情形进谏。⑤

可以看到,光宗即便在登基之初也绝无孝宗当年重振朝纲,再造山河的锐气。光宗的表现与道学中人的期待,显然差距甚远。随着道学势力在绍熙年间的增长,他们有实力将何澹、葛邲乃至姜特立等人驱摒弃于朝堂之外,但皇帝手中却掌握了最高权力,若得不到他的积极支持与配合,改革根本不可能发动,更不用说推动改革的持续进行了。赵汝愚在留正援引还朝后,颇思能有一番作为。他上疏光宗:

> 群臣进言,有劝陛下以中外无事,优游安静者,是皆人臣苟安之利,

---

① 《续编两朝纲目备要》卷二"绍熙二年五月"条,第 22 页。
② 《续编两朝纲目备要》卷二"绍熙二年五月"条,第 22—23 页。
③ 《续编两朝纲目备要》卷二"绍熙二年五月"条,第 23 页。
④ 《续编两朝纲目备要》卷二"绍熙二年五月"条,第 23 页。
⑤ 《山房集》卷七《庚戌廷对策》,第 89—90 页;《后乐集》卷一〇《辛亥岁春雷雪应诏上封事》,第 603—604 页。

而非国家长久之福也。臣诚愚戆,不达治体,然更历数郡,首尾十年,自蜀至闽,身行万里,所见闾阎之内,民实困穷,郡县之间,吏多贪浊,风俗玩弊,上下苟偷,边备空虚,事力单弱,将帅掊克而不恤其下,士卒愁怨而不听其上,病弊百出,不可尽言。……臣愚伏愿陛下思王业之艰难,念民生之不易,慨然发愤,志于有为。凡前数者之弊,勤而思之,如饥者之望食,病者之望药,朝夕砥砺,以图安强之效。①

刘光祖叙及赵汝愚上疏的背景称:"公三历帅,入为天官长,是群臣争言安便和平足以为治。"②是则赵汝愚将批判的矛头直接指向了光宗奉行的"安静"之政。他认为"安静"之政对国家有百害而无一利,力主"安静"的官僚士大夫皆是贪图苟安,只谋一己之私者。从四川到福建,长期任职地方的经历让赵汝愚对朝廷积弊有着深刻了解。在他看来,若朝廷对当下的种种积弊视而不见,想当然地认为天下太平无事,长此以往,将无法应对来自内外的各种可能的威胁与挑战。他迫切希望光宗放弃"安静"之政,转向积极"有为",进行一场彻底的政治革新。赵汝愚在奏疏中阐述的思想主张,与此前他在四川任上的奏疏如出一辙。这在表明赵汝愚思想前后一贯的同时,也证实了光宗朝是孝宗朝政治的延续。赵汝愚上疏的结果不难想象,带给他的只能是失望。朱熹提醒赵汝愚当前若"便欲破去因循苟且之弊,而奋然有为,决无此理",所能做的只是"且静以俟之,时进陈善闭邪之说,以冀其一悟"。③ 朱熹很清楚,改革的原动力在于皇帝,④但他对通过光宗推进一场自

---

① 《历代名臣奏议》卷一九〇,第2514页。
② 刘光祖:《宋丞相忠定赵公墓志铭》,《宋代蜀文辑存》,第6册,第65页。
③ 《朱熹集》卷二九《与赵尚书书》,第1226—1227页。
④ 对于皇帝在政治革新中的主导性作用,在道学群体中大概已是共识,孝宗时期陆九渊就在给尤袤的信中称:"此间不可为久居之计。吾今终日区区,岂不愿少自效? 至不容着脚手处,亦只得且退而俟之。职事间又无可修举,睹见弊病,又皆须自上面理会下来方得。在此但望轮对,可以少展胸臆。对班尚在后年,郁郁度日而已。"(《陆九渊集》卷三六《年谱》,第498页)正因如此,得君行道依旧是陆九渊等人所追渴盼追求的理想,陆九渊对朱熹称:"少而学道,壮而行道者,士君子之职也。"所谓"行道"即是特指"得君行道","所谓行之者,行其所学以格君心之非,引其君于当道,与其君论道经邦,燮理阴阳,使斯道达乎天下也"。(《陆九渊集》卷二《与朱元晦书二》,第26页)

上而下的政治革新,已经不抱希望,无论赵汝愚还是其他道学中人,眼下所能做的就是静待时机。

没有多久,赵汝愚及道学中人果然等来了另一次政治革新的契机。绍熙五年六月,太上皇孝宗去世,光宗却坚持不肯前往重华宫主持丧事,知枢密院事赵汝愚与太皇太后吴氏联手迫使光宗将皇位传予其子嘉王赵扩,是为绍熙内禅。学界通常将赵汝愚等发动内禅的原因归结为光宗拒绝服丧引发的政治危机,但是通过对内禅过程的仔细梳理可以发现,孝宗去世后很长一段时间,立储以解决危机都是外朝大臣首选的应对之策。只是当光宗"念欲退闲"的御笔降出后,留正与赵汝愚态度发生分歧,后者开始积极推动内禅,前者见无力改变局势随即仓皇弃职出城。也就是说,在当时朝廷远未就迫使光宗内禅达成共识,内禅乃是赵汝愚执意推动的产物。赵汝愚坚持内禅的原因,除了化解当下的政治危机外,是否也有着借机消除政治革新障碍的考量呢？或者说,即便承认赵汝愚推动内禅的主要出发点是为了解决政治危机,但其内心深处郁积已久的政治革新的冲动,很可能也在相当程度上促成了他由谋求立储到策动内禅的转变。① 无论赵汝愚推动内禅的动机何在,至少在宁宗初年的短暂时期内,他借助拥立新君的定策之功获得了朝野瞩目的巨大权力,为施展理想与抱负提供了难得机遇,而他也确实没有放弃这次机遇。此时的赵汝愚可谓意气风发,踌躇满志,积极援引气味相投的道学士大夫入朝,着手进行一番大规模的政治革新。然而不过半年,赵汝愚及其道学支持者构成的政治势力便瓦解冰消,进而引发了宋代历史上继元祐党禁后又一场大规模的政治整肃运动——庆元党禁。

---

① 《南宋宁宗朝前期政治研究》,第 25—48 页。

第六章 宁宗初年的政治革新与党禁兴起

笔者曾就庆元党禁进行过专门研究,在前人提出的各种解释的基础上指出,自孝宗淳熙八年开始推行的安静之政,导致朝廷上因循苟且之风大盛,早已引起赵汝愚以及道学中人为主体的官僚士人的不满。光宗即位后,执意延续孝宗晚年之政,成为政治革新的最主要障碍。赵汝愚等人正是趁孝宗去世之际出现的政治危机强迫光宗内禅,从而为革新扫清障碍。只是赵汝愚等人废父而立子的做法,构成了对皇权的严重侵犯。宁宗即位后,韩侂胄等与赵汝愚有矛盾的官员聚集在宁宗周围,利用植党等罪名将赵汝愚势力一举攻罢。因此,造成赵汝愚垮台的最主要原因,是宁宗所掌握的皇权与赵汝愚所掌握的外朝权力间的冲突。由此引发的党禁也并非是直接针对道学而发,而是韩侂胄等人在无法将赵汝愚及其支持者定性为"逆党"的情况下,刻意编造出"伪学"的名目,从而给党禁蒙上了一层反道学色彩。① 这一看法还是低估了党禁兴起过程中的道学因素,同时也忽视了宁宗初年政治形势的复杂性。从前面几节的论述中已可看出,自孝宗朝以来直至光宗朝,始终贯穿着两条不同治国路线的冲突,一是孝宗富国强兵式的治国路线,二是道学中人主张的裕民路线。孝宗与光宗的意志决定了前一条路线始终占据着主导地位,道学中人则希望突破障碍按照自身意愿推动一场大规模政治革新。若从上述两条不同政治路线冲突的角度来看待庆元党禁,

---

① 《南宋宁宗朝前期政治研究》,第22—66页。

似乎将更具合理性。另外,笔者在此前的研究中提到了高宗吴皇后在内禅中的作用,但更多只是将吴后视作配合赵汝愚策动内禅的辅助性人物,大大低估了其政治能量,以及其在光、宁之际朝局转变中的政治影响力。在当时的政治生态下,若无吴后的默许甚至支持,一场大规模的政治整肃似乎是难以发动的。① 那么,她的政治立场究竟如何? 又何以采取这样的立场? 她在宁宗初年的政治上扮演了怎样的角色? 本节就将带着这些问题来对庆元党禁成因进行一些新的探讨。

第一节　道学叙事中的反道学之士

庆元党禁是宋代道学发展史上具有重要影响的政治事件,随着后来道学的不断发展,道学中人也在不断回顾与书写有关党禁的历史。在他们笔下,党禁本质上是一场"君子""小人"之争,是"小人"利用手中权力对"君子"发动的迫害运动。② 在这种二元对立的认知视角下,很容易就会发现,道学中人笔下的反道学人士形象体现出较为明显的模式化特征。党禁期间攻击道学者甚多,但被认为发挥了主导作用的乃是京镗、何澹、刘德秀与胡纮四人。李心传称:"伪学之禁,虽出侂胄,而力主其说者,宰执京镗、何澹,台谏刘德秀、胡纮也。"③他们究竟出于怎样的原因而对道学中人如此仇恨,必欲除之而后快呢? 他们与道学结怨的经过皆有或直接或间接的记载,而

---

① 吴铮强就认为高宗吴皇后才是内禅中的关键性角色,赵汝愚在绍熙内禅中的主导性角色是后来历史建构的产物。高宗吴皇后出于对光宗李皇后的仇恨,以及掌控宫廷政治权力的需要,在排除了赵抦继承皇位的同时,选择逼迫光宗退位,由宁宗直接继位。参见吴铮强:《绍熙政变与南宋太上皇政治的垮塌——兼论虚构的赵汝愚主导绍熙政变历史叙述》,《中外论坛》2022年第2期,第33—68页。高宗吴皇后在绍熙内禅中究竟具体扮演何种角色,笔者与该文的观点有所区别,但该文对吴后作用的揭示确实是一个颇为重要的发现。

② 这种"君子""小人"二元对立的视角,在南宋后期题作樵川樵叟撰写的《庆元党禁》中表现得十分典型。该书保存了两份名单,一为李心传所列的"伪党五十九人"名单,收录的是党禁中遭受迫害的大部分成员;另一份即为"攻伪学人",收录了攻击道学的三十六个主要人物。参见樵川樵叟:《庆元党禁》,《丛书集成初编》,北京:中华书局,1985年。

③ 《道命录》卷七下,第84页。

且大致遵循了同一种叙事模式。下面分别予以简单论述。

首先来看京镗。京镗,字仲远,绍兴二十七进士,在孝宗朝历任监察御史、右司郎官、工部侍郎、四川制置使等职。光宗时期迁任刑部尚书。宁宗即位后,于绍熙五年九月出任签书枢密院事,至庆元二年正月拜右丞相,六年二月擢升左丞相,同年八月去世。正是在庆元党禁走向深入的过程中,京镗迎来了个人仕途的巅峰。他确实在协助韩侂胄扳倒赵汝愚制造党禁过程中发挥了重要作用,"侂胄欲逐汝愚而难其名,谋于京镗,镗曰:'彼宗姓,诬以谋危社稷可也。'"①只是京镗为何对赵汝愚怀有敌视呢?没有史料直接叙及京镗的动机,但李心传记载的一则材料透露出其与赵汝愚矛盾的由来。《朝野杂记》记载:

> 蜀帅赵子直以疾求去。上谕大臣曰:"汝愚召赴行在,京镗人才磊落,可除待制、四川制置。"子直闻之,谓人曰:"镗望轻资浅,岂可当此方面。"由是两人有隙。②

赵汝愚在淳熙末年从四川制置使任上应召还朝后,孝宗选定的继任者即是京镗。在孝宗看来,京镗无论人品还是才能皆足以胜任,但赵汝愚不以为然,认为京镗资历、声望过于浅薄。此言招致京镗不满,由此结下"嫌隙"。李心传特意记载此事,明显是在暗示其与京镗后来依附韩侂胄制造党禁存在着关联。《续编两朝纲目备要》对京、赵"嫌隙"亦有记载:

> 会赵汝愚自蜀召还,上谕大臣除镗四川帅,汝愚闻之,谓人曰:"镗望轻资浅,岂可当此方面?"由是两人有隙。汝愚得政,镗时为刑部尚书,亟纳交于侂胄,继擢执政,自是为侂胄谋主。③

---

① 《宋史》卷四七四《韩侂胄传》,第 13772 页。
② 《建炎以来朝野杂记》乙集卷一二《京仲远将命执礼》,第 699 页。
③ 《续编两朝纲目备要》卷六"庆元六年八月丁酉"条,第 104 页。

较之李心传的暗示,这里已旗帜鲜明地在京、赵"嫌隙"与京镗依附韩侂胄两事之间建立起了直接的因果联系。

其次看何澹。何澹,字自然,乾道二年进士,孝宗朝累迁国子司业、国子祭酒、兵部侍郎等职。光宗继位后,迁任右谏议大夫兼侍讲。前文提到他在绍熙年间与赵汝愚及道学中人的冲突,后者利用何澹为本生继母服丧的事件迫其丁忧。丁忧期满后又令其出守明州等地,有意识地阻其还朝,引起强烈不满。宁宗即位后,知悉何澹与赵汝愚及道学中人矛盾的韩侂胄将之从明州召还担任御史中丞。此后他积极配合韩侂胄展开了对赵汝愚及道学的攻击,并得以不断迁升,历任同知枢密院事、参知政事、知枢密院事等职。何澹与道学最初的结怨源于何时?缘于何事呢?《宋史·何澹传》载:

> 光宗内禅,拜右谏议大夫兼侍讲。澹本周必大所厚,始为学官,二年不迁,留正奏迁之。澹憾必大,及长谏垣,即劾必大,必大遂策免。澹尝与所善刘光祖言之,光祖曰:"周丞相岂无可论,第其门多佳士,不可并及其所荐者。"澹不听。①

孝宗末、光宗初,周必大作为宰相是道学中人在朝廷上的主盟者,何澹本来与周必大交好,但因他自认在国子司业任上长期未得到应有的升迁,对周必大心生怨恨。后在留正奏请下如愿以偿,故转而依附留正,协助攻罢了周必大,并殃及周氏门下的道学中人。《宋史》本传最后评论道:"澹美姿容,善谈论,少年取科名,急于荣进,阿附权奸,斥逐善类,主伪党之禁,贤士为之一空。"将对官职权位的追逐,视作了何澹与道学结怨的根本缘由。

再看刘德秀。刘德秀,字仲洪,隆兴元年进士,但在孝宗与光宗时期似乎仕途不显。他与道学中人结怨的经过,《宋史·朱熹传》记载:

---

① 《宋史》卷三九四《何澹传》,第12024—12025页。

第六章　宁宗初年的政治革新与党禁兴起

> 刘德秀仕长沙，不为张栻之徒所礼，及为谏官，首论留正引伪学之罪。"伪学"之称，盖自此始。①

刘德秀因早年任职长沙时不为张栻门人尊礼而怀恨于心，故宁宗初出任台谏后攻击道学为"伪学"。至于其与留正结怨亦有缘故，《续编两朝纲目备要》记载：

> 德秀初以重庆守入朝，不为时相留正所知，著作佐郎范仲黼，正客也，请为之地。仲黼见正言之，正曰："此人若留之班行，朝廷无安静之理。"时京镗已为刑部尚书，正不得已，下除德秀大理寺簿。德秀怨仲黼荐己不力，并憾之。……（庆元）二年春，德秀迁谏长，首劾留正四大罪，又奏仲黼附和伪学，奴事陈傅良，自入仕为夔州教授，年余即入馆学，俸入无几，为夔路宪仅三四月，乃于郫县、双流之间大殖良田，皆平日受赂所致，仲黼遂坐免。②

刘德秀以范仲黼向留正引荐不力而怀恨于心，至庆元年间迁任谏议大夫后遂极力弹劾留正，并捏造罪名诬陷范仲黼，致两人双双获罪。这一对刘德秀反道学行为的解释，与何澹的故事如出一辙。

至于胡纮，字幼度，隆兴元年进士，③与刘德秀为同年。他长期沉沦下僚，混迹地方州县。直至绍熙年间，因得京镗推荐任监都进奏院。宁宗即位后，他迎来了仕途的上升期，历迁司农寺主簿、秘书郎等职。韩侂胄为打击朱熹、赵汝愚又擢用胡纮为监察御史。韩侂胄为何相中胡纮作为扳倒赵汝愚及道学中人的利器呢？《宋史·胡纮传》载：

> 纮未达时，尝谒朱熹于建安，熹待学子惟脱粟饭，遇纮不能异也。

---

① 《宋史》卷四二九《朱熹传》，第 12768 页。
② 《续编两朝纲目备要》卷五"庆元五年七月癸丑"条，第 93 页。
③ 《南宋馆阁续录》，第 293 页。

纮不悦,语人曰:"此非人情。只鸡尊酒,山中未为乏也。"遂亡去。及是,劾赵汝愚,且诋其引用朱熹为伪学罪首。汝愚遂谪永州。①

胡纮在未发迹时曾亲赴建安拜访朱熹,但朱熹只以普通饭菜予以招待。在胡纮看来朱熹是有意怠慢,甚为不满。本传将此事系于韩侂胄擢用胡纮以攻击赵汝愚、朱熹之后,显然意在解释胡纮所作所为的动因。其实此事在《四朝闻见录》亦有记载,且除朱熹外,胡纮还与赵汝愚和叶适存在嫌隙。《四朝闻见录》载:

> 初,纮试宰,还谒忠定。同时见者,忠定同郡人某,亦赵氏。赵知忠定不事修饰,故易敝巾、垢衫、败屐以见,且能昌诵忠定大对廷策。忠定于稠人中首与之语,且恨同姓同郡而曾未之识。次至纮进,自叙科第尝阶上游,冀归里列。忠定愀然曰:"若庙堂尽以前名用士,则或非前名与不由科第者何由进?"神色不接。
> ……
> 道出衢,从太守觅舟,客次偶与水心先生遇,时犹未第。纮气势凌忽,若宿与之不合者。……会太守素稔先生名,遂命典谒语胡小俟,先请叶学士。胡尤不平。……纮代击考亭先生,诬以欧阳公被谤事,又斥其辄废校舍为宅,论水心先生所著《进策君德论》以为无君。②

据此,胡纮在进士高中后颇为自负,故在拜访赵汝愚时有意识地炫耀出身,遭到讥讽。后又在与叶适的遭遇中,受到了太守冷遇。这些无疑都让胡纮的自尊心受到严重挫伤,叶绍翁认为这是胡纮后来攻击赵汝愚、朱熹、叶适的主要原因。

上面有关京镗、何澹、刘德秀、胡纮等人与赵汝愚及道学矛盾的叙述,呈

---

① 《宋史》卷三九四《胡纮传》,第12023页。
② 《四朝闻见录》甲集《胡纮李沐》,第17—18页。

现出明显雷同的模式。他们心胸狭隘、睚眦必报,他们利欲熏心、贪图荣华,他们公器私用、挟私报复,种种行为无不坐实道学中人道德谴责的合理性。然而,相关记载大多出自《宋史》《朝野杂记》《四朝闻见录》《续编两朝纲目备要》等深受道学浸染的宋元史籍,它们在很大程度上反映的只是道学中人的认知与解释,属于典型的道学叙事。当然,这并不是说道学中人有意识地伪造了某些事实,京镗等人与赵汝愚及道学中人的种种"嫌隙"可能确有其事,他们后来积极致力于推动党禁也毋庸置疑,但在两者之间确立起必然的因果关联,则很可能是道学中人有意无意建构的产物,意在将党禁阐释为"君子"与"小人"的政治斗争,赋予自身以道义上的纯洁性。

对照反道学人士自身对参与党禁的解释,或许能更清楚地凸显上述叙事的道学色彩。《四朝闻见录》中记载了两则与刘德秀有关的轶事,某种程度上代表了其对自身反道学立场的解释。其中第一则记载:

> 刘德秀仲洪为桂阳教官,考校长沙回,至衡山,遇湖南抚干曾撙节夫,亦自零陵考校回。曾,晦翁上足而刘之素厚善者也。同宿旅邸,相得甚欢。刘谓曾曰:"仓司下半年文字,闻君已觅之,信否?"曰:"不然,撙平生不就人求荐。"刘再三叩之,曾甚言所守端确,未尝屈节于人。刘曰:"然则某欲得之,可乎?"曰:"君自取之,何与吾事?"刘至衡阳以告仓属,仓属曰:"长官已许曾节夫矣。"刘曰:"昨遇之于途,而曰未尝觅文字于人。"仓属曰:"不然。曾书可覆也。"取以示之,则词极卑敬,无非乞怜之语。刘太息而去,曰:"此所以为道学也欤!"①

曾撙为朱熹弟子,与刘德秀交好。他明明已经向湖南提举常平官求得了荐举状,而且言辞颇为谦卑,却在好友刘德秀面前矢口否认,刻意表现出一种不汲汲于进取的高洁品行。刘德秀发现真相后对曾撙的道貌岸然颇为轻鄙,进而对道学也产生了反感。

---

① 《四朝闻见录》丁集《考异》,第 150—151 页。

另一则轶事与此类似：

>及刘为大理司直，会治山陵于绍兴，朝议或欲他徙。丞相留公正会朝士议于其第，刘亦往焉。是早至相府，则太常少卿詹体仁元善、国子司业叶适正则先至矣。詹、叶亦晦翁之徒，而刘之同年也。二人方并席交谈，攘臂笑语，刘至，颜色顿异。刘即揖之，叙寒温，叶犹道即日等数语，至詹则长揖而已。揖罢，二人离席默坐，凛然不可犯，刘知二人之不吾顾也，亦移席别坐。须臾，留相出，詹、叶相顾，厉声而前曰："宜力主张绍兴非其地也。"乃升阶力辩其非地。留相疑之曰："孰能决此？"二人曰："此有蔡元定者深于郭氏之学，识见议论无不精到，可决也。"刘知二人之意在蔡季通，则独立阶隅，默不发一语。留相忽顾之曰："君意如何？"刘揖而进曰："不问不敢对，小子何敢自隐？某少历宦途，奔走东南湖湘闽广江浙之间，历览尽矣。山水之秀，无如越地，盖甲于天下者也，宅梓宫为甚宜。且迁易山陵，大事也，况国步多艰，经费百出，何以堪此？"公慨然曰："君言是也。"诸公复向赵汝愚第议之。至客次，二人忽视刘曰："年丈何必尔耶？"刘对曰："愚见如此，非敢异也。"既而刘辨之如初，易地之议遂格。①

议论孝宗山陵究竟是继续安葬绍兴还是改葬他处，是宁宗初年的一桩大事。朱熹等道学中人积极主张易地而葬，刘德秀则明显持反对立场。上面记载的就是围绕此事先后在留正、赵汝愚两位宰执府邸发生的争论，刘德秀在这些场合遭到了道学中人明显的轻视与排斥。从上面两事中，刘德秀形成了对道学的负面观感：

>变色而离席，彼自为道学，而以吾为不知臭味也，虽同年如不识矣。至枢府而呼年丈，未尝不知也。矜己以傲人，彼自负所学矣，而求私援

---

① 《四朝闻见录》丁集《考异》，第151页。

故旧,则虽迁易梓宫勿恤也。假山陵以行其私意,何其忍为也!曰曾,曰詹,曰叶,皆以道学自名,而其行事若此。皆伪徒也,谓之伪学何疑?①

他自认所遭受之排斥完全出于道学中人的矜己傲物、高自标置,出于对非同道中人的横加排挤、党同伐异。由此得出结论,道学中人不过是表面一套、背后一套,欺世盗名的"伪徒",他们所奉行的学问也就顺理成章地成了彻头彻尾的"伪学"。

两则轶事后,《四朝闻见录》紧接着记载:"未几,刘迁御史,于是悉劾朱氏之学者而尽逐之,伪学之名自此始。刘之帅长沙也,亲为昺言甚详,特记其颠末如此。"②原来上述两事皆为刘德秀在党禁后任职长沙期间亲口对友人所言,很明显这是在刻意向外界解释此前攻击道学的原因。若其说属实,道学之徒似乎确实是表里不一、道貌岸然的"伪君子",道学也因此难逃"伪学"之讥。

对应于道学叙事,刘德秀的解释可以视作一种反道学叙事。在道学叙事中,刘德秀等人纯粹是出于私心制造党禁,是典型的"小人"攻击"君子";而在反道学叙事中,道学中人则成为了名副其实的"小人"。所谓"君子""小人"完全视不同的政治立场而定。如果说刘德秀的指责存在偏见,道学中人的看法也未必就属事实。仔细考察部分反道学者在党禁前的政治生涯,可以发现他们并不尽然符合"小人"的角色设定。例如胡纮,党禁发生后,弟子询问朱熹是否认识其人,朱熹言道:"旧亦识之。此人颇记得文字,莆阳之政亦好,但见朋友多说其很愎。"③在赞扬胡纮文学才能的同时,亦承认他在莆阳为官政绩突出。至少在部分反道学之士身上,以党禁为界限,存在着较为明显的由"君子"向"小人"转变的叙事。这在京镗身上表现的最为突出。

---

① 《四朝闻见录》卷四丁集《考异》,第 152 页。
② 《四朝闻见录》卷四丁集《考异》,第 152 页。
③ 《朱子语类》卷一三二,第 3182 页。

京镗早年得到孝宗朝名臣龚茂良赏识,目之为"庙廊器"。龚茂良升任执政后,遂推荐其入朝为官。在地方期间,京镗颇有政绩,声望卓著。孝宗命侍从举荐贤良县令担任台官,给事中王希吕即推荐了京镗,称:"京镗蚤登儒级,两试令,有声。陛下求执法官,镗其人也。"由此获得召见。京镗因在问对中未迎合孝宗对恢复的追求,深得赏识,擢升监察御史。在四川制置使任上,他"首罢征敛,弛利以予民。泸州卒杀太守,镗擒而斩之,蜀以大治"。① 不过,京镗最为突出的事迹乃是表现在奉使金朝期间。高宗去世后金朝遣使吊丧,随后南宋遣使报谢,京镗被选为报谢使。按照惯例,金朝当在开封宴请使团,然而双方围绕宴会是否用乐的问题产生了矛盾。京镗以高宗丧事为由要求撤乐,金方则坚持惯例,甚至不惜以武力相逼。京镗不为所动,声言:"吾头可取,乐不可闻也。"迫使金方不得不做出让步,"自是恒去乐而后宴镗"。金朝皇帝称赞京镗为"南朝直臣"。② 此事为南宋赢得了尊严与荣耀,也彰显出京镗宁折不弯的崇高气节。孝宗龙颜大悦,京镗随即获得了迁任权工部侍郎的奖赏。这样的人自然难以被划入"小人"行列。《朝野杂记》亦载有此事,李心传不无深意地感叹"仲远当时所立如此"。③ 这一感叹明显带有赞赏与遗憾两层意味,赞赏的自是京镗表现出来的正直与勇敢,遗憾的则应该是京镗后来在党禁中的所作所为。在李心传看来,党禁前的京镗可视作"君子",党禁后的京镗则无疑沦为"小人"。这种从"君子"到"小人"的转变,《宋史·京镗传》中也有着类似表述:

宁宗即位,甚见尊礼,由政府累迁为左丞相。当是时,韩侂胄权势震天下,其亲幸者由禁从不一二岁至宰辅;而不附侂胄者,往往沉滞不偶。镗既得位,一变其素守,于国事谩无所可否,但奉行侂胄风旨而已。又荐引刘德秀排击善类,于是有伪学之禁。④

---

① 《宋史》卷三九四《京镗传》,第 12036—12037 页。
② 《宋史》卷三九四《京镗传》,第 12036—12037 页。
③ 《建炎以来朝野杂记》乙集卷一二《京仲远将命执礼》,第 698—699 页。
④ 《宋史》卷三九四《京镗传》,第 12037—12038 页。

本传在记载京镗因为宁宗尊礼而累迁至宰相后,又强调韩侂胄在当时的权势熏天,指出依附于韩侂胄者平步青云,不依附者则趁沉沦下僚,显然是在暗示京镗得位的真正原因乃在于对韩侂胄的依附,故接下来记载了京镗担任宰相期间对韩的唯命是从,成为协助发动党禁的重要助手。本传中使用了"一变其素守"的言辞来凸显京镗党禁前后的转变,言下之意,其在党禁前或者说依附韩侂胄之前的政治表现是值得肯定的,只是此后方须受到谴责。通观《宋史》本传,京镗在党禁前后的表现简直判若两人,剧烈变化彰显的究竟是权力场上的风云变幻,抑或仅仅是特定道学叙事塑造出来的印象呢?站在京镗的立场上,他究竟是出于追逐权力而完成了某种政治"蜕变",还是其前后作为在自身的政治逻辑中本就是一脉相承?只有跳出孰为"君子"、孰为"小人"的道学叙事模式,才可以找到京镗及其他反道学者投身党禁的真正原因。

第二节 "变更"与"安静"

孝宗即位后,为尽快实现恢复大业,积极推行一条以富国强兵为核心的治理路线,尽管在淳熙后期孝宗事实上放弃了尽快恢复的目标,转而推行"安静"之政,但富国强兵式的治理路线却依旧被延续了下来。以道学中人为主体的士大夫群体起而反对之,他们针锋相对地提出了一条以裕民为核心的治理路线,希望在该路线指导下进行一番大规模政治革新。两条路线各有其支持者,但一直以来作为最高统治者的孝宗与光宗在大部分时候,皆坚持富国强兵路线,致使道学中人的理想始终难以实现。自孝宗后期至光宗时期,道学中人在朝廷上的势力逐渐得到增长,特别是持与道学相同立场的赵汝愚凭借在绍熙内禅中建立的殊勋而执掌朝政,为革新政治创造了难得的历史机遇。赵汝愚融合"庆历""元祐"两个年号而将宁宗的第一个年号定为"庆元",已向朝野昭示了革新的鲜明意向,而其核心即在裕民。《庆元改元诏》言道:"永惟当今之务,何者为急?非欲百官修辅而民力裕欤？……省刑罚,薄税敛,庆历、元祐之所以惠天下也。"①赵汝愚及其道学支持者的政治革新理想自孝宗至宁宗初年的延续性,突出体现在陈傅良的一系列奏疏中。

陈傅良为永嘉学派的代表人物,同时又与张栻、吕祖谦相友善,属道学中人。他在孝宗朝历任太学录、福州通判、知桂阳军等职。光宗即位,先后迁任湖南提举常平、湖南转运判官、浙西提点刑狱,绍熙二年得宰相留正援引入朝担任吏部员外郎,次年迁起居舍人,又兼权中书舍人,积极参与了要求光宗过宫朝见孝宗的请愿运动。宁宗即位后,担任中书舍人兼侍读、直学士院,当朱熹因被韩侂胄等人排挤而外除宫观时,他拒绝书行。他也成为党禁早期即遭冲击的道学官员之一,"御史中丞谢深甫论傅良言不顾行,出提举兴国宫"。②

陈傅良在其政治生涯中,屡屡上疏表达自身的政治主张。淳熙后期,陈傅良出知桂阳军,为此撰写了四道奏疏,虽最终似乎并未进呈,但从中可以清楚看到其政治立场。淳熙后期,孝宗恢复热情渐退,转向"安静",朝野上下出现了"以恢复为讳"的现象。陈傅良对此十分不满,他希望孝宗"再造彝伦,一新士气"。③ 不过,这并不意味着陈傅良希望孝宗重新转向前期的"急进"恢复主张。他强调:"臣之所谓恢复,非论边事以希戎功之谓,而结民心以祈天命之谓也。"④明确表明所言之恢复,并非要求朝廷立即采用军事手段来收复中原,而是要求将赢得民心作为恢复工作的重心。他进而阐释道:

> 往者渡江诸臣,僇力讨贼,大义明矣,竟无所成,陛下亦尝究其所以失欤？不鉴前辙,而以重敛济师,以王、蔡之遗法,图寇、邓之高勋,一战之余,民力已屈,纵微秦桧,其势不得不出于和。后之议臣,不务反此,乍和乍战,莫知攸济。⑤

---

① 《陈傅良先生文集》卷一〇《庆元改元诏》,第130页。
② 《宋史》卷四三四《陈傅良传》,第12888页。
③ 《陈傅良先生文集》卷一九《赴桂阳军拟奏事札子一》,第266页。
④ 《陈傅良先生文集》卷一九《赴桂阳军拟奏事札子二》,第267页。
⑤ 《陈傅良先生文集》卷一九《赴桂阳军拟奏事札子二》,第267页。

南宋初年的主战派不能完成恢复大业的深层原因,陈傅良认为关键在于这些主战者虽然明晓对金复仇的大义,却没能找到正确的恢复路径。他们效仿当年王安石、蔡京制定推行的理财办法,重敛于民,希图通过聚敛所得财赋供养军队,以图恢复。结果一战之后,恢复尚未实现,民力业已枯竭。这种竭泽而渔式的做法根本不可能达到恢复目的,纵使没有秦桧出来主和,宋金也不得不终归于和。① 陈傅良批判的实际上就是富国强兵的路线,故他接着指出秦桧之后主张恢复者始终未能认识到问题症结,乍和乍战,皆属徒劳。矛头直指孝宗及虞允文等"急进"恢复者。

紧接着陈傅良陈述了自北宋建国以来,朝廷攫取地方财赋不断升级的历程,其中的关键节点则是王安石变法。他言道:

> 国家肇造之初,虽创方镇专赋之弊,以天下留州钱物尽名系省,然非尽取之也。当是时,输送毋过上供,而上供未尝立额。郡置通判,以其支收之数上之计司,谓之应在。而朝廷初无封桩起发之制。自建隆至景德四十五年矣,应在金银钱帛粮草杂物,以七千一百四十八万计,在州郡不会,可谓富藏天下矣。②

宋初虽有意将地方财赋收归中央,但尚能把握分寸,给地方留下相对充裕的财赋用于开支,实现"富藏天下"的目的。至真宗大中祥符年间,朝廷开始为地方税赋立定"岁额",但地方上供中央财赋的大幅度增加则是在神宗、徽宗推行新法时期。陈傅良言道:

> 大中祥符元年,三司奏立诸路岁额。熙宁新政,增额一倍。崇宁重修上供格,颁之天下,率一路之增至十数倍,至今为额。其他杂敛,皆起熙宁。③

---

① 关于南宋前期主流的恢复思想笔者曾有所探讨,见李超:《南宋前期主战派的恢复观——以张浚为中心的考察》,《求索》2023 年第 3 期。
② 《陈傅良先生文集》卷一九《赴桂阳军拟奏事札子二》,第 267—268 页。
③ 《陈傅良先生文集》卷一九《赴桂阳军拟奏事札子二》,第 268 页。

正是这种毫无节制的索取成为民众难以摆脱的沉重负担,造成了民众离心离德,进而导致了夷狄之祸的出现:"夷狄安能一旦入中国哉?民心离则天心不享,则其祸必及于此。"①此种横征暴敛在南渡后不仅未能改变,反而变本加厉,"渡江诸臣不惟尽循宣和横敛之旧,又益以总制、月桩、令项起发"。②

在陈傅良看来,靖康之变也好,南宋之不能恢复中原也罢,一切一切的根源皆在于王安石变法以来朝廷的聚敛无度,导致百姓负担沉重,民心离散。无论是高宗时期主战者的恢复路线,还是孝宗秉持的富国强兵路线,在本质上都没有脱离王安石变法的轨道,也就不可能达成恢复目标。如此一来,陈傅良的恢复观也就显而易见了,就是应反其道而行之,变聚敛于民为轻徭薄赋,采取有效措施切实减轻民众负担,以赢得民心,而后依托民众之力再图恢复。这与道学中人一直以来坚持的裕民路线可谓若合符契,毫无疑问陈傅良也是裕民路线的坚定支持者。

绍熙年间,陈傅良被召还朝担任吏部员外郎,在第一次面对之际,他呈三道奏札陈述对光宗初政的建议,在第一道奏札中言道:

> 臣恭惟艺祖受命,平定海内,凡所以创业垂统,莫非可传之法,而深仁厚泽,垂裕后人,则专以爱惜民力为本。臣案故牍,自建隆至景德四十五年,南征北伐,未尝无事,而金银钱帛粮草杂物七千一百四十八万计,在州郡不会,古所谓富藏天下,何以尚此?当是时诸道上供,随所输送,初无定额,留州钱物,虽尽日系省,而非取之也。盖至大中祥符元年,三司始奏立诸道上供岁额。以此承平百年,家给人足。传序九帝,天下尝多故也,而民心不离,迄用中兴,则以祖宗之泽在人深厚故也。③

奏疏开宗明义揭明祖宗法度的根本宗旨乃在于"专以爱惜民力为本",而后

---

① 《陈傅良先生文集》卷一九《赴桂阳军拟奏事札子二》,第268页。
② 《陈傅良先生文集》卷一九《赴桂阳军拟奏事札子二》,第268页。
③ 《陈傅良先生文集》卷二〇《吏部员外郎初对札子一》,第282页。

叙述了宋初朝廷在攫取地方财赋上的种种克制,并指出正是这种深仁厚泽保证了民众归心。但这种爱民之政在神宗朝发生了决定性转变。他在第二道奏札中言道:

> 臣闻熙宁以来,用事者始取艺祖之约束一切纷更之,驯至于今而民力之困极矣。盖自祥符奏立诸路上供岁额,熙宁新法,增额一倍。崇宁重修上供格颁之天下,率一路之增至(十)数倍,迄今为额。……夫取之之悉如此,而茶引尽归于都茶场,不在州县;盐钞尽归于榷货务,不在州县;秋苗斛㪷十八九归于纲运,不在州县。州县无以供,则豪夺于民,于是取之斛面,取之折变,取之科敷,取之抑配,取之赃罚,无所不至,而民困极矣!①

自王安石变法后,朝廷对地方财赋的攫取水涨船高,达到了无以复加的地步,南渡后依旧未有改变。地方财赋匮乏又转而迫使地方政府想方设法搜刮百姓,令百姓的负担空前沉重。陈傅良认为,其时民力之困已经到了极限。因此,光宗应当"以救民穷为己任"。②

将陈傅良在孝宗与光宗时期撰写的奏札比较观之,主旨基本相同,甚至部分的行文用语都是一致的,楼钥在陈傅良神道碑中指出:"公之赴郡,免奏事而去。归觐光宗,以旧欲奏之孝宗者陈之。盖公忧国之心,泽民之具,其说不易。"③至宁宗即位后,陈傅良又一次上疏议论朝政。在第一道《请对札子》中,他首先指出:"人主心术必有所尚。何谓所尚?先定其志,而后力行之者是也。"也就是要求即位之初的宁宗先确定施政方向,而后坚定不移予以奉行。他为宁宗确立的志向就是"拯民穷"。"臣恐陛下圣明,虽锐意于学,无他嗜好,而此心已有所偏著也。此臣私忧过计,欲劝陛下且以拯民穷为所尚。此志先定,则陛下始有用力之地。"④在第二道《请对札子》中,陈傅

---

① 《陈傅良先生文集》卷二〇《吏部员外郎初对札子二》,第283页。
② 《陈傅良先生文集》卷二〇《吏部员外郎初对札子二》,第284页。
③ 《楼钥集》卷一〇一《宝谟阁待制赠通议大夫陈公神道碑》,第1761页。
④ 《陈傅良先生文集》卷二六《请对札子一》,第354页。

良进一步言道:"臣窃谓今天下亦多故矣! 臣未暇缕数,独念民力之困,于此为极,而莫与陛下救之者耳。"①当时朝廷面临的当务之急就是"民力之困",这显然也成为要求宁宗以"拯民穷"为志向的最主要原因。

上述陈傅良的奏札分别撰写于孝宗后期、光宗初期和宁宗初期,前后差不多相距十年,且针对的亦是不同的皇帝,贯穿其中的主旨却前后一致,皆认为朝廷施政存在着方向性错误,从百姓手中攫取了过多财赋,天下民力已成枯竭之势,故希望朝廷将拯救民穷作为己任,将裕民作为施政核心。通过这些奏札,一方面可以确定陈傅良作为道学群体一员,对裕民路线的坚持始终;另一方面则反衬出虽然历经孝、光、宁三朝,但朝廷的治理路线始终未发生根本变化,故陈傅良需要一而再再而三地陈说。

《宋史·朱熹传》载:"宁宗即位,赵汝愚首荐熹及陈傅良。"②可见,陈傅良的观点无疑是赵汝愚及道学中人整体思想的缩影。他们曾多次燃起革新政治的希望,在高宗去世后寄希望于孝宗的"幡然悔悟",光宗即位后又将希望寄托于新君带来的新气象,但终究只是失望连着失望。宁宗即位又一次让他们感到振奋,这一次他们有了更多足以振奋的理由。他们在绍熙内禅中的作为,为自身在宁宗初年的朝廷上奠定了颇为坚实的政治根基,一场革新运动似乎呼之欲出。宁宗即位后,赵汝愚及其道学支持者便开始积极着手将改革付诸实施,他们一方面大力援引道学之士入朝。刘光祖称其当政后"无日不收召士君子之在外者,以光初政",③周密也称其"以朱熹有重名,遂自长沙召入为待制,侍经筵,及收召李祥、杨简、吕祖俭等道学诸君子以自壮"。④ 一时之间,侍从、台谏、给舍、经筵等朝廷要职,几乎全部控制在道学之士手中,"道学派在朝廷的势力达到了顶峰"。⑤ 另一方面,这些道学中人

---

① 《陈傅良先生文集》卷二六《请对札子二》,第 354 页。
② 《宋史》卷四二九《朱熹传》,第 12763 页。
③ 刘光祖:《宋丞相忠定赵公墓志铭》,《宋代蜀文辑存》,第 6 册,第 66 页。宁宗甫一即位,赵汝愚便促成宁宗将招揽朱熹入朝,至绍熙五年十月,朱熹便抵达临安,而在此之前,陈傅良、叶适、薛叔似等人皆已身在临安。(见《朱熹的历史世界——宋代士大夫政治文化的研究》,第 539—543 页)是可见,赵汝愚在宁宗即位后,围绕着革新朝政的目的,迅速开始了新的人事布局。
④ 《齐东野语》卷三《绍熙内禅》,第 43 页。
⑤ 高纪春:《道学与南宋中期政治——庆元党禁探源》,第 65 页。

也已经在为如何着手改革谋篇布局。当时包括陈傅良在内的永嘉诸公"各陈所欲施行之策",①展现出了高度的热情与自信。就连向来难进易退的朱熹也欣然接受征召,并声言"今日之事,非大更改,不足悦天意,服人心",②显示出对革新的期待。

就当赵汝愚及其道学支持者的势力如日中天之际,站在他们对立面的则是以京镗为代表的反道学势力。余英时将京镗等反道学势力定性为官僚集团,认为是他们与身为近习的韩侂胄合作打垮了道学集团。但是在这一分析框架中存在着两方面的突出问题:第一,余英时阐释了道学集团的政治主张,即要求改变现状,重建一个合理的政治秩序。这固然不能说错,但从前面几节的分析来看,这样的概述似乎过于宽泛,与当时的政治现实存在着脱节。第二,余英时将官僚集团视为纯粹追求私利而要求维持现状者的集合,似乎没有什么具体的政治主张。学者已对此提出过批评,李华瑞就指出:"余先生只注意到理学集团的思想和动向,而对反理学倾向和当时的历史环境没有太多的论述,我觉得这是一个非常关键的问题,因为如果只从一个角度,不能把历史说清楚。"③也就是说,即便承认官僚集团中人皆为"小人",也不意味着他们没有一套自己的政治理念或主张,更何况京镗等反道学者未必就是真正的"小人"。因此,有必要对他们的政治主张加以考察。

庆元六年闰二月,谢深甫自知枢密院事迁任右丞相,何澹自参知政事迁任知枢密院事。王炎分别向两人寄呈贺启,他在《贺谢右丞相启》称赞谢深甫:"清明中正,君子进而小人之道消;安靖和平,内患宁而外忧之途屈。"④在《贺何知院启》中称赞何澹:"弥缝辅赞,道合于一堂;安静和平,福加乎四海。"⑤为祝贺官员升迁寄呈的贺启基本都属礼节性质,不会有多少实质内容,王炎的贺启亦概莫能外。然而,在给谢深甫、何澹的贺启中却出现了一个共同的词汇——"安静和平",这显然不会是王炎偶然的即兴之笔。自孝

---

① 《宋朱子年谱》卷四上,197页。
② 《宋朱子年谱》卷四上,195页。
③ 《历史学视野中的政治文化》,《读书》2005年10月,第125页。
④ 王炎:《双溪类稿》卷一七《贺谢右丞相启》,《景印文渊阁四库全书》,第1155册,第619页。
⑤ 《双溪类稿》卷一七《贺何知院启》,第619页。

宗淳熙七年转向"安静"之政后直至光宗时期,我们反复看到类似词汇出现,其所代表的正是孝宗的治国路线。谢深甫与何澹皆是党禁的积极推动者,是反道学阵营的主要成员,王炎在贺启中一再提到这一词汇,表明他们在政治上正是孝宗路线的捍卫者。前文讨论绍熙年间何澹与道学中人的冲突时,已经指出他对孝宗后期"安静"之政的支持,可见其政治主张同样是一以贯之的。

庆元年间一直担任宰相直至去世的京镗,在反道学阵营中的地位较谢深甫与何澹显然更高,他对孝宗后期以来的"安静"之政态度如何呢?杨万里在京镗墓志铭中记载了京镗在孝宗时擢任监察御史的经过:

> 时帝方英明果锐,有雪仇耻复境土志。夸者乘之递进,衷言以规速化。公言于帝曰:"天下固有落落难合之事,亦未有骤如意之事。"帝曰:"天地尚无全功,天下安有骤如意之事?"盖悟公之规也。因极言州县俱困,民贫兵骄,士气隤靡,媚贤憎直。帝曰:"卿议论通明,有用材也。"是日除监察御史。①

《宋史·京镗传》的记载亦相类似。② 孝宗前期任用虞允文、赵雄等人为相,积极致力于恢复。京镗对这种"急进"的恢复路线不以为然,在进对之际提出了委婉的批评,希望孝宗鉴于内部种种问题而将恢复从长计议。京镗不肯迎合的言论得到了孝宗赏识,被擢用为监察御史。京镗出任监察御史的时间大致在淳熙七年,③这正是孝宗从前期的恢复转向后期"安静"的关键节点,京镗能以此番言论而得赞赏,与孝宗政治方针上的这一重大调整似是一致的。也就是说,京镗仕途上的转机本身即与孝宗"安静"之政的推行紧密相连,这就决定了他也是"安静"之政的支持者,杨万里称其在宁宗朝担任

---

① 《杨万里集笺校》卷一二三《宋故太保大观文左丞相魏国公赠太师谥文忠京公墓志铭》,第4761页。
② 《宋史》三九四《京镗传》,第12036页。
③ 《宋会要辑稿》选举二一之二,第4587页。

宰相期间,"所主一遵孝宗成宪而已"。① 所谓的"孝宗成宪"就是指淳熙后期的"安静"之政。

一方面是赵汝愚及其道学支持者要求改变孝宗以来确立的治理路线,将朝廷施政的重心转向裕民;另一方面却是京镗等反道学势力对孝宗路线的坚定维护。不同的治理路线直接决定了任用的官员类型,推行的政策举措,从而也就决定了赵汝愚及其道学支持者与京镗等人,实际上站在了截然对立且难以调和的立场上。站在后者立场,背离"孝宗成法"成为赵汝愚等人的重要"罪名"。《朝野杂记》载:"赵子直秉政,引用所知,多自外径除馆学者。何自然为中执法,以其废坏寿皇成法,尝上疏言之。"②《宋史·何澹传》亦载:"澹还为中丞,怨赵汝愚不援引。汝愚时已免相,复诋其废坏寿皇良法美意。"③可以确信,宁宗初年发生的道学势力与反道学势力的斗争,本质上是两条不同治理路线间的对立。这种对立并非源于当下,早在孝宗朝即已出现,中经光宗一朝而延续下来。魏了翁在开禧元年召试馆职的策问中回顾了宁宗初年"国是"的变化:"庆元之初,尝为变更之说矣,未几而易以安静。"④"变更"对应的就是赵汝愚及其道学支持者要求的政治革新,"安静"对应的则是京镗等反道学阵营坚持的孝宗路线。从"变更"到"安静"的转变,反映出的正是道学从得势到失势的过程,也正是庆元党禁兴起的过程。

第三节 韩侂胄与反道学势力的结合

赵汝愚及其道学支持者在宁宗初年的朝廷上形成了布列要津的态势,

---

① 《杨万里集笺校》卷一二三《宋故太保大观文左丞相魏国公赠太师谥文忠京公墓志铭》,第4766页。
② 《建炎以来朝野杂记》甲集卷六《何自然论荐举》,第144页。
③ 《宋史》卷三九四《何澹传》,第12025—12026页。
④ 《重校鹤山先生大全文集》卷二一《答馆职策一道》,第3页b。

看似前途一片光明,他们也因此而再度燃起了政治革新的热情。然而,仅仅半年时间就土崩瓦解。个中原因众所周知,是韩侂胄和以京镗为首的反道学势力联合攻击的结果。而韩侂胄无疑扮演了更为关键的角色,他本身的重要性固然是一方面,更重要的是其所代表的皇权。这就要求回答两个问题:第一,京镗等人为孝宗路线的坚定支持者,反对赵汝愚及道学无可厚非,何以韩侂胄也会加入他们的阵营?第二,韩侂胄背后皇权的拥有者宁宗以及太皇太后吴氏,为何又愿意支持或者说至少是默许赵汝愚的倒台及对道学的禁锢?本节先重点回答第一个问题。

韩侂胄,字节夫,为韩琦曾孙,出身名门,其父韩诚娶高宗吴皇后也就是太皇太后吴氏之妹为妻,从亲缘上说韩侂胄为吴氏之甥,属于外戚。他以荫补入仕,历任阁门祗候、宣赞舍人、带御器械等职。孝宗淳熙末,以汝州防御使知阁门事,①绍熙内禅前后他正在阁门任上。当决心变立储为迫禅时,赵汝愚等人为保证内禅的成功几率与合法性,急需寻求太皇太后吴氏支持,但作为外臣他们缺乏直接与深处内宫之太皇太后沟通的渠道。起初他们有意选择吴后亲侄吴琚作为沟通桥梁,②然吴琚"素畏慎,且以后戚不欲与闻大计"。③ 同在阁门任职的永嘉士人蔡必胜向赵汝愚推荐了韩侂胄,④一方面阁门本就承担沟通内外的职责,另一方面韩侂胄亦为吴氏之侄,由他来代替吴琚颇为合适。韩侂胄欣然同意,而且不辱使命,成功争取到了吴后对内禅的支持。

尽管绍熙内禅的主要决策者是赵汝愚,但韩侂胄在沟通内外上发挥的作用也是不容轻易否定的,事后希望论功行赏似也在情理之中。更重要的是他在内禅中的作用给新皇帝留下了深刻印象,凭借外戚和近习的身份,他

---

① 《宋史》卷四七四《韩侂胄传》,第13771页。
② 赵汝愚等人选择吴琚作为与吴后沟通的联络人,除了看中其与吴后的亲缘关系外,当也与吴琚服膺道学,与道学中人颇有交谊有关。吴子良《林下偶谈》卷四"陈止斋"条载:"(陈傅良)初赴补试,才抵浙江亭……吴琚,贵公子也,冠带执刺,候见于旅邸,已昏夜矣。"(《影印文渊阁四库全书》,第1481册,第516页)
③ 《宋史》卷三九二《赵汝愚传》,第11984—11985页。
④ 《水心文集》卷一七《蔡知阁墓志铭》,《叶适集》,第320页。

势必会在宁宗朝继续扮演重要角色,周密记载其时"宫中及一时之议,皆归功于侂胄,自是出入宫掖,居中用事"。①考虑到这两点,赵汝愚本应尽可能满足韩侂胄的期望,积极争取将其作为盟友,至少不要令其成为敌人。对于赵汝愚来说这并不难办到,首先双方在内禅中已经结成了事实上的盟友,共同完成了废立"壮举";其次,宁宗初年的赵汝愚有能力给予韩侂胄以希望的赏赐;第三,韩侂胄向赵汝愚寻求升迁,也意味着他愿意将双方的合作关系延续下去,继续在赵汝愚与宁宗之间扮演沟通角色。然而,赵汝愚却选择报韩侂胄以漠视和冷遇。《鹤林玉露》载:

> 事定,侂胄意望节钺,忠定不与。知閤刘弼乘间言曰:"此事侂胄颇有功,亦合分些官职与他。"忠定曰:"渠亦有何大功?"弼语侂胄,侂胄未信,谒忠定以探其意,忠定岸然不交一谈。侂胄退而叹曰:"刘知閤不吾欺。"于是邪心始萌,谋逐忠定矣。②

内禅后韩侂胄希望获得建节的赏赐。节度使在宋代虽然已成虚衔,但是对于韩侂胄这样的武阶出身者来说依旧是一种难得的荣耀。刘弼作为閤门同僚很清楚韩侂胄的心意,也认为韩确实在内禅中立有功劳,故劝说赵汝愚满足其愿望。赵汝愚却直接否定了韩侂胄的功绩,拒绝给予赏赐。刘弼将此事告知韩侂胄,韩侂胄通过亲身试探确证了赵汝愚的态度,遂转而谋划扳倒赵汝愚。故事在细节上容有出入,但赵汝愚不愿给予韩侂胄期待的赏赐却是事实。赵汝愚的做法在其道学支持者中也存在异议。《齐东野语》称朱熹与彭龟年曾多次规劝赵汝愚:"侂胄怨望殊甚。宜以厚赏酬其劳,处以大藩,出之于外。勿使预政,以防后患。"③徐谊对赵汝愚称韩侂胄:"异时必为国患,宜饱其欲而远之。"④叶适也言道:"侂胄所望不过节钺,宜与之。"⑤皆为

---

① 《齐东野语》卷三《绍熙内禅》,第43页。
② 《鹤林玉露》甲编卷四《绍熙内禅》,第64页。
③ 《齐东野语》卷三《绍熙内禅》,第43页。
④ 《宋史》卷三九七《徐谊传》,第12084页。
⑤ 《宋史》卷四三四《叶适传》,第12891页。

赵汝愚所拒。

朱熹、叶适等人是否如刘弼一样认可韩侂胄在内禅中的功劳不得而知，但他们确实意识到了韩侂胄在宁宗初年政治上的特殊地位，希望通过满足其对节钺的欲望来拉拢他或将其调离宁宗身边。赵汝愚似乎没有表现出类似的政治敏感性，执意冷遇韩侂胄。他如此做法的确切原因已难弄清，很可能与其对近习的一贯态度有关。孝宗时期，他就是近习政治的积极批判者，对张说、王抃等近习批判有加。① 特别是张说，与韩侂胄的出身尤为类似，既是近习亦属外戚。这种反近习的经历或许成为他轻视乃至反感韩侂胄，坚持不肯向其示好的重要原因。赵汝愚的态度不仅令内禅期间与韩侂胄形成的良好关系走向终结，反而将其推向了对立面，这无疑成为赵汝愚迅速垮台的重要原因。南宋后期士人赵从道就在诗中感慨道：“庆元宰相事纷纷，说着令人暗断魂。好听当时刘弼语，分些官职乞平原。”② 当然，是否满足了韩侂胄对节钺的期待就真的能够避免后来的党禁呢？似乎亦不尽然，类似赵汝愚的反近习立场差不多为道学中人所共有，朱熹等人尽管主张赐韩侂胄以节钺，但根本目的依旧是借此尽可能将之调离宁宗身边，避免其干涉朝政。只是对于韩侂胄来说，节钺固然重要，但若认为他会为了节钺虚荣而放弃已然获得的实际政治地位与权力，心甘情愿离开政治舞台，似乎就有些异想天开了。从这个意义上说，道学中人与近习近乎天然的对立状态，早已决定了他们与韩侂胄的冲突将是难以避免的。

赵汝愚的态度让韩侂胄颇感失望与愤怒，但此时的韩侂胄虽然因内禅之功获得了宁宗信任，此前的资历声望却不高，在朝廷中谈不上有何根基，单凭自身力量恐怕难以扳倒风头正盛的赵汝愚，他不得不寻找新的支持者。正是在这种情势下，韩侂胄与反道学势力获得了合作契机。通常认识中，多强调京镗等反道学势力为谋求权力依附韩侂胄，进而协助后者发动党禁。这大大忽视了京镗等人在攻击赵汝愚及道学上的主动性。前面提到，赵汝愚及其道

---

① 《宋史》卷三九二《赵汝愚传》，第 11982 页。
② 《鹤林玉露》丙编卷六《韩平原》，第 340 页。

学支持者与京镗为首的反道学势力的冲突,是自孝宗朝以来两条不同治理路线对立的延续。即便没有韩侂胄存在,双方的对抗也是势所难免。只是宁宗初年的政治形势明显不利于反道学一方,赵汝愚因定策功勋获得的权力与威望是他们所难以企及的。若无其他力量支持,京镗等人不仅不可能击败赵汝愚,就连自身能否在朝中立足都成问题。韩侂胄与赵汝愚之间"嫌隙"的出现,恰好为他们提供了可资利用的对象。《续编两朝纲目备要》载:

> 汝愚得政,镗时为刑部尚书,亟纳交于侂胄,继擢执政,自是为侂胄谋主。镗与刘德秀在侂胄之门最为凶险,侂胄未显时,惟二人与之深交。及用事,侂胄所为暴虐,皆二人教之云。①

京镗自四川制置使卸任还朝后担任刑部尚书,宁宗初年他正在刑部尚书任上。材料中最值得注意的是,其中提到京镗、刘德秀并非是在韩侂胄已然大权在握时投身依附,而是在其尚未显贵之际就与之"深交",成为其"谋主"。因此,双方的关系就不能视作一方对另一方的依附,更准确地说应该是一种彼此支撑、相互利用的政治合作。京镗等人利用韩侂胄与宁宗的关系稳固了在朝中的地位,并更上一层楼。而韩侂胄则利用京镗的政治资源,在外朝士大夫中获得了一批有力支持者。双方各取所需,通力合作,才确立起与势力正盛的赵汝愚及其道学盟友相抗衡的资本。

韩侂胄与京镗等人这种相互依托、相互利用的关系,可从《四朝闻见录》的记载中得到印证:

> 韩侂胄欲图忠定,而莫有助之者,谋之于某官。某语侂胄曰:"公留某则可图赵。"韩遂于上前力留之,后竟拜相。某官既为韩留,则力荐(胡)纮、(李)沐。②

---

① 《续编两朝纲目备要》卷六"庆元六年八月丁酉"条,第104页。
② 《四朝闻见录》甲集《胡纮李沐》,第18页。

后来拜相的"某官"就是京镗,他明显感受到某种被驱逐的危险,故向韩侂胄寻求支持,在后者帮助下稳固了在朝中的地位,并由刑部尚书而至执政、宰相,走上了仕途巅峰。作为回报,京镗利用自己的政治关系网络为韩侂胄推荐、笼络可用之人,蓄积力量,胡纮与李沐由此率先获得援引。① 胡纮自隆兴元年进士及第后长期沉沦下僚,直至绍熙年间方得京镗举荐由鄱阳知县入朝担任监进奏院,②迎来了仕途上的转折。可见,两者早先就存在着密切关系。京镗将胡纮荐予韩侂胄,成为攻击道学的利器。《宋史·胡纮传》载:"韩侂胄用事,逐朱熹、赵汝愚,意犹未快,遂擢纮监察御史。"胡纮的监察御史当即是京镗向韩侂胄举荐的结果。李沐与京镗此前的关系不甚清楚,但他既能得到京镗推荐,与胡纮的情形亦当类似。庆元元年正月,李沐遂由将作监迁任右正言,同月"沐以本职公事上殿,乞罢汝愚政柄,以尊安天位,塞绝奸原"。③

京镗向韩侂胄推荐之人中,胡纮与李沐外尚有刘德秀。刘德秀与京镗的结交至少可以追溯到后者担任四川制置使期间。李心传《淳熙至嘉定蜀帅荐士总记》中记载:"子直去,京仲远为代,荐费戒甫、游子正。又荐刘仲洪、张子良。而仲洪、子良皆幕客也。"④刘仲洪即是刘德秀,为京镗在四川制置使帐下幕僚,在此期间得京镗举荐。《续编两朝纲目备要》载:"德秀初以重庆守入朝,不为时相留正所知,著作佐郎范仲黼,正客也,请为之地。仲黼见正言之,正曰:'此人若留之班行,朝廷无安静之理。'时京镗已为刑部尚书,正不得已,下除德秀大理寺簿。……会上登极,镗与韩侂胄深交,不数月,侂胄擢德秀监察御史,而镗继为执政,正是时甫去位也。又数月,迁德秀右正言。"⑤留正在不愿容刘德秀于朝的情况下,依旧任命其为大理寺簿,显

---

① 杨万里称京镗:"其在政地,每挟一小方册,以书才行氏名,上有问必荐。"(《杨万里集笺校》卷一二三《宋故太保大观文左丞相魏国公赠太师谥文忠京公墓志铭》,第4769页)表明京镗手中必然掌握了为数众多的人脉关系,成为其为韩侂胄积蓄力量的重要资源。
② 《宋史》卷三九四《胡纮传》,第12023页。
③ 《续编两朝纲目备要》卷四"庆元元年二月戊寅"条,第59—60页。
④ 《建炎以来朝野杂记》乙集卷一〇《淳熙至嘉定蜀帅荐士总记》,第662页。
⑤ 《续编两朝纲目备要》卷五"庆元五年七月癸丑"条,第93页。

然是碍于京镗情面。随后刘德秀的擢用也与京镗的迁升同步,更是透露出两人关系的密切。可以想见,韩侂胄用刘德秀为监察御史必然亦是出于京镗推荐,《宋史·京镗传》就称其"荐引刘德秀排击善类,于是有伪学之禁"。①

李心传称:"自庆元以来,何澹、京镗、刘德秀、胡纮专主伪学之禁,为侂胄斥逐异己者,群小附之,牢不可破。"②吴泳称:"绍熙、庆元间稔奸积恶朋邪丑正者,不但(汪)义端一人,如胡纮、李沐、沈继祖、刘德秀之徒,尤号为攘臂以挤排故老击逐善类者。"③在这些支持韩侂胄制造党禁的主要人物中,可以确定的就有刘德秀、胡纮、李沐三人出自京镗推荐,京镗在韩侂胄阵营中的分量由此可见一斑,前引《续编两朝纲目备要》称其为韩氏"谋主",确非虚语。韩侂胄最终得以战胜赵汝愚,京镗扮演的角色是不容忽视的。赵汝愚垮台后,京镗长期担任宰相直至去世,无疑正是韩侂胄给予的等价回报。《宋史·京镗传》称:"镗既得位,一变其素守,于国事谩无所可否,但奉行侂胄风旨而已。"④似乎京镗纯粹是一个只知逢迎韩侂胄以谋求私利的唯唯诺诺之辈,显然大大低估了其作用与影响。

综上所述,至少在部分时人看来,赵汝愚与韩侂胄的对立并不具有必然性,若赵汝愚满足了韩侂胄的节钺期待,历史或许就是另一番模样。但赵汝愚对韩侂胄的漠视与冷遇终结了双方在内禅中形成的良好关系,并将后者推到了敌对立场上。不过,宁宗初年的韩侂胄资轻望浅,纵有皇帝信任,单凭自身力量亦难以撼动赵汝愚及道学势力,他急需寻找到有力的支持者。此时以京镗为首的孝宗路线支持者,对赵汝愚及道学中人的革新颇为不满,恰好也急需增强实力以相对抗。在捕捉到韩、赵"嫌隙"时,他们随即向韩侂胄示好,双方一拍即合。其中京镗发挥了至关重要的作用,他一方面主动联系韩侂胄以稳固自身地位,另一方面则利用手中的政治资源为韩侂胄出谋

---

① 《宋史》卷三九四《京镗传》,第 12038 页。
② 《道命录》卷七下,第 89 页。
③ 吴泳:《鹤林集》卷二一《缴汪绎降官词头》,《宋集珍本丛刊》,第 74 册,北京:线装书局,2004 年,第 482 页。
④ 《宋史》卷三九四《京镗传》,第 12038 页。

划策,荐举人才,培植势力。韩侂胄与京镗等反道学势力的关系,并非后者对前者的单向依附,而是一种彼此支撑、各取所需的政治合作,促成合作的根本动力则是双方面临着的共同敌人——赵汝愚。

第四节 宁宗、吴后与赵汝愚的矛盾

京镗等反道学势力之所以积极笼络韩侂胄,固然是看到了后者与赵汝愚的矛盾可资利用,但更重要的则是看中了其背后的宁宗与太皇太后吴氏。若无宁宗和吴后支持,想要击败赵汝愚及制造党禁几乎是不可能的。但若认为韩侂胄凭借与宁宗和吴后的关系就可以随意操纵他们,让他们支持废黜赵汝愚,禁锢道学势力,似乎就有些将事情过于简单化了。尤其是作为太皇太后的吴氏,经历高、孝、光三朝,无论政治地位、声望和能力皆非泛泛,绝非韩侂胄可随意操纵。因此,在明悉了韩侂胄反对赵汝愚和道学的动机之后,还有必要对宁宗和吴后的立场进行一番探讨。

绍熙内禅名为内禅,实则是在没有光宗同意下的强制性禅位,是一场不折不扣的政变,即便在当时,内禅的政变性质也几乎是众所周知的。《贵耳集》载:

> 谢文昌源明,馆伴北使。时宁庙初即位,定册时诸臣颇有议论,北使忽问谢云:"伊尹放太甲于桐,此何义?"指光宗属疾而言。谢答曰:"有伊尹之志则可,无伊尹之志则不可。"避一篡字,朝论甚伟。[①]

在金人看来,绍熙内禅确然是一场政变,他们向谢源明的发问显然是明知故问,意在讥讽宁宗之位由"篡夺"而来。有意思的是谢源明并没有直接否认

[①] 张端义:《贵耳集》卷下,《全宋笔记》,第6编第10册,郑州:大象出版社,2013年,第342页。

金使有关"伊尹放太甲"的说法,只是强调须有"伊尹之志"。也就是说,虽然光宗与宁宗的皇位交接形式上类似于"篡夺",但实质上是符合儒家道义的。这就有效回避了对是否"篡夺"的争论,故得到了朝野赞赏。

类似故事在南宋内部士人之间亦发生过一例,《宋史·留正传》载:

> 或问范仲黼:"留、赵二公处变不同如何?"仲黼曰:"赵,同姓之卿也;留则异姓之卿,反复之而不听,则去。"闻者以为名言。①

绍熙内禅中,留正因立储之路不通,又不愿参与内禅,故装病弃职离朝。宁宗即位后,赵汝愚将留正召回继续担任宰相。留正所为在事后引起了不少非议,有士人询问范仲黼,留正与赵汝愚处置危机的做法为何截然不同。范仲黼为留正门客,他引用孟子"君有过则谏,反复之而不听,则去;君有大过则谏,反复之而不听,则易位"之说来为留正开脱,认为留、赵分别作为异姓之卿与同姓之卿,所为都是合乎儒家道义的。其主要目的自是在为留正辩护,但言下之意也很明白,即将内禅视作赵汝愚在光宗屡谏不改情况下,以同姓之卿身份迫不得已进行的政权更迭。

两则故事发生的时间都在宁宗即位之初,可以看到,无论是在金朝使者还是南宋士人看来,绍熙内禅都带有突出的宫廷政变性质。既然如此,通过政变继位的宁宗,其皇位的合法性似乎就并非不言自明了。形式上绍熙内禅与高宗、孝宗举行的两次内禅并无不同,而宁宗又是光宗与李皇后唯一在世的子嗣,或许因此之故长期以来论者一方面承认内禅的政变性质,另一方面又将宁宗的继位视作理所当然。事实上,宁宗继位后,皇位的合法性是困扰他的一个重要问题。宁宗皇位的合法性问题主要表现在三个方面:

首先,宁宗于光宗在位期间一直没有被确立为太子。宁宗生于乾道四年,淳熙十二年三月,迁安庆军节度使,封平阳郡王。光宗受禅后,拜少保、

---

① 《宋史》卷三九一《留正传》,第 11977 页。

武宁军节度使,进封嘉王。绍熙元年,宰相留正曾请求光宗册立宁宗为太子,但未获准。① 此后直至绍熙内禅前夕,尽管宁宗已经二十七岁却仍未获得储君尊位。

其次,内禅顾名思义应当是皇帝的主动让位,但光宗有意禅位的根据只有一道御笔。孝宗去世后光宗未能过宫服丧,留正等人一再请求立储以代行丧事。至绍熙五年六月二十四日,光宗批出"甚好"两字,似乎同意立储。次日,留正等拟定立太子指挥进呈,御笔批准依付学士院降诏。然而,当晚光宗又突然批出"历事岁久,念欲退闲"八字,表露退位之意。这道八字御笔就成为光宗有意禅位的最主要证据,宁宗即位后也确实颇为看重其价值。留正在获得八字御笔后始终将其私自携带而未上缴朝廷,庆元元年四月,"始用校书郎李壁奏,命正缴御札八字付史馆"。② 留正的举动随后成为被弹劾的一大罪状,庆元二年正月,右谏议大夫刘德秀罗列留正四大罪状,其中之一云:

> 方太上有脱屣万几之意,亲降御札,付之于正。正为首相,便当上启隆慈,下率同列,奉行诏书。乃深藏废格,不以语人,及穷问方始吐露。陛下正位九五,太上御札合藏金匮,仍颁史馆,正复藏之私家。及罢相位,又携以去,至烦宣取,方始缴进。不知正藏太上御札意欲何为?③

留正在获得光宗八字御笔后,私自收藏而未将之公诸朝野,在他人一再追问下方透露御笔的存在。宁宗即位后又未及时将御笔上缴,罢相后更私携而去。刘德秀视其为留正心怀不轨的罪证之一。刘德秀如此看重该御笔,显然是源于御笔对于论证宁宗皇位合法性具有的重要意义。但是留正为何自始至终对御笔深藏不露,不愿呈缴朝廷呢?与他对御笔真实性的怀疑直接

---

① 《宋史》卷三七《宁宗本纪》,第 713—714 页。
② 《四朝闻见录》丁集《考异》,第 140 页。
③ 《道命录》卷七上《刘德秀论留丞相引伪学之徒以危社稷》,第 66 页。

有关。内禅中,面对朝野要求建储的呼声,留正对人言道:"他日尝降出一草茅书,书言储副事。吾袖进取旨,上变色曰:'储副不豫建,建即代也。朕欲卿知其妄尔。'"①光宗对要求立储的建议明确表示反对,认为建立太子就意味着到了要禅位的时候。因此,留正对光宗的心态是很清楚的。既然如此,光宗又怎么可能突然之间意欲禅位呢? 故看到御笔后留正心生疑惧,认为"初止请立太子,今乃有退闲之语,何邪?"②请求面见光宗确认,却未得允准。③ 八字御笔的出现让留正感觉到事情发生了意料之外的变故,这也成为促使他匆忙装病弃职离朝的重要因素。留正一直未将御笔呈缴,恰恰表明了御笔本身的真实性是值得怀疑的。而且即便御笔确实出自光宗,短短八个字也仅能证明其有倦勤退位之意,至于继位人选,御笔并无只字提及,宁宗是否是当然的继位者似乎并非不言而喻。南宋后期史书《续宋中兴编年资治通鉴》记载:"(绍熙五年六月)丁未,留正等奏,嘉王仁孝夙成,学问日进,宜早正储位,以安人心。乙卯,再拟指挥进入。上怒,书八字云:'历事岁久,念欲退闲。'而以手札付留正。其议犹未决也。"④"上怒"二字表明光宗是在盛怒之下书写了八字御笔,意味着这至多只是光宗的意气用事,而非代表了其本心的真实想法,并不能作为确定继位人选的正式诏书,故刘时举最后评论称"其议犹未决也"。

第三,宁宗即位后,光宗的一系列做法进一步凸显了内禅的政变性质,加剧了宁宗的合法性危机。在宁宗业已继位后,光宗似乎尚不知道自家已变成了太上皇。起居郎刘光祖在宁宗即位已"五阅朔"的上疏中就提到:"况外人窃议太上神明未复,禁中皆不敢深言已定嗣君。"⑤朱熹也在奏札中言道:"又闻太上皇后惧忤太上皇帝之意,不欲其闻太上之称,又不欲其闻内禅之说,此又虑之过者。殊不知若但一向如此而不为宛转方便,使太上皇帝灼知陛下所以不得已而即位者,但欲上安宗社,下慰军民,姑以代己之劳,而

---

① 《水心文集》卷一七《蔡知阁墓志铭》,《叶适集》,第320页。
② 《齐东野语》卷三《绍熙内禅》,第39页。
③ 《宋史》卷三九一《留正传》,第11975页。
④ 《续宋中兴编年资治通鉴》卷一一,第251页。
⑤ 《历代名臣奏议》卷一二,第187页。

非敢遽享至尊之奉,则父子之间,上怨怒而下忧惧,将何时而已乎?"①宁宗初年,刘光祖与朱熹皆身在朝廷,他们说法的真实性是毋庸置疑的。两者皆表明光宗在相当一段时间里,都不知道内禅已经发生。尤其朱熹的言论,更是直接劝说宁宗应当采取措施让光宗明白自己"不得已而即位"的无奈,以换取谅解。这无疑坐实了内禅的政变性质,否定了光宗内禅的主动性,从而也就否定了上述八字御笔的真实性。

与光宗非主动内禅相应的,是其拒绝离开皇帝居住的福宁殿,更不愿接受新皇帝的朝见。宁宗即位后,按照惯例,光宗夫妇应当搬离福宁殿,移居专门为其兴建的泰安宫。在吴后与赵汝愚等命楼钥撰写的禅位诏书中就明确提到"皇子嘉王可即皇帝位,朕移御泰安宫"。②但光宗坚决拒绝离开福宁殿,宁宗就此事询问彭龟年:"恐太上皇未肯过泰安,如何?"③表现出深深的忧虑。不过,此事尚难不倒宋代的士大夫们,很快宁宗下诏:"以时方秋暑,宜用唐武德、(正)〔贞〕观故事,太上皇帝未须移御,其即以寝殿为泰安宫。"④也就是将福宁殿改名泰安宫,如此光宗便不必移动,另外再重新建造福宁殿让宁宗居住。⑤可谓两全其美。但接受宁宗定期朝见上,光宗却丝毫未予妥协。宁宗即位后下诏称将五日一朝泰安宫,⑥并于绍熙五年七月庚辰率领群臣赴泰安宫朝见,"至则寝门闭矣,拜表笺而退"。⑦此后一直要等到庆元五年八月,方才第一次见到退位后的光宗。⑧光宗既不愿移宫又不接受朝见,无异于宣布他并不承认宁宗之位是出于自家禅让,这无疑会让宁宗的合法性受到严重质疑。先前,留正不同意赵汝愚内禅,主要就是担心事后"两宫父子之间,他时有难处者",⑨现在果然不幸而言中。

---

① 《朱熹集》卷一四《经筵留身面陈四事札子》,第561页。
② 《四朝闻见录》丁集《考异》,第138页。
③ 《楼钥集》卷一〇二《宝谟阁待制致仕特赠龙图阁学士忠肃彭公神道碑》,第1771页。
④ 《续编两朝纲目备要》卷三"绍熙五年七月甲子"条,第38页。
⑤ 《续编两朝纲目备要》卷三"绍熙五年十月"条,第48页。
⑥ 《续编两朝纲目备要》卷三"绍熙五年七月甲子"条,第38页。
⑦ 《楼钥集》卷一〇二《宝谟阁待制致仕特赠龙图阁学士忠肃彭公神道碑》,第1771页。
⑧ 《续编两朝纲目备要》卷五"庆元五年八月辛巳"条,第93页。
⑨ 《宋宰辅编年录校补》卷一九,第1275页。

以上种种意味着宁宗之立并非理所当然。在宁宗继位问题上，光宗之外能够发挥主导作用的，自然是作为内禅策动者的赵汝愚以及吴后。那么他们在拥立宁宗的立场上是否完全一致呢？在宁宗之外，是否还有其他的皇位竞争者呢？

在留存的有关绍熙内禅的史料中，主流记载都强调吴后与赵汝愚对宁宗的拥立之功，看不到在此问题上有何分歧或争论。然而，叶绍翁《四朝闻见录》中的一则记载却提供了一些不同看法，该书"宪圣拥立"条记载：

> 宪圣既拥立光皇，光皇以疾不能丧，宪圣至自为临奠。……先是，吴琚奏东朝云："某人传道圣语'敢不控竭'。窃观今日事体，莫如早决大策，以安人心。垂帘之事，止可行之浃旬，久则不可。愿圣意察之。"宪圣曰："是吾心也。"翌日，并召嘉王暨吴兴入，宪圣大恸不能声，先谕吴兴曰："外议皆谓立尔，我思量万事当从长。嘉王长也，且教他做。他做了你却做，自有祖宗例。"吴兴色变，拜而出。①

材料揭示的内容有两点值得注意：一是宪圣即吴后是拥立宁宗的主导者；二是当时还存在着另外一个皇位的有力竞争者——吴兴。吴兴即庆元年间被封为吴兴郡王的赵抦，他是孝宗次子魏王赵恺之子。② 绍熙内禅前后，赵抦与宁宗是孝宗仅存的两个嫡孙。从上引材料看，孝宗去世后的政治危机中，外界由赵抦继位的呼声更高，但吴后以长幼有序的原则选择拥立宁宗。吴后何以对宁宗情有独钟，难道仅仅因为其为光宗之子，且年岁较赵抦为长吗？其实材料中已透露出个中缘由，即"宪圣既拥立光皇"，也就是说光宗之立也与吴后有关。叶绍翁在《四朝闻见录》中不止一次提到此事，"光皇御制"条称："宪圣于二王中，独导孝宗以光皇为储位。"③据此，孝宗确立光宗为太子乃是吴后促成。在"宪圣拥立"条中称："高宗登遐，宪圣独处北宫，

---

① 《四朝闻见录》甲集《宪圣拥立》，第 12 页。
② 《宋史》卷二四六《魏惠宪王恺传》，第 8734 页。
③ 《四朝闻见录》乙集《光皇御制》，第 53 页。

春秋浸高,孝宗以不得日侍定省为歉。及内禅光皇,实宪圣所命,孝宗遂得日奉长乐宫,极天下之养,尽人子之欢。"①是则孝宗在身体尚属康健之时便传位光宗,背后也有吴后推动。

吴后在拥立光宗上的作用,已为余英时的研究证实。孝宗三子皆出于郭皇后,长子庄文太子于乾道三年去世后,按长幼之序当由次子赵愭继立,但孝宗却越过赵愭而选立了光宗。正史记载中皆强调孝宗越次建储是因光宗"英武类己",②但余英时指出,光宗得以越过兄长确立储位,高宗及吴后夫妇发挥了重要作用。不仅光宗的立储得益于高宗夫妇,其皇后李氏也是高宗夫妇做媒安排。高宗去世后,光宗也是通过吴后积极催促孝宗早日禅位。③ 光宗与高宗及吴后关系之密切可见一斑。在光宗拒绝服丧引发危机后,吴后在迫使光宗内禅问题上起初表现出来的冷淡与犹豫,当即与此有关。而当其在赵汝愚、韩侂胄等人劝说下支持内禅后,倾向于拥立光宗唯一之子宁宗也就在情理之中了。吴后对宁宗的偏爱其实早有证明,与光宗的婚姻由高宗夫妇安排类似,宁宗的婚姻也与吴后有关。淳熙十二年八月,已为平阳郡王的宁宗纳夫人韩氏。④ 韩氏为韩琦六世孙,《朝野杂记》载:"淳熙十二年,孝宗为平阳郡王择妇,后与其姊偕选入宫,而后当两宫意,八月,归于邸第,封新安郡夫人。"⑤韩氏因深得"两宫"之意而中选,"两宫"自包括高宗及吴后在内。考虑到吴后与韩氏家族的姻亲关系,她在这场婚姻中的作用是可以想见的。

宁宗在与赵抦的竞争中获得吴后青睐还有一个重要原因,就是赵抦乃魏王赵愭之子。庄文太子去世后,太子之位本应由其继承,却因高宗与吴后的干涉迫使孝宗越过长幼之序选择光宗。光宗被立为太子后,赵愭随即离开临安出判宁国府,在临别登车之际对送行的宰相虞允文言道:"更望相公保全。"⑥

---

① 《四朝闻见录》乙集《宪圣拥立》,第69页。
② 《宋史》卷三六《光宗本纪》,第693页;《宋史》卷二四六《魏惠宪王愭传》,第8733页。
③ 《朱熹的历史世界——宋代士大夫政治文化的研究》,第764—769页。
④ 《宋史》卷三七《宁宗本纪》,第713页。
⑤ 《建炎以来朝野杂记》甲集卷一《恭淑韩皇后》,第39页。
⑥ 《宋史》卷二四六《魏惠宪王愭传》,第8733页。

余英时据此推断,自乾道三年庄文太子去世后储位虚悬,至乾道七年光宗太子之位尘埃落定,三四年间兄弟二人围绕储位必然展开了激烈争夺,其中赵恺难免有开罪光宗之处,故须求得虞允文保全。① 这一认识不无道理。也就是说,赵恺本身对于储位的渴望未必没有光宗那般强烈,无奈光宗争取到了高宗夫妇支持,故只能铩羽而归。淳熙七年,赵恺在判明州任上去世,享年三十五岁。他的英年早逝与在储位之争中的失意或不无关系。吴后作为光宗的主要支持者,与赵恺之间或已形成了严重隔阂,在此情况下再拥立其子赵抦继位,恐怕并不是恰当做法。

简单来说,吴后坚持拥立宁宗实际上包含了情感与利害两个层面的考虑。从情感上说,光宗之立是其与高宗共同促成,他自然更倾向于作为光宗之子的宁宗。从利害上说,当时唯一可以与宁宗竞争的是孝宗次子赵恺的子嗣赵抦,鉴于在孝宗立储问题上吴后与赵恺业已产生嫌隙,赵恺并因此而被外放且英年早逝,再加之赵抦本就获得了外部舆论的支持,吴后即便拥立赵抦恐亦难得其感激。由此可以确信,在光宗的继承人选中,宁宗的主要支持者就是吴后。

既明悉了太皇太后吴氏的立场,那么赵汝愚的态度又如何呢? 没有材料直接表明赵汝愚的态度,但在上引《四朝闻见录》的记载中,吴后对赵抦称:"外议皆谓立尔。"所谓"外议"应该就是指以赵汝愚为代表的外朝士大夫的看法。结合赵汝愚的政治品格,以及宁宗与赵抦自身的特点,有理由相信赵汝愚在宁宗与赵抦之间更倾向于赵抦而非宁宗。理由主要有三点:

第一,宁宗存在智识上的缺陷。《癸辛杂识》载:"或谓宁宗不慧而讷于言,每北使入见,或阴以宦者代答。"②智识上的缺陷必然令他难以具备正常处理朝政事务的能力。在后来长期的统治期间,宁宗最为突出的特点就是"恭默"。曹彦约在嘉定初的奏疏中言道:"自庆元改元之后,当宁恭默,大臣奏事不闻有所折衷,小臣奏事不闻有所训饬,士大夫绝念,谓陛下无意于政矣。"③此时距离

---

① 《朱熹的历史世界——宋代士大夫政治文化的研究》,第 765 页。
② 《癸辛杂识》续集下《宁宗不慧》,第 190—191 页。
③ 《曹彦约集》卷五《应求言诏书上封事》,第 135 页。

宁宗即位业已十五年,他留给朝野的显著印象是对政事的漠不关心,不闻不问。宁宗如此表现,最根本的原因就是智识缺陷带来的治国理政能力的缺乏。若赵汝愚为一味追逐政治权势的权臣,似此暗弱不慧的君主乃是理想的拥立对象。但无论在南宋还是后世的主流认知中,赵汝愚的政治品行都鲜受质疑,基本视其为忠心谋国之臣,而非贪图私利之辈。前文中也已指出,赵汝愚的抱负是改变孝宗以来的治理路线,对朝政进行一番大规模革新,而这一理想的实现离不开一位积极有为君主的支持,"不慧"的宁宗恐非其心目中理想的君主人选。与宁宗的"不慧"恰成鲜明对比的,则是赵抦的"性早慧"。① 一为"不慧",一为"早慧",对于赵汝愚来说赵抦无疑较宁宗更适合继位为君。

第二,对于赵汝愚等人来说,选择宁宗继位还有一个不利因素,这就是其母光宗李皇后的存在。后世多将光宗与孝宗之间矛盾的产生归咎于李皇后的"妒悍",②她确实对光宗有着非同寻常的影响。杨宇勋解释绍熙内禅的原因称:"传统史书将光宗禅位的主因,多半归咎于他的不孝行径,但实际上,患有心理疾病的光宗无法处理政务,使得善妒的李后趁机把持朝政,引起赵汝愚等大臣和太皇太后吴氏恐惧,进而发动政变,恐怕才是背后的真正原因。"③这一观点虽然并不全面和确切,但它强调李皇后把持朝政的风险却是存在的。赵汝愚等大臣在考虑继位人选时,这必然会成为一个重要因素,选择宁宗对于避开风险无疑是不利的。李皇后作为光宗皇后,在孝宗尚在世之时就能够操纵光宗,在孝宗业已去世的情况下,以太上皇后的身份继续操纵"不慧"的宁宗似乎更为容易。在孝宗丧事结束后,宁宗有意从重华宫返回大内居住,刘光祖上疏反对,其中一条理由是:"太上皇后以母临子,或旨命有所难从,则陛下何以处之?"④担心返回大内后,宁宗与仍在大内居住的光宗夫妇过分接近,会给李皇后提供操纵的便利。刘光祖作为赵汝愚的支持者,此种担心当也为赵汝愚所有,后者在内禅中选择继位者时恐怕不会虑不及此。

---

① 《宋史》卷二四六《魏惠宪王恺传》,第8734页。
② 《宋史》卷二四三《慈懿李皇后传》,第8654页。
③ 杨宇勋:《从政治、异能与世人态度谈宋代精神异常者》,《成大宗教与文化学报》第7期,第26页。
④ 《历代名臣奏议》卷一二,第187页。

第三，宁宗继位的优势在于其为光宗唯一子嗣，但他在内禅前并未被光宗立为太子，尚不是法定的继位人选。宁宗迟迟未被光宗被册立为太子，最主要的反对者就是孝宗，这也成为光宗夫妇与孝宗矛盾的重要症结。《宋史·慈懿李皇后传》载："内宴，后请立嘉王为太子，孝宗不许。后曰：'妾六礼所聘，嘉王，妾亲生也，何为不可？'孝宗大怒。后退，持嘉王泣诉于帝，谓寿皇有废立意。帝惑之，遂不朝太上。"① 与不喜宁宗相反，孝宗却对赵抦颇为喜爱。《宋史·魏惠宪王恺传》记载："抦生于明州，母卜氏，信安郡夫人，王薨，还居行在。抦性早慧，帝爱之，将内禅，升耀州观察使，封嘉国公。"② 孝宗册立光宗为太子主要是遵循高宗夫妇的意愿，孝宗本人很可能更偏向魏王赵恺，《宋史·魏惠宪王恺传》载："王性宽慈，上皇雅爱之。虽以宗社大计出王于外，然心每念之，赐赉不绝。"③ 赵恺不能继承皇位且英年早逝，孝宗心中当是存有遗憾的，故在赵恺于明州去世后，随即将赵抦母子接回临安居住。赵抦的"早慧"则进一步强化了孝宗对他的喜爱，在内禅前还特意为其加封。因此，在孝宗心目中，赵抦很可能是光宗更为理想的继承人选。《四朝闻见录》丙集《宁皇登位》条载："光皇当励精之初，薛公圭投北宫丽正书，言颇切至，盖孝宗之意初主沂邸，光皇亦属意焉。"④ 赵抦去世后获封沂王，⑤ 所谓"沂邸"即是指赵抦。可见，孝宗确实有意选择赵抦作为光宗的继承人。⑥ 至于光宗的"属意"应当更多只是迫于孝宗意愿的无奈之举，未必出自真心。赵汝愚作为由孝宗在绍熙年间亲自擢用的执政，对孝宗的心意不会全无了解，这当也构成了他倾向赵抦的重要理由。⑦ 更何况，光宗长

---

① 《宋史》卷二四三《慈懿李皇后传》，第8654页。
② 《宋史》卷二四六《魏惠宪王恺传》，第8734页。
③ 《宋史》卷二四六《魏惠宪王恺传》，第8734页。
④ 《四朝闻见录》丙集《宁皇登位》，第104页。
⑤ 《宋史》卷二四六《魏惠宪王恺传》，第8734页。
⑥ 虞云国也认为孝宗有意选立赵抦作为光宗的继承人。见虞云国：《南宋行暮：宋光宗宋宁宗时代》，上海：上海人民出版社，2018年，第71页。
⑦ 朱熹后来颇耐人寻味地言道："赵子直亦可谓忠臣，然以宗社之大计言之，亦未有未是处，不知何以见先帝。"（《朱子语类》卷一三二，第3182页）不知是否就是在批评赵汝愚未能遵循孝宗之意坚持拥立赵抦。

期拒绝朝见孝宗,更在孝宗去世后坚持不肯过宫主持丧事,在传统道德观念下,这种不孝行径在削弱了光宗作为君主合法性的同时,也会对宁宗的继承权利造成负面影响。光宗的失德,一定程度上很容易激起朝野对于当年魏王赵恺未能被立为太子的遗憾,这对赵抦显然是有利的。后来宁宗去世后,无论是济王赵竑还是理宗,最初皆是以赵抦之子的身份为宁宗收继为皇子,反映出的就应是朝野舆论对于魏王一系的怀念。这种政治气氛也在一定程度上为赵汝愚等人拥立赵抦提供了合理性。

《四朝闻见录》亦记载:"又详忠定子弟雪父冤、乞刊定之词,云:(龚)颐正修史,以忠定有'只立赵家一块肉便了'之词。"①韩侂胄被诛后,赵汝愚之子向朝廷要求为赵汝愚平反昭雪,修改韩侂胄时所修撰之国史中与赵汝愚内禅相关的记载,其中突出的一条就是删除所谓赵汝愚曾声称"只立赵家一块肉便了"的言论。所谓"但得赵家一块肉",意即只要具有赵氏血脉就可以继承皇位。在《齐东野语》中这一言论被归为徐谊,该书记载:"徐谊语人曰:'但得赵家一块肉足矣。'盖指魏王之子,徐国公柄也。"②徐谊为赵汝愚的亲信之一,其所言与赵汝愚所言并无本质区别,这里更进一步明确了所谓"赵家一块肉"暗示的正是魏王赵恺之子赵抦。这些说法是否属实难以断定,但流言的存在至少表明绍熙内禅前后赵抦确实曾成为一个选项。结合上面对赵汝愚的分析,若推断赵汝愚在迫使光宗禅位之际对皇位继承人选有过思考,在宁宗与赵抦之间进行过权衡取舍,并为此与吴后进行过一些商讨,当是合乎情理的。甚至可以更进一步推断,绍熙内禅最初的发起者是赵汝愚,但最终决定册立宁宗的乃是吴后。至于韩侂胄,鉴于其近习出身及与吴后的关系,应该更倾向于支持吴后的主张,周密称其时"宫中及一时之议,皆归功于侂胄",③或即渊源于此,这也成为他后来获得宁宗长期信

---

① 《四朝闻见录》丁集《庆元丞相》,第136页。
② 《齐东野语》卷三《绍熙内禅》,第44页。
③ 《齐东野语》卷三《绍熙内禅》,第43页。

任的重要原因。① 而赵汝愚在定策问题上的异议,则可能成为招致宁宗及吴后不满的重要因素,构成了韩侂胄成功争取到宁宗和吴后对废黜赵汝愚及其道学党羽予以支持的重要原因。

综上所述,宁宗初年赵汝愚及其道学支持者看似布列要津的态势,在短短半年时间内便土崩瓦解,主要包括三方面原因:首先,自孝宗以来形成的两种不同治国路线的冲突,随着赵汝愚及道学中人的得势而激化。赵汝愚等人利用掌握朝政的难得机遇执意推动政治革新,引起了京镗等孝宗路线奉行者的坚决抵制。无论是出于维护孝宗路线,还是出于维护自身在朝中的地位,他们都不得不站在赵汝愚的对立面。不过,赵汝愚凭借在内禅中的定策功勋确立起来的政治地位是他们所难以抗衡的,他们急需寻找到新的有力支持者。其次,韩侂胄在内禅期间发挥了在赵汝愚与吴后之间的沟通桥梁作用,不无功绩,所以事后期盼获得节钺的赏赐。然而,赵汝愚出于对近习的反感有意漠视和冷遇韩侂胄,让双方在内禅中形成的合作关系破裂。韩侂胄资轻望浅,难以单凭自身力量撼动赵汝愚,故与正在寻找支持者的京镗等人一拍即合。第三,内禅中赵汝愚与吴后在究竟拥立宁宗还是魏王之子赵抦的问题上,可能出现了一些分歧。赵汝愚出于革新政治的理想和抱

---

① 王宇针对韩侂胄何以能够得到宁宗长期信任的问题提出了一个新的解释,认为这主要源于韩侂胄成功抵制了道学中人提出的宁宗应以"嫡孙承重"的形式为孝宗服三年之丧的建议,帮助宁宗提前结束了三年之丧。同时,在高宗吴后去世后,韩侂胄通过刻意篡改其真实讳日保证宁宗顺利完成了第一次南郊之礼。从而让宁宗得以"全享万乘之尊"。(王宇:《朱熹"宁宗嫡孙承重"说与庆元党禁的走向》,《浙江大学学报(人文社会科学版)》2022 年第 3 期)这一看法有其道理。不过他根据韩侂胄更改吴后讳日的做法认为其对吴后亲情相当淡薄,进而怀疑韩侂胄获得宁宗信任与吴后无甚关系。同时因韩侂胄与赵汝愚皆参与内禅而唯独韩侂胄得到宁宗长期信任,怀疑韩侂胄长期专权与其定策之功关系不深。这些看法仍仍有待商榷。首先,宁宗之立名义上虽出于光宗内禅,实质上却离不开吴后的临朝主持。换句话说,吴后的拥立是宁宗皇位合法性的重要来源之一。也因此,在宁宗朝初年的政治上,吴后的政治影响力恐非宁宗与韩侂胄所能与之相提并论,特别是在宁宗"不慧"的情况下。若无她的认可,韩侂胄似难留在宁宗身边。其次,虽然站在后世的角度,韩侂胄与赵汝愚皆立有定策之功,但站在宁宗的角度上,究竟谁在定策上扮演了更为关键的角色则似另当别论。嘉泰元年十月,"起居郎王容请以韩侂胄定策事迹付史馆,从之"。(《宋史》卷三八《宁宗本纪》,第 731 页)开禧元年四月,朝廷又"修《宪圣慈烈皇后圣德事迹》"。(《宋史》卷三八《宁宗本纪》,第 737 页)吴后最大的"圣德事迹"恐怕就是拥立宁宗以及信用韩侂胄。宁宗与韩侂胄采取的这两项举措,显然皆意在塑造他们自身的权力合法性,也表明无论吴后还是定策之功对于韩侂胄都具有重要意义。

负更倾向于"早慧"的赵抦,而吴后出于情感和利害的双重考量更倾向于宁宗,韩侂胄亦当与吴后持相近立场。这种在定策问题上的分歧,促使韩侂胄成功争取到了宁宗及吴后对废黜赵汝愚及禁锢道学的支持,至少是默许。因此,赵汝愚及道学势力的失败,是朝廷内外两股力量联合的结果,即宁宗及吴后代表的皇权与京镗等代表的外朝势力的内外呼应、通力合作,而联系两股力量的桥梁正是韩侂胄。这也成为了庆元党禁兴起的主要因素。

第七章　韩侂胄的权力危机

庆元党禁的形成,标志着赵汝愚及其道学支持者势力的彻底瓦解。与之相伴随的,则是韩侂胄由普通的阁门官员迅速崛起为一位权倾朝野的权臣。从上一章的论述中可知,韩侂胄专权的成立端赖于两根支柱的支撑:一是来自宁宗与太皇太后吴氏所代表的皇权,一是来自以京镗为代表的反道学势力。近习兼外戚身份让韩侂胄在两股力量间扮演了至关重要的沟通协调角色,成为两股力量的粘合剂。这种居间联合的地位,让韩侂胄即便长期没有担任任何具体职务,依旧能够对朝政发挥决定性的影响。然而,这种介于内廷与外朝之间的地位,在带来专权便利的同时也让韩侂胄的权力基础存在着难以克服的隐患。两根支柱中的任何一根发生动摇,都将严重危及其专权根基。事实证明,两根支柱确实都没有看起来那般牢固。笔者曾专门探讨过韩侂胄与宁宗时期的宦官、后妃等内廷势力的关系,指出韩侂胄始终无法驯服宁宗身边的宦官势力,而随着韩皇后去世,杨皇后崛起宫中,韩侂胄对内廷的控制力被严重削弱,这促使其由内廷走向外朝,进而冒险发动北伐。但对于韩侂胄与外朝的关系,旧著则将京镗等反道学势力视作韩侂胄的坚定支持者,韩侂胄借助他们实现了对外朝的完全掌控。① 现在看来,这一观点忽视了韩侂胄与京镗等反道学势力关系的复杂性。前文已指出,京镗等反道学势力和道学中人一样,都有着自身特

---

① 《南宋宁宗朝前期政治研究》第四章《韩侂胄的困境与北伐》,第177—222页。

定的政治理念与追求,他们与韩侂胄乃是一种相互利用、各取所需的政治合作,促成联合的最重要因素是共同的敌人——赵汝愚。因此,随着赵汝愚去世后政治局势的变化,双方的利益诉求能否继续保持一致,政治合作能否顺利延续,就并非不言而喻。本章将从此入手对韩侂胄的权力基础及其变化进行一些考察。

第一节 韩侂胄与反道学势力的分歧

宁宗及吴后、韩侂胄、京镗等反道学势力,三者在政治诉求上存在着本质性差异。宁宗及吴后对赵汝愚在内禅中倾向拥立赵抦不满,故对赵汝愚并无多少好感;韩侂胄的目的则在于获取政治权力,巩固在朝廷内外的地位,而赵汝愚未能满足其期望,故将赵汝愚视作主要敌人;京镗等人虽然也不乏对权力的追逐,但至少同样重要的是对孝宗路线的维护,他们的主要敌人不仅有赵汝愚,更包括其背后的道学群体,或者在他们看来,道学群体的威胁更为严重。这就决定了三方对待赵汝愚及道学的态度迥然有别。宁宗、吴后希望的仅仅是废黜赵汝愚,对全面镇压道学并无太大兴趣,京镗等人则更注重对赵汝愚及道学的整体压制,有意将党禁长期化。至于韩侂胄,一方面他与宁宗及吴后类似,在赵汝愚死后对禁锢道学并无太大兴趣;另一方面,出于对京镗等支持者的依赖,某些时候又不得不坚持维系党禁,其立场表现出相当的模糊性和摇摆性。三方的这种关系在庆元二年吴后调停和庆元五年蔡琏诬告赵汝愚等事件中,有着突出体现。

先看吴后调停事件。

庆元二年正月,赵汝愚在贬谪途中去世,①但对道学群体的清算并未消歇,反而呈现不断加码之势。就在赵汝愚去世当月,右谏议大夫刘德秀弹劾

---

① 《宋史》卷三七《宁宗本纪》,第720页。

留正引用伪学之党。① 六月,新任命的度支郎中、淮西总领张釜奏请"申禁伪学"。② 同月,中书舍人汪义端"引唐李林甫故事,以伪学之党皆名士,欲根株断除之。一时号为君子,无不斥逐"。③ 对于这些反道学行为,吴后"闻而非之",遂于庆元二年六月通过宁宗颁降御笔:"今后给舍、台谏论奏,不必更及旧事,务在平正,以称朕救偏建中之意。"也就是要求台谏、给舍官员不准再对赵汝愚及道学群体穷追猛打,希望以此将朝廷政策导向"救偏建中",维护朝局稳定。反道学势力对此十分不满,"命下,右谏议大夫刘德秀,监察御史姚愈、张伯垓力争,以为不可",④《续编两朝纲目备要》也称:"御笔既出,韩侂胄及其党皆怒。"⑤

不过,引起韩侂胄与京镗等反道学势力"愤怒"的原因可能并不一致。笔者曾分析指出,对于韩侂胄来说,控制御笔本是其专权的关键性手段,然而调停御笔却是吴琚利用与吴后的关系而获得,直接绕开了韩侂胄,这无疑是一个危险信号,其震怒当源于此。对于调停本身,他反而可能并不十分反感。⑥ 但对于京镗等反道学势力来说,其"愤怒"则直接源于御笔中表达出来的调停倾向。调停御笔的出现,无异于以最高权力的形式阻止了党禁持续升级,甚至可能让业已废黜的道学官员重获启用,构成了对反道学势力的直接威胁。在反对御笔者中,为首的是右谏议大夫刘德秀,他乃反道学势力的核心成员,代表的也是整个反道学势力的立场。庆元四年,韩侂胄有意重新启用党禁中遭到贬谪的叶适与薛叔似,《续编两朝纲目备要》载:

> (丁)逢以都大川秦茶马入见,极论元祐、建中调停之害,且引苏辙、任伯雨之言为证。时薛叔似、叶适坐汝愚党久斥,皆起家为郡,故逢有是言。宰执京镗、何澹大然之,翌日遂除军器监。⑦

---

① 《宋史》卷三七《宁宗本纪》,第 720 页。
② 《续编两朝纲目备要》卷四"庆元二年六月乙丑"条,第 71 页。
③ 《续编两朝纲目备要》卷四"庆元二年六月乙丑"条,第 71 页。
④ 《道命录》卷七上,第 68 页。
⑤ 《续编两朝纲目备要》卷四"庆元二年六月甲戌"条,第 71 页。
⑥ 《南宋宁宗朝前期政治研究》第三章第二节《高宗吴皇后推动下的调停》,第 152—158 页。
⑦ 《续编两朝纲目备要》卷五"庆元四年七月己未"条,第 86 页。

丁逢的建议正是针对薛叔似、叶适的启用而发。苏辙与任伯雨皆为北宋名臣,分别在元祐、建中靖国年间对朝廷上兴起的调停之说予以激烈批判,①故丁逢引用二人言论以增强说服力。丁逢的奏请得到宰相京镗、参政何澹的青睐,随即获得擢升军器监的奖赏。京镗、何澹对调停的态度可见一斑,其与韩侂胄的分歧也由此可见。只是在吴后的调停中,韩侂胄应该是考虑到京镗等人对自身权势的支撑作用,仍然选择站在他们一边。换言之,表面上看似乎是韩侂胄对调停的不满推动了刘德秀等党羽的激烈反应,事实却可能恰好相反,是后者的立场影响了前者的态度。在韩侂胄及反道学势力的压力下,吴后不得不作出让步,将御笔中"不必更及旧事"改为"不必专及旧事"。② 韩侂胄在对待道学的态度上受制于京镗等人的情形,在蔡琏诬告事件中有着进一步体现。

再看蔡琏诬告赵汝愚事件。

如果说庆元二年的调停主要体现的,是宁宗及吴后代表的内廷与京镗等外朝反道学士大夫间的对立,而韩侂胄则更倾向于后者的话,接下来蔡琏诬告赵汝愚事件中,更多凸显出的则是韩侂胄与京镗等人的分歧。庆元五年正月,爆发了震动一时的蔡琏告赵汝愚有异谋事件。《续编两朝纲目备要》载:

> (蔡)琏初为枢密院直省官,赵汝愚定策时,琏从旁窃听,欲行漏泄,汝愚觉而囚之。上即位,遂从轻决配。去年冬窜归辇下,用事者闻之,以为奇货,乃使琏排日供具汝愚当定策时有异谋,凡往来宾客所言共七十余纸,文书既就,乃议送大理。③

自党禁开始以来,反道学官员就一直试图证实赵汝愚在绍熙内禅之际图谋不轨,进而将赵汝愚及其道学支持者定为"逆党",一网打尽。杨万里在余端

---

① 《宋史》卷三三九《苏辙传》,第 10829 页;《宋史》卷三四五《任伯雨传》,第 10965 页。
② 《续编两朝纲目备要》卷四"庆元二年六月甲戌"条,第 71 页。
③ 《续编两朝纲目备要》卷五"庆元五年正月庚子"条,第 87—88 页。

礼墓志中就提到:"诏公与蜀帅赵公彦逾,具即位本末来上。盖谓赵公与丞相尝有隙,疑公相代为相,不相能。冀有所中伤,因兴大狱,一时名士,一网可尽。"但无论余端礼还是赵彦逾都给出了有利于赵汝愚的证词,令反道学势力的企图落空。① 庆元三年,刘三杰在入对中"言前日伪党,今变而为逆党",②亦未取得实际效果。因此,当曾担任赵汝愚属僚直接参与内禅,且与赵汝愚有矛盾的蔡琏回到临安时,自然成为反道学势力眼中可居之奇货。他们让蔡琏提供有关赵汝愚定策时有"异谋"的"证据",并送至大理寺。

此事发生后,"侂胄之党欲捕(彭)龟年、(曾)三聘及徐谊、沈有开、叶适、项安世等送棘寺"。③ 彭龟年、曾三聘等人皆是内禅的参与者,且此前都已作为赵汝愚党羽遭到贬谪。现在借蔡琏案将他们再次逮捕,无疑是准备施加进一步打压,以将党禁持续与升级。此事遭到中书舍人范仲艺、吏部侍郎张孝伯的阻挠。范仲艺对张孝伯指出:"自顷岁已来,朝廷行遣诸人不为不尽,今无故(补)[捕]从官、朝士数十人付之有司,岂不骇四方之观听?"认为在赵汝愚及其道学党羽差不多都业已遭到惩处的情况下,再次旧事重提,无端兴起大狱,徒然引起四方震动,会造成恶劣的政治影响。随后,他面见韩侂胄表达反对立场,在陈述中将此事与哲宗朝蔡京、章惇等"奸臣"制造的同文馆狱相比拟,规劝韩侂胄不要重蹈覆辙。面对责问,韩侂胄辩解道:"某初无此心,以诸公见迫,不容但已。"声称本无兴起大狱之心,只是迫于"诸公"压力不得不为。在范仲艺的追问下,"乃知京镗诸人与吏部尚书刘德秀实主此议"。④ "诸公"也就是指京镗、刘德秀等人。前文已指出,京镗、刘德秀早在韩侂胄获得大权前就已为其"谋主",是韩氏专权的重要支持力量,而他们助韩的主要目的则在于反对赵汝愚及其道学盟友。因此,韩侂胄声称迫于京、刘压力方同意兴起大狱是有根据的,并非纯粹推脱卸责。与此同时,张孝伯也"见侂胄力争之"。⑤ 在范仲艺、张孝

---

① 《杨万里集笺校》卷一二四《余公墓铭》,第 4792—4793 页。
② 《宋史》卷四七四《韩侂胄传》,第 13773 页。
③ 《庆元党禁》,第 18 页。
④ 《续编两朝纲目备要》卷五"庆元五年正月庚子"条,第 88 页。
⑤ 《续编两朝纲目备要》卷五"庆元五年正月庚子"条,第 88 页。

伯的力争下,蔡琏诬告案并未掀起太大波澜,朝廷只是迫于台谏压力将"彭龟年追三官,勒停,曾三聘追两官"。① 相较于"谋逆"大罪,此种惩处更多只是一种象征意义。

蔡琏诬告案的结果表明,一者韩侂胄与京镗等反道学势力在对待赵汝愚及道学的态度上确实存在显著差异,后者更倾向于将党禁持续并不断升级,以彻底消除道学群体东山再起的可能性,韩侂胄则无意穷追不舍,有心调停;二者,韩侂胄此番并没有如调停事件中那般坚定站在京镗等人一边,而是选择了张孝伯、范仲艺等调停者的建议,大事化小,表明他在有意识地疏远甚至摆脱京镗等人的影响,并培养扶植新的与自身利益诉求更为一致的政治力量。② 正是在蔡琏案后不久,韩侂胄与京镗等反道学势力的冲突逐渐明显化、激烈化。

第二节 反道学势力的瓦解

嘉泰二年,韩侂胄决意松弛党禁,《道命录》记载:

> 自庆元以来,何澹、京镗、刘德秀、胡纮专主伪学之禁,为侂胄斥逐异己者,群小附之,牢不可破。(庆元)五年,纮罢吏部侍郎,德秀自吏部尚书出知婺州。六年,镗以左丞相死于位,独澹未去也。……其年(笔者注:嘉泰元年)七月,澹罢知枢密院事。魁憸尽去,侂胄亦厌前事。③

李心传在承认韩侂胄党禁始作俑者角色的同时,着重强调了京镗、何澹、刘

---

① 《续编两朝纲目备要》卷五"庆元五年正月庚子"条,第88页。
② 对于以张孝伯、范仲艺为代表的的调停势力与韩侂胄的关系,及其在庆元党禁中的作用,可以参见《南宋宁宗朝前期政治研究》第三章《调停势力与党禁的松弛》,第139—176页。
③ 《道命录》卷七下,第89页。

德秀、胡纮的主导作用,明显将韩侂胄与京镗等人进行了区分,认为正是随着刘德秀、胡纮、何澹的相继离朝以及京镗的去世,为党禁的松弛扫清了障碍。鉴于李心传与道学的密切关系,他自无意为韩侂胄开脱,这里的说法至少代表了其对党禁的真实观感。

京镗去世固非人力所为,但刘德秀、胡纮、何澹为何会相继离朝呢?是主动选择,还是迫于某种压力呢?过去论者多将刘德秀等视作依附韩侂胄的爪牙之士,很少关注他们之间可能存在的分歧。① 就刘德秀与胡纮来说,他们皆为京镗提携,也是由京镗推荐给韩侂胄而获重用,这就意味着他们对韩侂胄的依附乃是间接的,他们与京镗的关系更为密切。从上引《道命录》的记载可知,胡纮与刘德秀的离朝差不多同时,其中又以胡纮较早,故先对胡纮离朝的经过略作考察。

胡纮因得京镗推荐于庆元元年出任监察御史后,仕途颇为平顺。庆元二年夏,除太常少卿。三年,迁权工部侍郎。四年,改权礼部侍郎,又除试吏部侍郎。步步擢升的仕途在庆元五年突遭中断,究其根源,乃是因其在科考中的作为遭到了弹劾。《宋史·胡纮传》记载:"坐同知贡举、考宏词不当而罢。"②胡纮究竟在科举中犯下了何种过错,弹劾的言者又为谁呢?《宋会要辑稿》记载:

> (庆元五年)三月三日,礼部侍郎胡纮放罢,主管官告院徐似道降一官放罢。以监察御史程松言:"宏辞命题,纮实据断,今题不合典故,古题出处不一,纮独指一出以告同列。所取试卷,体格非是。似道方登朝行,辄敢附会胡纮,结为党与,蔑视同僚。"③

胡纮的官衔"礼部侍郎"当为"吏部侍郎"之讹。他在庆元五年正月被任命

---

① 笔者就曾想当然的认为韩侂胄依托京镗等人实现了对外朝的有效掌控,认为对其专权的威胁主要来自内廷。见《南宋宁宗朝前期政治研究》,第 181 页。
② 《宋史》卷三九四《胡纮传》,第 12024 页。
③ 《宋会要辑稿》职官七三之二五、二六,第 4029 页。

为同知贡举,参与主持当年科考,①随后又继续主持了博学宏词科考试,并因在宏词考试命题上的失当,遭监察御史程松弹劾。一同遭到弹劾的还有徐似道,罪名是依附胡纮"结为党与"。结党自然是相互的,故该罪名无疑也适合胡纮。可以认为,程松弹劾胡纮的理由主要有二:一是宏词命题失当;二是结党营私。后一罪名较之前者更为严重,当是胡纮遭到贬谪的主要原因。

弹劾胡纮的程松又是何许人呢?《宋史·程松传》记载:

> 程松,字冬老,池州青阳人。登进士第,调湖州长兴尉。章森、吴曦使北,松为傔从。庆元中,韩侂胄用事,曦为殿帅。时松知钱塘县,诣事曦以结侂胄。侂胄以小故出爱姬,松闻,以百千市之,至则盛供帐,舍诸中堂,夫妇奉之谨。居无何,侂胄意解,复召姬,姬具言松谨待之意,侂胄大喜,除松干办行在诸军审计司、守太府寺丞。未阅旬,迁监察御史,擢右正言、谏议大夫。②

原来程松在钱塘知县任上,通过吴曦的关系刻意巴结韩侂胄。因在韩侂胄爱姬事件上的表现赢得欢心而获擢升,监察御史的职位即由此而来。可见,程松乃彻头彻尾的韩氏亲信,与胡纮依托京镗为韩氏所用不同,其与韩的关系远较胡纮直接而亲密。胡纮作为协助韩侂胄制造党禁的核心成员,若无韩的同意,程松势必不敢发动弹劾,即便弹劾亦不可能导致胡纮直接罢黜。因此,胡纮的罢免当是出于韩侂胄之意,原因则在于后者发现胡纮涉嫌结党。

胡纮贬谪后四个月,庆元五年七月,吏部尚书刘德秀出知婺州。③ 刘德秀外放的原因不得而知,但由吏部尚书出知婺州透露出贬谪意味。胡纮与刘德秀皆由京镗推荐于韩侂胄而获重用,至此相继离朝,对于京镗的影响显

---

① 《宋会要辑稿》选举二二之一五,第4603页。
② 《宋史》卷三九六《程松传》,第12077页。
③ 《续编两朝纲目备要》卷五"庆元五年七月癸丑"条,第93页,《道命录》卷七下,第89页。

然是直接而沉重的。京镗自庆元二年正月出任右丞相,同年四月左丞相余端礼罢,京镗独相,①此后直至庆元六年都保持独相地位,这无疑是支持韩侂胄获得的回报。但在胡纮、刘德秀相继离朝后,他似乎预感到了某种危机,杨万里在京镗墓志铭中记载:

> (庆元)六年正月,公与同列奏事退,公独留,力祈上丞相印绶。先是,同列知其意,言于上曰:"京某公正无私,不可听其去。"上曰:"丞相诚实,何得言去?"及公有请,果不从。闰二月拜少傅左丞相。三月,公属疾,遂力申前请。凡六表,词皆哀痛。上竟不许,诏药丞视之,且许肩舆入见。②

刘德秀去职数月,京镗表现出极力想要辞去相位的念头。若说庆元六年三月的执意请辞是出于身体疾病,此前正月的请辞明显与疾病无关,而且有意思的是京镗请辞早在他人意料之中,并为此说服宁宗拒绝其请求。在庆元年间的政治形势下,有能力轻易说服宁宗拒绝宰相辞任的,恐非韩侂胄莫属。京镗的执意请辞与胡纮、刘德秀的相继离朝难脱干系,他应明白看到了这些事件背后韩侂胄刻意削弱自身势力的意愿,双方此前的合作关系已濒临破裂,故主动请辞以避祸。韩侂胄的挽留则意味着尚无意与京镗决裂,不过这似乎也仅仅是希望维系表面的和谐而已。就在第一次辞职次月,朝廷"以京镗为左丞相,谢深甫为右丞相"。③ 京镗看似获得擢升,达到了仕途巅峰,但独相局面被打破。按照既往惯例,并相局面的出现往往是罢相前奏,京镗对此当有着切身感受,他以右丞相身份打破余端礼独相后仅三个月,后者即遭罢相。此番局势重演,只是颠倒了角色。感受到罢相近在眼前的京镗,随即以疾病为由坚辞相位,前后六表"词皆哀痛"。可能此时的京镗确实

---

① 《宋史》卷三七《宁宗本纪》,第 720—721 页。
② 《杨万里集笺校》卷一二三《宋故太保大观文左丞相魏国公赠太师谥文忠京公墓志铭》,第 4767—4768 页。
③ 《宋史》卷三七《宁宗本纪》,第 726 页。

疾病缠身,至当年八月病逝于相位,未遭到罢相命运。

至此,作为党禁主导者的四人中,三位已经离开了政治舞台中心,只剩下何澹还身在中枢。此时何澹处境如何呢? 最终又是如何离开朝廷的呢? 自庆元初为韩侂胄援引出任御史中丞后,何澹随即于庆元二年正月迁任同知枢密院事,同年四月除参知政事,六年闰二月又迁知枢密院事兼参知政事,嘉泰元年七月罢。① 何澹的最终罢政在嘉泰元年,但早在庆元五年他在中枢就遭遇过危机。《续编两朝纲目备要》载:

> 何澹为参知政事,其弟涤新除通判临安府,自行在舟行归处州。舟人江乙市私盐万余斤以往,东梓巡检司逻卒林广等捕之,涤仗剑伤广。事至临安,司农卿丁逢知府事,当乙杖罪,而广以受贿杖脊编管,时庆元五年六月也。程松为监察御史,上疏劾之,戊辰诏逢与宫观,理作自陈,而以工部侍郎朱晞颜知府事,且命大理劾江乙以闻,毋得观望生事。辛未,澹乃丐免,上批其奏,略云:'遽以小嫌力求引去,卿初无预,朕亦何心?'澹乃即起视事。上寻批付大理,以伏暑恐致淹延,命有司据见追到人结绝。秋七月,狱成,甲午涤降一官,为朝奉郎,罢通判。逢降一官,罢祠。乙未,澹上疏言:'臣顷为中丞,首论枢密使王蔺不能钤束其弟,蔺遂去国。今训饬无素,罪何所逃? 望赐黜责。'诏不许。②

何澹担任参知政事期间,其弟何涤获除通判临安府后乘船返回家乡处州。何涤所乘船之舟人江乙携带私盐,遭临安附近的东梓巡检司逻卒林广等逮捕,在此过程中林广与何涤发生冲突,为何涤所伤。何涤的作为显示其很可能参与了江乙的贩卖私盐活动。此案交由临安府审理,知府丁逢一面将江乙杖罪,同时又将林广以受贿杖脊编管。这一判决明显有偏袒江乙、何涤之嫌,个中缘由不言而喻,即顾忌何涤背后正担任参知政事的何澹。上文讨论

---

① 《宋史》卷二一三《宰辅表》,第 5591—5592 页。
② 《续编两朝纲目备要》卷五"庆元五年六月"条,第 92 页。

吴后调停事件时曾提及丁逢,知道他因反对韩侂胄重新启用叶适、薛叔似的调停举措,而大为京镗、何澹赏识,由四川茶马入朝担任军器监,表明其本就与何澹关系密切,他在何㳠事件中心存偏袒也就在情理之中。但丁逢的做法遭到了监察御史程松弹劾,丁逢随即被罢,改由朱晞颜接任临安知府,同时命大理寺弹劾江乙,并诫谕大理寺"毋得观望生事"。大理寺所能观望的自然还是何澹。朝廷的重新处置明显带有针对何澹之意,很快何澹上疏请辞,但为宁宗婉拒。随后朝廷命大理寺将案件尽快结绝,何㳠被贬一官,罢去临安通判。丁逢亦降一官,先前授予的宫观闲职亦遭剥夺。面对这种结果,何澹再度上疏请求黜责,未被接受。在此事中,何澹虽然没有受到直接牵连,并在其后进一步擢升知枢密院事,但朝廷处理此事时表现出明显的针对性。通过对何㳠以及存心偏袒的丁逢的惩处,一方面给何澹的威信造成了沉重打击,迫使何澹不得不先后两次上疏请辞,另一方面也削弱了何澹在朝廷上的羽翼。造成此事出现转折的关键人物,又是韩侂胄的亲信程松。此前数月,也是他的弹劾导致了胡纮被黜。表面上看程松似乎确然为不畏强权之铁面御史,但结合他与韩侂胄的关系,不得不认为其秉承的依旧是韩氏风旨,是韩侂胄有意识地给何澹以敲打,迫使其更为顺服。

短期来看,韩侂胄似乎达到了目的,何澹的表现令其获得了进一步擢升。但嘉泰元年,双方的关系还是以破裂告终。《宋史·何澹传》记载何澹罢政经过称:

> 吴曦贿通时宰,规图帅蜀,未及贿澹,韩侂胄已许之,澹持不可。侂胄怒曰:"始以君肯相就,黜伪学,汲引至此,今顾立异耶?"以资政殿大学士提举洞霄宫。①

吴曦与韩侂胄的关系在当时恐是众所周知,此前程松即凭借这层关系获得了韩的赏识,何澹似不得不知,很难想象他纯粹因吴曦未向其行贿而刻意违

---

① 《宋史》卷三九四《何澹传》,第 12026 页。

逆韩氏意愿阻其帅蜀。《宋史·吴曦传》则提供了另外一种说法：

> 会韩侂胄谋开边,曦潜畜异志,因附侂胄求还蜀。枢密何澹觉其意,力沮之。①

据此,何澹反对吴曦帅蜀与贿赂无关,而是深刻洞察到了吴曦潜蓄异志,心怀不轨。其形象由先前的小人,一变而为洞烛机先的老成谋国之臣。两种形象恐怕都与事实相距甚远,何澹的反对更可能只是对不用蜀人,尤其是吴氏家族中人担任蜀帅的传统做法的坚持。无论何澹本意如何,无疑都让韩侂胄感觉到他已不再是此前肯"相就"的支持者,从而最终失去了韩氏的信赖与任用。

自庆元五年至嘉泰元年的三年中,胡纮、刘德秀、京镗、何澹作为协助韩侂胄制造党禁的核心成员,相继离开了政治舞台的中心。他们的离开紧接在庆元五年初的蔡琏案之后,意味着韩侂胄与反道学势力在利益诉求上的分歧日益加深,前者对他们的政治作为越来越难以忍受。随着四人相继离开,庆元初形成的反道学势力基本瓦解。此前提到,京镗为首的反道学势力是构成韩侂胄专权的两根支柱之一,韩侂胄将如何在摧毁这根支柱的情况下继续维系专权地位呢？

第三节　韩侂胄培植亲信私人的努力

韩侂胄在获得权势后,业已开始有意识地培植一股更为"忠诚"的亲信力量。在胡纮、何澹事件中发挥关键作用的监察御史程松,《宋史》本传将之描绘得十分不堪,刻意凸显其媚韩的一面,但换个角度看,他的迅速擢升亦可视作韩侂胄在刻意培植亲信私人。类似培植行动更为突出地表现在陈自

---

① 《宋史》卷四七五《吴曦传》,第 13811 页。

强、苏师旦、周筠等人身上。

庆元六年九月,婺州士人吕祖泰因不满党禁上疏请诛韩侂胄,①他在奏疏中对韩侂胄及其党羽进行了抨击,其中言道:

> 陈自强何人也?徒以侂胄童孺之师,躐致禁从……苏师旦,平江之吏胥。周筠,韩氏之厮役,人共知之。今师旦以潜邸随龙,周筠以皇后亲属,俱至大官,不知陛下在潜邸时,果识所谓苏师旦者乎?椒房之亲,果有厮役之周筠者乎?其自尊大而卑陵朝廷,一至于此也!愿陛下亟诛侂胄及苏师旦、周筠,而罢逐陈自强之徒。②

吕祖泰上疏之际,胡纮、刘德秀已逐,京镗也于前一月去世,只有主导推动党禁的何澹尚在中枢。但在吕祖泰的奏疏中,既没有提到京镗等人,亦未提及何澹,而是将矛头直指韩侂胄,尤其强调了其对陈自强、苏师旦、周筠的擢用,表明他将此三人视作韩氏最为重要的心腹亲信。这一认识当是符合实际的,《宋史·韩侂胄传》亦着重强调了韩侂胄对三人的重用:"若陈自强则以侂胄童子师,自选人不数年致位宰相,而苏师旦、周筠又侂胄厮役也,亦皆预闻国政,超取显仕。群小阿附,势焰熏灼。"③

陈自强,字勉之,福州闽县人,淳熙五年进士登第,但此后仕途蹭蹬,长期挣扎选海,无甚建树。他仕途的转折发生在庆元二年,《宋史·陈自强传》载:

> 庆元二年,入都待铨。自以尝为韩侂胄童子师,欲见之,无以自通,适僦居主人出入侂胄家,为言于侂胄。一日,召自强,比至,则从官毕集,侂胄设褥于堂,乡自强再拜,次召从官同坐。侂胄徐曰:"陈先生老儒,汩没可念。"明日,从官交荐其才。除太学录,迁博士,数月转国子博

---

① 《宋史》卷三七《宁宗本纪》,第727页。
② 《道命录》卷七下《吕泰然论不当立伪学之禁》,第79—80页。
③ 《宋史》卷四七四《韩侂胄传》,第13774页。

士,又迁秘书郎。入馆半载,擢右正言、谏议大夫、御史中丞。入台未逾月,遂登枢府,由选人至两地财四年。①

庆元二年,陈自强入朝参加铨选,其时韩侂胄业已成为掌握朝政大权的显赫人物。或许是穷极无聊,他希望凭借早年曾担任过韩侂胄童子师的经历走通一条终南捷径,故依靠居停主人传言向韩侂胄疏通。大出陈自强意料的是,当他前往韩府拜访时,见到的却是侍从官员云集,韩侂胄更是专门设坐堂上,亲自向其行拜见之礼,而后才招呼侍从官员就座,这无疑是极高礼遇。不仅如此,韩侂胄还特意向在座的侍从官员感叹陈自强"汨没可念",暗示他们加以举荐。这些从官不负所望,次日就竞相推荐陈自强才华卓著。陈自强很快获除太学录,迁太学博士,数月之后又接连转国子博士、秘书郎。半年后,进一步担任右正言、谏议大夫、御史中丞等台谏要职。庆元六年七月,自御史中丞除签书枢密院事。从选人到进入中枢,仅仅用了四年时间,真正称得上是平步青云,坐至公卿。

陈自强虽早年一度与韩侂胄结下师生之谊,但此后并无往来,以至于需要通过居停主人从中疏通。然而,韩侂胄给予陈自强的礼遇却是非同凡响,与两人的交谊颇不相配,此后一系列擢用进一步凸显出这种反差。很难相信韩侂胄纯粹出于尊师重道而对陈自强如此器重,陈自强本身的才能自然更不至令韩侂胄如此。他重用陈自强的目的只能是在有意识地培植私人势力。陈自强长期沉沦下僚,很容易对韩侂胄的擢用感恩戴德。同时他在朝廷上并无根基,唯一的依靠即是韩侂胄,这恰好可为韩侂胄通过他来掌控朝政提供便利。后来陈自强的表现确实达到了韩侂胄的预期,"每称侂胄为恩王、恩父",并常对人宣称"自强惟一死以报师王",②"侂胄凡所欲为,宰执惕息不敢为异,自强至印空名敕札授之,惟所欲用,三省不预知也"。③ 在与京镗等反道学势力渐行渐远之际,这些都正是韩侂胄所急需的。

---

① 《宋史》卷三九四《陈自强传》,第 12034 页。
② 《宋史》卷三九四《陈自强传》,第 12034 页。
③ 《宋史》卷四七四《韩侂胄传》,第 13774 页。

第七章 韩侂胄的权力危机 *211*

较之陈自强，苏师旦与韩侂胄的关系更为密切。《宋史全文》记载：

师旦本平江府书佐，韩侂胄顷为本府兵马钤辖，从府假笔吏，吏以其冷局，俾师旦行。韩满归，苏复还府下，丘崈为守，尝以事怒师旦，编管秀州。久之，韩知閤门事，师旦困甚，往依之，韩怜而置之门下。未久，上登极，韩以师旦窜名藩邸吏士内，遂用随龙恩得官。韩以其慧辩爱之。每朝廷有议论，或使之传言于大臣，大臣亦与之立语而已。当时侍从官则或与之接坐矣。①

韩侂胄早年担任过平江府兵马钤辖，任上向平江府借用书笔吏，苏师旦因此机缘与韩结识。但此时双方似仅是公务往来，并无深交。待韩侂胄任满离职后，苏师旦仍旧回平江府供职。后来因事触怒平江知府丘崈，苏师旦被编管秀州，陷入落魄潦倒的境地。淳熙末年，韩侂胄迁任知閤门事，②苏师旦前往依附，得到收容。宁宗即位后，韩侂胄将苏师旦窜名宁宗潜邸吏人中，以随龙恩赏授其官职。苏师旦因能言会道，聪慧善辩，韩侂胄掌权后常常让其担任与大臣间的传言者，地位迅速擢升，"自庆元以来，政出于韩，而师旦之门如市。宰相已为具官，左右不复预事，曹吏号为冷局"。③相较陈自强在韩侂胄已然掌权后的依附，苏师旦早在韩尚未发迹时已追随左右，获得亲信，掌权后更是倚为腹心。但是他与陈自强有一点是共同的，就是对韩侂胄的"忠诚"。《四朝闻见录》记载："初，苏师旦本平江书吏，韩氏为戎副，籍之于厅。韩用事，师旦实为腹心。韩知閤门事，犹在韩侧立侍。迨冒节钺，韩则曰：'皆使相也。'始乃与之均席。由是海内趋朝之士，欲造其门而不得见。"④苏师旦在韩侂胄任职閤门期间前往投靠，此时他乃待罪之身，对韩侂胄毕恭毕敬似在情理之中。但韩侂胄掌权后，他在韩的

---

① 《宋史全文》卷二九下"嘉泰二年正月癸亥"条，第2492页。
② 《宋史》卷四七四《韩侂胄传》，第13771页。
③ 《四朝闻见录》戊集《侂胄师旦周筠等本末》，第182页。
④ 《四朝闻见录》戊集《侂胄师旦周筠等本末》，第181页。

扶持下已权重一时,却依然保持着谦敬卑微的姿态。直至开禧元年获授安远军节度使后,①方在韩侂胄的要求下"与之均席"。这种自始至终的谦卑姿态,显然是其长期获得韩氏亲信的重要因素。

至于另一位韩侂胄的心腹周筠,相关记载较少,据前引吕祖泰奏疏称:"苏师旦,平江之吏胥。周筠,韩氏之厮役,人共知之。今师旦以潜邸随龙,周筠以皇后亲属,俱至大官。"②则周筠乃韩氏家中仆役,较之苏师旦的出身更为低下。不过既为韩氏家奴,跟随韩侂胄的时间可能较苏师旦更为长久。宁宗即位后,韩侂胄将周筠窜名韩皇后的亲属中授予官职。他在韩的扶持下同样权势显赫,《四朝闻见录》载:"德寿宫门路桎梏阑入,凡持盖肩负者,皆由夹墙以入。有舆薪数十人阑入,司柝者呵之止之。曰:'周总管柴。'呵者默而听之。周筠亦亚于师旦。"③其权势在韩氏门下仅次于苏师旦。

陈自强、苏师旦、周筠与韩侂胄的关系明显与京镗等人不同。韩侂胄专权的形成,在皇权的支持外就主要依托京镗等人的支持。无论京镗还是何澹,尽管依靠韩侂胄在仕途上百尺竿头更进一步,但他们早在孝宗、光宗时期就已经获致高位,在朝廷上颇有根基,他们与韩侂胄只是相互利用、各取所需的合作关系。这就决定了他们对韩侂胄不会无条件依附,供其肆意驱使。庆元二年吴后调停事件中,韩侂胄当已对此有所感触。随着双方在党禁上的分歧日益凸显,韩侂胄势必感到需要在他们之外培植一股更易掌控,更为"忠诚"的力量。陈自强、苏师旦、周筠等人正符合这样的要求,他们皆出身低下,若无韩侂胄的赏识与拔擢可能永无出头之日,韩是他们在政治上的唯一依靠,他们对韩的"忠诚"是毋庸置疑的。在对韩侂胄专权的成立与维系起到支撑作用的京镗等势力瓦解后,陈自强等亲信私人成为韩侂胄专权新的支撑力量。只是相较于京镗等人,陈自强等人无论出身、能力还是声望皆相差甚远,这在给韩侂胄带来"忠诚"的同时也侵蚀着其专权的根基。

---

① 《宋史》卷三八《宁宗本纪》,第738页。
② 《道命录》卷七下《吕泰然论不当立伪学之禁》,第80页。
③ 《四朝闻见录》戊集《侂胄师旦周筠等本末》,第182页。

第四节　庆元党禁的松弛

至庆元末年,韩侂胄赖以专权的两根支柱都发生了深刻变化。在外朝,京镗等反道学势力趋于瓦解,韩侂胄通过培植亲信私人的方式尚可勉强维系控制。但在内廷,韩侂胄始终难以驯服宦官势力,随着韩皇后去世、杨皇后崛起,他在内廷的影响力进一步遭到严重削弱。与此同时,雪上加霜的是,在庆元、嘉泰之际,南宋又发生了旱灾、天变、大丧、都城大火等一系列严重的天灾人祸,让宁宗及韩侂胄饱受批评。在庆元六年的旱灾中,宁宗甚至不得不下诏罪己。① 韩侂胄作为掌握朝政大权之人,所遭受的质疑与批判自然更为激烈。为应对危机摆脱困境,韩侂胄采取的一个重要举措,就是致力于从介于内廷与外朝之间的近习兼外戚角色向作为外朝领袖的宰相转变,以将其外戚性质的擅权转变为更具合法性的宰相当政,具体的途径就是谋求出任平章军国事之位。然而,此事却因以谢深甫为首的中枢宰执的反对而未能成功。②

韩侂胄寻求平章军国事的意图虽暂时受阻,但在化解危机的过程中已持续七年的庆元党禁终于走到了尽头。面对一系列天灾人祸,部分士人开始公开质疑党禁政策。曹彦约在嘉泰元年三月临安大火后的一道札子中言道:

---

① 楼钥撰杨王休行状载:"(庆元六年)四月,兼工部侍郎。夏旱,上封事,请下罪己之诏,修应天之实,布之天下,使内外之臣图弭天变。五月,有诏罪己,仍诏侍从而下疏陈阙失。"(《楼钥集》卷九五《文华阁待制杨公行状》,第1670页)《宋史·宁宗本纪》并未记载宁宗罪己事,但《宋史全文》收录有庆元六年五月的一封诏书,其中有云:"朕寅奉慈训,猥以眇身,托于士民之上,夙夜栗栗,不遑康宁。惟德菲薄,晦于大道,下不能治育群生,上以干阴阳之和。乃夏序适中,越月不雨,大田既坼,嘉谷将槁。元元何辜,咎实在朕。意者政事有所亏,刑法失其当欤? 赋役繁重,而烝庶之失业者众欤? 不然,何致沴之深也邪。"(《宋史全文》卷二九上"庆元六年五月辛未"条,第2468页)当即楼钥所说的宁宗罪己诏。

② 《南宋宁宗朝前期政治研究》,第202—207页。

以火德之朝,建商星之号,居东南之地,当正阳之月,惊犯秘殿,燔烧宝牒,非可以怠忽视之也。昨者党人之论,其徒容有偏处,亦有假借声势,附会形影。然真伪相杂,不当例斥。外间纷纷,初谓庙堂本不与议,大丞相与元枢、副枢在言路久,未尝专及党事。谏坡为御史时,亦复阔略。自枉人吕祖泰论事不实,乃始追咎党人,极肆驱斥。寄居之人,久不自便;闲居之人,久无祠禄。已作县者,不理亲民;非论荐者,不许复用。汉之所谓锢党人者,大略如此。高宗、孝宗以来,无是事也。党人是非,不当晚进议论。但比年赦宥稠叠,死罪以下多至宽释,独党人不在检举,乃不得与死罪一等。或云庙堂报复眦睚,不肯任怨,乃欲托名平原以自解释,不知果否? 当副枢与谏坡初言事时,事体可见。前时姚中司入台,亦不及此。攻逐党人,实非平原本意,屋外望屋,公议甚明。万一平原觉悟,知是使己任怨,同列之间岂不又成仇隙耶?①

曹彦约字简甫,都昌人,淳熙八年进士,尝从朱熹讲学,②属道学中人。这道札子是上于宰相谢深甫。他将临安大火视作灾变,视作上天的一次示警,而后将之联系到党禁。道学出身让曹彦约对党禁持否定态度,但在朝廷正在推行党禁的情况下,不便公然抨击,故言辞上颇为婉转。他首先承认道学中人的作为有失偏颇,朝廷的惩治有其合理性,但同时指出不当以偏概全,对道学群体不分真伪良莠,悉数贬斥禁锢。他接着指出,外间舆论都认为中枢宰执本无意积极推动党禁,只因吕祖泰的贸然上疏才导致了他们转而大肆贬谪废黜道学中人,并禁止其获得重新启用的机会。他将党禁比作汉代的党锢,认为不符合宋朝的祖宗法度。曹彦约的说法明显不符合事实,纵观庆元年间党禁的发展过程,以京镗为首的中枢官员都是最主要的推动者,而此时的宰相谢深甫亦是其中一员。这并非是他不清楚状况,而应视作争取谢深甫等人松弛党禁的策略性手段。紧接着曹彦约提到了另外一种朝野间流

---

① 《曹彦约集》卷一二《上丞相论都城火灾札子》,第278—279页。
② 《宋史》卷四一〇《曹彦约传》,第12340页。

传的言论,即吕祖泰事件后,朝廷对道学中人的追咎乃是出于谢深甫等宰执的蓄意报复,而非出于韩侂胄意愿,但他们却有意识地将责任推在韩侂胄身上,由他来承担舆论指责。曹彦约提醒谢深甫,韩侂胄一旦回味过来,双方将不可避免的产生嫌隙甚至仇恨。曹彦约札子的用意自是希望谢深甫等宰执,能借此次临安大火之机推动解除党禁。他在其时不过一普通的下层官员,敢于公开上书要求解除党禁,当代表了士人群体间业已存在的一种较为普遍的政治意愿。

韩侂胄对全面镇压道学的党禁本就兴趣不大,只是碍于京镗等反道学势力的态度,在相当一段时间内不得不予以支持,曹彦约的说法进一步印证了该事实。随着韩侂胄与京镗等人在政治上的渐行渐远,胡纮、刘德秀相继被逐出朝廷,京镗去世,力主党禁的何澹也在嘉泰元年七月遭到罢免,加上庆元、嘉泰之际一系列天灾人祸对韩侂胄专权造成的冲击,以及朝野舆论对党禁日益突出的非议,诸般因素的叠加共同促成了韩侂胄决意松弛党禁。嘉泰二年正月,有官员上疏:

> 臣尝谓繇庆元初迄今,于兹八年,阳内阴外,其类已分;真是伪非,其论已定。人之趋向,又已一归于正,谨守而堤防之……臣愚欲望睿慈下臣此章,播告中外,继自今以始,专事忠恪,毋肆欺谩,不惟可以昭圣朝公正之心,抑亦有以杜伪习渚乱之患。①

奏疏直接推动朝廷于二月追复赵汝愚资政殿大学士,徐谊、刘光祖、陈傅良等在党禁期间遭到贬谪的官员,"咸先后复官自便,或典州宫观","又消荐楗中'不系伪学'一节,俾勿复有言"。② 党禁至此告一段落。可以说,党禁的松弛是韩侂胄为解决专权危机采取的又一项重要政治举措,试图借此弥合政治分歧与对立,重塑政治威信。

---

① 《道命录》卷七下《言者论习伪之徒唱为攻伪之说乞禁止》,第89页。
② 《续编两朝纲目备要》卷七"嘉泰二年二月"条,第124页。

只是松弛党禁对于维系韩侂胄专权的效果是值得怀疑的。要知道,嘉泰二年党禁仅仅是得到了松弛而非彻底解除。朝廷通过追复赵汝愚职名,启用部分"伪党"的形式来放宽党禁,并未颁布任何正式诏令为赵汝愚及道学平反。上引奏疏丝毫没有否定党禁之意,相反是认为长期的党禁已成功消除了"伪学"习气,取得了预期效果,故才决定弛禁,而启用之人原则上也是"改过自新"者。有学者注意到嘉泰二年后依旧存在着以"伪学"名目迫害士大夫的现象,[1]症结就在于此。个中缘由不难理解,松弛党禁完全是一种政治上的折衷与妥协。名义上党禁没有被否定,故曾经参与制造党禁的官员不必担心会遭清算,而通过复官、启用,赵汝愚及道学中人又可得到安抚,这就决定了韩侂胄对道学的支持与任用都将是有限度的。因此,他是否能够真正与道学中人冰释前嫌,赢得后者在政治上的承认与拥护,是颇值得怀疑的。

在应对危机中,韩侂胄谋求平章军国事的行动,因谢深甫等中枢宰执的反对而受挫,松弛党禁也难以真正赢得道学中人的拥戴,他重塑政治权势与威望的努力无疑算不上成功。若要走出眼前的危机,他还需要寻找更为切实有效的路径。而他所找到的脱困之路就是——北伐。

---

[1] 王宇:《从庆元党禁到嘉定更化:朱子学解禁始末考述》,《国际社会科学杂志:中文版》2011年4月。

第八章　通向开禧北伐

韩侂胄赖以维系专权的两根支柱在庆元年间都发生了深刻变化。在外朝,京镗等反道学势力逐渐退出政治舞台,为陈自强等韩氏亲信私人所取代,这些人固然"忠诚"却缺乏政治声望;在内廷,随着韩皇后去世,围绕立后问题韩侂胄与杨皇后严重对立,杨皇后的获立让韩侂胄在内廷的影响力丧失殆尽。这些变化都在不断地侵蚀着韩侂胄的权力基础,严重威胁其政治前途与命运。正是在这种权力危机的推动下,韩侂胄才走向了北伐之路。笔者曾指出,韩侂胄谋划发动北伐最初的目的并非是真正要对金朝用兵,而是借助推动北伐来攫取军政大权,出任平章军国事,完成从外戚专权向宰相专政的转变。北伐最终变为现实,是因为韩侂胄在以北伐为号召来谋求权力的过程中,周围业已聚集起一批热衷恢复之士,他们不愿意看到北伐被断然放弃,而金朝在面对南宋侵扰时的软弱也让韩侂胄强烈感受到金朝已今非昔比。同时,单纯平章军国的职位还不足以完全巩固韩侂胄在朝中的地位。在这些因素的共同作用下,韩侂胄选择了对金朝用兵。也就是说,北伐用兵本身只是相对次要的目的与附带结果。[①] 这一观点在一定程度上忽视了韩侂胄在用兵北伐上的主动性,而出现这种忽视的原因则在于对此一时期宋金局势变化的了解不足。因此,韩侂胄与北伐的关系还有进一步探究的必要。本节拟围绕三个问题展开论述:第一,韩侂胄究竟何时决意通过北

[①] 《南宋宁宗朝前期政治研究》,第202—221页。

伐来摆脱困境;第二,韩侂胄谋求北伐的舆论环境如何;第三,北伐究竟是如何一步步付诸实施的,凸显出韩侂胄对北伐怎样的认知。此外,在韩侂胄发动北伐的过程中,时常可以看到道学中人的身影。这些道学中人究竟在其中扮演了怎样的角色,发挥了怎样的作用,也是值得注意的问题。

第一节 韩侂胄决意北伐时间考

韩侂胄主持下的北伐真正发动已在开禧二年,如此重大的军事行动自不可能单凭政治人物一时兴起而突然爆发,必然有一个谋划准备的过程。韩侂胄究竟是在何时决意用兵北伐的呢? 在宋代史料记载中,通常将韩侂胄决意北伐的时间定在嘉泰元年。《建炎以来朝野杂记》叙述开禧北伐始末时称:

> 先是,韩侂胄用事久,有劝其立盖世功名以自固者,侂胄然之。嘉泰元年秋八月二日己卯,以殿前都指挥使吴曦为兴州都统制,规陕之意自此起矣。①

李心传将嘉泰元年任命吴曦为兴州都统制作为韩侂胄决意北伐的起点,认为这是其为谋划北伐而采取的第一个重要步骤。《宋史·吴曦传》也大致持同样观点:

> 会韩侂胄谋开边,曦潜畜异志,因附侂胄求还蜀。枢密何澹觉其意,力沮之。陈自强纳曦厚赂,阴赞侂胄,遂命曦兴州驻札御前诸军都统制,兼知兴州、利州西路安抚使。②

---

① 《建炎以来朝野杂记》乙集卷一八《丙寅淮汉蜀口用兵事目(吴曦之变附)》,第825页。
② 《宋史》卷四七五《吴曦传》,第13811—13812页。

这里更加强调吴曦的主动性,认为他通过贿赂让陈自强向韩侂胄说项,从而获得了蜀帅任命。该记载明显不合情理,陈自强固然是韩氏亲信,但吴曦与韩的关系较陈自强只深不浅。早在庆元年间,程松就是通过"谄事曦以结侂胄"获得重用,①吴曦在韩侂胄势力中的地位可见一斑。实际上,韩侂胄有意任命吴曦为蜀帅并不始于嘉泰元年。《宋史·留正传》载:"及吴挺死,韩侂胄为吴氏地,使吴曦世袭。正力请留曦环卫,遣张诏代挺。后数岁,曦入蜀,卒稔变。"②吴挺去世在绍熙四年五月,③韩侂胄时为知阁门事,就已利用接近光宗的便利为吴曦接任蜀帅寻求机会,因宰相留正反对未果。这一方面表明,吴曦与韩侂胄的交好要远早于陈自强;另一方面则表明,嘉泰元年吴曦的任命只不过是韩侂胄在掌握权力后兑现了早年的承诺。无可否认,韩侂胄任命吴曦担任蜀帅必然有着一定的政治考量,即借此强化对地方军政权力的掌握。此乃权臣的惯常做法,如后来的史弥远与赵方父子即是其例。④ 但决定这一任命的主要原因还是在于韩侂胄与吴曦的私谊,魏了翁后来就言道:"韩侂胄未遇,率从吴曦假贷,或又因之以进,假殿帅以酬私恩。曦请将西帅,侂胄不敢违。"⑤《建炎以来朝野杂记》《宋史·吴曦传》将吴曦帅蜀视作韩侂胄北伐的起点,当是鉴于后来吴曦在开禧北伐中的角色而作出的回溯式判断,并不符合历史本身的脉络。《建炎以来朝野杂记》有关吴曦帅蜀的记载后,紧接着叙述"(嘉泰)三年冬,知安丰军厉仲方言淮北流民有愿过淮者。帅臣以闻"。⑥ 自嘉泰元年八月吴曦帅蜀至嘉泰三年冬厉仲方事件,相距整整两年有余,在此期间竟然没有任何有关韩侂胄北伐之事值得记载,足可证明吴曦帅蜀与北伐并没有必然联系。

如果说李心传等人将韩侂胄决意北伐定在嘉泰元年已属过早的话,近

---

① 《宋史》卷三九六《程松传》,第 12077 页。
② 《宋史》卷三九一《留正传》,第 11974—11975 页。
③ 《宋史》卷三六《光宗本纪》,第 705 页。
④ 李超:《既用且防:史弥远与衡山赵氏家族关系考论》,《南华大学学报(社会科学版)》2018 年第 5 期。
⑤ 《重校鹤山先生大全文集》卷一八《应诏封事》,第 21 页 a。
⑥ 《建炎以来朝野杂记》乙集卷一八《丙寅淮汉蜀口用兵事目(吴曦之变附)》,第 825 页。

代学者则将这一时间节点更加提前到了庆元年间。日本学者寺地遵认为,韩侂胄作为长期服侍孝宗的侧近之人,熟知孝宗恢复之志,受孝宗影响一直就有意恢复,待庆元四、五年之间完全确立起专权地位后,北伐就势在必行。① 台湾学者则通过对陈康伯亲征诏草和岳珂编纂岳飞事迹等事件的考察,得出了类似结论。绍兴末年,完颜亮南侵之时,宰相陈康伯力劝高宗亲征抗敌并替高宗撰写了亲征诏书。庆元六年,参知政事何澹突然将家藏据说是陈康伯亲书的诏书草稿归还陈家,陈家随即将之重新刊刻,何澹、谢深甫等宰执大臣皆为之撰写题跋。杨俊峰对此事的来龙去脉进行了详细梳理,认为亲征诏草的重新问世"是宁宗朝的执政集团利用了题跋名帖的文化机制,有意铺陈抗金行动的氛围的结果"。他甚至认为早在庆元元年韩侂胄就展现了对武备和边防的积极态度,②似乎意在暗示北伐恢复乃是韩侂胄的一贯主张。方震华也指出:"为了营造有利于北伐的氛围,整合主战人士的力量,韩侂胄及其支持者早在庆元年间就有所动作,只是进行地十分隐讳。"同样举出陈康伯亲征诏草作为证据,认为"主政者致力于宣扬亲征诏书,显然是想借此宣称高宗早有出兵抗金、攘除夷狄之意,暗示日后的北伐是继承了祖宗之志的行动"。此外,他还列举岳珂编纂《行实编年》作为例证。岳珂于庆元四年在宰相京镗协助下着手编纂岳飞事迹。岳飞是众所周知的抗金领袖,京镗则是韩侂胄的支持者,京镗如此作为自然倾向支持北伐。③

无论是将韩侂胄决意北伐的时间定在嘉泰元年吴曦帅蜀之际,还是将之提前到庆元年间,甚至是庆元初年,都明显带有"倒放电影"色彩,即循着开禧北伐的结果进行回溯式观察,将看似与北伐有所关联的事件皆纳入到北伐脉络中,导致决策北伐的初始时间不断提前。只是论者在分析中皆忽视了一个重要因素,即庆元年间南宋的"国是"。讨论宁宗初年赵汝愚

---

① 寺地遵著,吴雅婷译:《韩侂胄专权的成立》,《中外论坛》2020年第4期,第184—185页。
② 杨俊峰:《绍兴辛巳亲征诏草的隐没与再现——兼论和议国是确立后历史书写的避忌现象》,《台湾师大历史学报》第53期,2015年,第32—33页。
③ 方震华:《复仇大义与南宋后期对外政策的转变》,《"中研院"历史语言研究所集刊》第八十八本,第二分,2017年,第311—315页。

与韩侂胄的政争时已指出,除权力因素外,双方的斗争乃是"变更"与"安静"两种不同的"国是"之争。赵汝愚及其道学支持者力图扭转孝宗以来的治理路线,推动政治革新,支持韩侂胄的京镗等人则是孝宗路线的捍卫者,力主延续淳熙后期的"安静"之政。随着赵汝愚的失败,庆元年间奉行的自然是"安静"的国是。这一国是在淳熙后期的推行本身就是对此前"急进"恢复路线的反动,是将恢复的目标暂时搁置。可想而知,执行该路线的京镗等宰执大臣似乎不大可能会对北伐抱有热情。韩侂胄及其支持者给赵汝愚所定罪名中,即有一条指其意图肇开兵端,用兵北伐,"内欲擅移军帅,而结腹心之死党。外将生事戎夷,而开边境之衅端"。① 北伐竟然可以成为政治打击的"罪名",韩侂胄等人对北伐的态度也就可想而知。这种反对北伐的"安静"国是,直至庆元末年亦未发生改变。庆元六年闰二月,谢深甫迁任右丞相,何澹迁任知枢密院事。王炎在《贺谢右丞相启》称赞谢深甫:"清明中正,君子进而小人之道消。安靖和平,内患宁而外忧之途屈。"②在《贺何知院启》中称赞何澹:"弥缝辅赞,道合于一堂;安静和平,福加乎四海。"③两封贺启皆强调"安静和平",表明直至此时"安静"依旧被奉为"国是"。

庆元年间,京镗一直担任宰相,且在大部分时间内独相,是韩侂胄专权的重要支持者,他在北伐上的态度对朝廷对外政策的制定必然有着重要影响。是否如方震华等所言,京镗在庆元年间业已参与了对北伐氛围的营造呢?事实上,早在淳熙年间,京镗就对"急进"恢复路线提出过批评,规劝孝宗"天下事未有骤如意者,宜舒徐以图之",④希望孝宗鉴于国内的种种问题暂时放弃对恢复的迫切追求,由此得孝宗赞赏,擢升监察御史。时过境迁,待在宁宗朝担任宰相后,京镗有没有因自身地位与外部环境的变化转变立场呢?杨万里在京镗墓志铭中记载:"边城每奏北虏事宜,公劝上不必问彼,

---

① 《宋宰辅编年录校补》卷二〇,第 1303 页。
② 《双溪类稿》卷一七《贺谢右丞相启》,第 619 页。
③ 《双溪类稿》卷一七《贺何知院启》,第 619 页。
④ 《宋史》卷三九四《京镗传》,第 12036 页。

而自为备。"①杨万里系此事于庆元五年,可见直至执政末期京镗对恢复都没有表现出丝毫热情。在他看来,只要做好自身防备即可,不必过多关注金朝事宜。很难想象秉持此种立场者会支持韩侂胄用兵北伐,他也更不大可能主动参与对所谓北伐氛围的营造。

既然京镗等宰执奉行"安静"之政,对北伐无甚兴趣,则庆元年间韩侂胄不大可能着手准备北伐相关事务,其决意北伐只能在嘉泰以后。嘉泰元年吴曦帅蜀,表面上与谋划北伐有关,同样似是而非,是史家回溯式叙事的结果。韩侂胄决意北伐究竟在何时呢?其实,迫使韩侂胄北伐的关键性因素是韩皇后的去世。魏了翁指出:"韩侂胄既盗威柄,出入禁中,自恭淑皇后上仙,虑其不能以久,则又为开边之说以自固。"②笔者在分析韩侂胄与韩、杨两位皇后的关系时已指出,韩皇后的去世对韩侂胄的专权造成了深刻影响,在让他丧失了外戚身份的同时,更严重削弱了其在内廷的影响。支撑其专权的一根重要支柱发生动摇,韩侂胄急需寻求化解之道。③ 魏了翁认为韩皇后去世后,韩侂胄担心权力无法长久维系,遂想出了通过北伐建功立业以固权的办法。韩皇后去世于庆元六年十一月,如果魏了翁判断正确,他在随后的嘉泰元年布局北伐似乎顺理成章。李心传将嘉泰元年八月吴曦帅蜀视作韩侂胄决意北伐的开始,当就是建立在类似判断的基础上。但我们认为,魏了翁判断的前半部分是有道理的,后半部分则还值得进一步思考。韩皇后的去世确实让韩侂胄面临着很大的危机,但他是否立即想到了北伐呢?是否除此之外别无他途呢?北伐在南宋固然有着道义上的正确性,北伐成功亦会有着丰厚的政治回报,但风险性也是毋庸置疑的,韩侂胄有可能会在甫一面临危机时便想到了如此高风险的脱困之路吗?显然不太合乎常情。

既然韩皇后的去世削弱了韩侂胄在内廷的影响力,他首先要做的就是

---

① 《杨万里集笺校》卷一二三《宋故太保大观文左丞相魏国公赠太师谥文忠京公墓志铭》,第4767页。
② 《重校鹤山先生大全文集》卷一八《应诏封事》,第23页a。
③ 《南宋宁宗朝前期政治研究》,第191—202页。

重建这一影响力,这通过扶持另一位皇后即可做到,何必舍近求远冒险北伐呢?韩侂胄正是这么做的,他选择扶持为宁宗宠幸的曹美人,杨皇后则成了最有力的竞争者。自庆元六年十一月韩皇后去世,至嘉泰二年十二月杨皇后册立,整整两年时间,围绕立后问题韩侂胄与杨皇后之间必然展开了一系列激烈的政治角逐。胜负未决之际,韩侂胄似不必着急谋划北伐。一者,若韩侂胄最终获胜,顺利拥立曹美人为后,就可以重建在内廷的影响力,继续维系专权地位,自不必冒险再行北伐;再者,胜负未决之际分心旁顾于北伐,似乎也无益于其与杨皇后的较量。然而,嘉泰二年十二月杨皇后获得册立,韩、杨之争尘埃落定,彻底消除了韩侂胄在内廷重建影响力的可能性。加之随着一手选送入宫的赵与愿转入杨皇后手中,这一切都明确预示了韩侂胄未来政治上的暗淡前途与命运。[1] 在这种情况下,他似乎才会以孤注一掷的心态考虑风险甚高的北伐。因此,韩侂胄真正下定决心北伐的时间当在嘉泰二年、三年之际。后文论述北伐发动经过时将会看到,紧锣密鼓的北伐准备工作正是从嘉泰三年开始的。

第二节 韩侂胄北伐的舆论环境

在现存宋代史料中,可以看到许多官员士大夫反对韩侂胄北伐的言论,支持的言论则甚少见到,给人造成一种北伐乃韩侂胄一意孤行、倒行逆施的鲜明印象。只是北伐乃关乎南宋存亡的军国大事,也直接关系到韩侂胄的前途命运,若果真是一条显而易见的绝路,很难想象韩侂胄会执着于此。我们不必否定反对者言论的真实性,但更应站在韩侂胄及其支持者的立场,来观察其时北伐是否具备某种程度的现实可行性。北伐的可行性无非包括两个方面:一是南宋自身是否具备实力,二是金朝是否有机可乘。尤其是后者,金朝任何动荡衰亡的迹象都会激发南宋对恢复的热情。在韩侂胄专权

---

[1] 《南宋宁宗朝前期政治研究》,第191—202页。

时期,金朝是否显示出类似的征兆呢?

早在宁宗初年,通过赴金使节,南宋已得知金朝遭到了蒙古侵扰。庆元元年六月,朝廷派遣汪义端为贺金主生辰使。①《新安文献志》载:

> 宁庙临御,(汪义端)差充贺金国生辰使,还言:"虏为鞑所扰,今和议虽未可违,当密为自治待时之策。"②

汪义端出使归来报告了金朝为蒙古侵扰的消息,并强调南宋应在坚持和议的同时暗中自治以等待时机。其后类似金朝边乱的消息不断传入,引起了朝廷重视。

庆元三年闰六月,朝廷又一次派遣卫泾出使贺金主生辰。③ 在奉使回朝后的奏疏中,卫泾言道:"臣等猥以庸虚,误叨隆委,将聘虏庭,陛辞之日,玉音宣谕,令因而询访鞑靼事宜,不可张皇。"④他们被明确赋予了侦察金朝与蒙古事宜的秘密任务。围绕蒙古事宜,奏疏言道:

> 大抵北虏狃于宴安,习成骄惰,非复曩时之旧。而鞑靼生长西北,其人骁勇剽悍,地产壮马,加以新集之众,意气方锐,倏来忽往,捷于风雨,契丹遗类蒙国诸戎挟其世仇,环视而动,左枝右梧之不暇,虽侈宫室盛仪卫,外示强大之形,臣等见其在廷班行,人才委靡,上下窘蹙,若有旦夕肘腋之变。而所过河南州郡,凋弊太甚,供备牛马,取办军须,十室九空,殆同清野。怨讟并作,至有"及汝偕亡"之谣。遗老尚存,咸起"徯我来苏"之望。……观其事势,鞑靼诸种虽未足以灭虏,而侵扰者众,转斗未休,久而祸结兵连,必至民愁盗起。危亡之兆,端在于斯。⑤

---

① 《宋史》卷三七《宁宗本纪》,第719页。
② 《新安文献志》卷八一,第1981页。
③ 《宋史》卷三七《宁宗本纪》,第723页。
④ 《历代名臣奏议》卷三五〇,第4556页。
⑤ 《历代名臣奏议》卷三五〇,第4556页。

金朝承平日久,君臣苟安,已失去了初起时的锐气。虽然在接见使者时刻意展示强大形象,但已难掩人才凋敝、国势衰弱之状。而位于金朝西北的蒙古则方兴未艾,勇猛彪悍,且其地盛产良马,给金朝造成了严重威胁。为征集军需对抗蒙古,金朝治下河南等州郡十室九空,凋敝已极,百姓已萌反叛之心,宋室遗民甚至期盼宋军北伐。卫泾认为从形势上看,蒙古未必有力量亡金,但侵扰不休必然导致兵连祸结,民愁盗起,金朝衰亡之兆隐然可见。不过,他也反对乘机北伐:"若不量其在我,而徒欲乘敌之多事,譬之贲育与有力者斗,未知孰胜,有一人焉,幸其不戒而捣其虚,或不足以制贲育之命,后患将若何?"①金朝的危机固然是机会,但当务之急是积极自治,增强实力。若思不及此而有意乘金蒙相争挥师北上,以图侥幸收复中原,一旦失利后果不堪设想。

随着金朝遭受蒙古侵扰的消息接连传来,引起了较为普遍的关注。就在卫泾出使同时,刘三杰上疏称:"今日之忧有二:有边境之忧,有伪学之忧。"②庆元三年正是党禁厉行之际,刘三杰将"伪学之忧"与"边境之忧"相提并论,表明随着金朝局势变化而引发的边防问题已成为朝野关注的焦点之一。

蒙古对金朝的侵扰让不少士人重又看到了恢复希望,周南在《池阳通建康张书定叟启》中言道:"今百年之敌运将衰,而四世之国仇未雪。忍使中原之父老,遗恨故国之世臣"。③ 周南,字南仲,师从叶适,绍熙元年进士,④获除池州教授。鉴于冗官造成的待阙状况,周南真正赴任池州已至庆元年间。《贵池县齐山题名》载:"庆元丙辰(二年)二月十□日,姑苏周南来为郡文学,明年七月十三日报罢。"⑤他致张构即张定叟的书信正是作于此期间。他向张构感慨目下金朝的百年之运将衰,而南宋的四世之仇却仍未雪。张

---

① 《历代名臣奏议》卷三五〇,第4556—4557页。
② 《道命录》卷七下《刘三杰论伪党变为逆党防之不可不至》,第76页。
③ 《山房集》卷三《池阳通建康张书定叟启》,第1169册,第32页。
④ 《宋史》卷三九三《周南传》,第12012页。
⑤ 民国《安徽通志稿·金石古物考》卷一三《贵池县齐山题名》,转引自《全宋文》,第294册,第144页。

构为抗金领袖张浚次子,周南作此言说,一者表示对恢复的念念不忘,一者也希望激起张构共鸣。他之所以会于此时做出金朝百年之运将衰的断言,显然是因地利之便获悉了蒙古对金朝的侵扰。

以恢复著称的南宋大诗人陆游,同样于此时看到了盼望已久的恢复希望。在《剑南诗稿》卷四十二中收录有一首诗:"邦命中兴汉,天心大讨曹。风云助开泰,河渭荡腥臊。日避挥戈勇,山齐积甲高。煌煌祖宗业,只在驭群豪。"①诗中洋溢着宋室"中兴"在望,祖宗江山即将收复的昂扬激情。陆游何以忽然生出此种斗志? 诗题道出了缘由,该诗题作《得建业倅郑觉民书,言虏乱,自淮以北民苦征调,皆望王师之至》。原来陆游接到了建康府判官郑觉民的书信,告知金朝淮北地区的百姓不堪忍受金人征调,皆表现出对南宋出兵恢复的强烈渴盼。建康是南宋江淮战区的核心重镇,北方的各种讯息汇聚于此,出自建康通判的说法自然有着很强的可信度,故而才会激起陆游的兴奋之情。该诗作于何时,诗中没有明确言及。但该诗同卷前后收录的诗歌皆有题作己未年者,己未为庆元五年,可以断定该诗当亦作于是年。②

约略与陆游同时的另一位著名诗人刘过,也表达了对恢复的期盼,并将希望寄托在韩侂胄身上。他在为韩侂胄撰写的一首词上言道:"新来塞北,传到真消息。赤地居民无一粒,更五单于争立。谁师尚父鹰扬,熊罴百万堂堂。看取黄金假钺,归来异姓真王"。③ 刘过,字改之,自号龙洲道人,"以诗侠名湖海间,陈亮、陆游、辛弃疾世称人豪,皆折气岸与之交"。④ 或许正因为在诗词风格上与辛弃疾接近,该词一度被认作辛弃疾为韩侂胄祝寿所作,并作为韩侂胄心怀异图的证据,"辛弃疾因寿词赞其用兵,则用司马昭假黄

---

① 陆游著,钱仲联校注:《剑南诗稿校注》卷四十二《得建业倅郑觉民书,言虏乱,自淮以北民苦征调,皆望王师之至》,上海:上海古籍出版社,2005 年,第 2623 页。
② 赵翼将此诗系于庆元四年,不知何据。见赵翼:《瓯北诗话》卷六,载赵翼著,曹光甫校点:《赵翼全集》,第 5 册,南京:凤凰出版社,2009 年,第 79 页。
③ 吴师道:《吴礼部诗话》,载丁福保辑:《历代诗话续编》,北京:中华书局,1983 年,第 621 页。
④ 陈思编:《两宋名贤小集》卷三二五,《景印文渊阁四库全书》,第 1364 册,第 559 页。

钺异姓真王故事。由是人疑其有异图"。① 引起人们怀疑之处有二：一是词中运用了司马昭假黄钺的典故，二是词中表达了对韩侂胄以异姓封真王的期待。司马昭正是经过假黄钺，以异姓封晋王等阶段，一步步侵蚀篡夺了曹魏江山，以司马昭比拟韩侂胄自然是在规劝韩侂胄予以效仿。如此，指责其心怀不轨似乎并不算冤枉。然而，这两个典故实际上皆别有所指，将之与司马昭联系起来乃是刻意曲解。"假黄钺"是三国时期一种特定的政治制度，有代表皇帝亲征之意，当位高权重的大臣出征时，皇帝往往会加以"假黄钺"称号以增重权威。不仅司马昭曾"假黄钺"出征，曹休、陆逊等人亦复如是。刘过使用该典故无非是说希望朝廷授予韩侂胄专征之权，统军恢复中原。而所谓"异姓真王"在宋代也有着特定内涵。宋代王爵有真王、郡王之分，真王等级较郡王为高。外戚在世时至多只能被封为郡王，死后方可追赠真王。② 韩侂胄出身外戚，自也需要遵守该制。那么，刘过词中是否是希望韩侂胄通过北伐建功立业来打破这一限制呢？表面上看确乎如此，这也是后人指责韩侂胄图谋不轨的原因所在。但在宋代，较为普遍地存在着将郡王直接称作真王的习惯性做法。楼钥在《郭师禹辞免备礼册命宜允诏》中写道："卿以祗奉阜陵，显颁制绶，升孤卿之峻秩，封异姓之真王。"③郭师禹为孝宗朝外戚，获封永宁郡王。楼钥作为专司起草诏制的官员，又是在如此严肃的册封文书中，径直将郡王径称作真王，无疑代表这是一种得到普遍认可的做法。这种习惯性做法在韩侂胄身上也有着直接体现。庆元五年九月，韩侂胄获封平原郡王，④陆游在《韩太傅生日》一诗中有云："身际风云手扶日，异姓真王功第一。"⑤韩侂胄为太傅在庆元六年至嘉泰三年之间，其时正是平原郡王，所谓"异姓真王"自是就此而言。

因此，刘过词中称韩侂胄"归来异姓真王"就存在着两种解释：一是该词

---

① 《续编两朝纲目备要》卷一〇"开禧三年十一月乙亥"条，第186—187页。
② 袁文著，李伟国校点：《瓮牖闲评》卷三，上海：上海古籍出版社，1985年，第28页。
③ 《楼钥集》卷四三《赐郭师禹辞免备礼册命宜允诏》，第808页。
④ 《宋史》卷三七《宁宗本纪》，第726页。
⑤ 《剑南诗稿校注》卷五二《韩太傅生日》，第3074页。

作于庆元五年之前,指希望韩侂胄通过北伐功勋而得到外戚有机会获得的郡王之封;二是该词作于庆元五年之后,则是希望韩侂胄借北伐更上一层楼,获封名副其实之真王。大致来说,当以前一种解释的可能性更大:首先,既然在宋代已较为普遍地将外戚封郡王称作"异姓真王",则在韩侂胄获封平原郡王后,类似陆游的赞誉之词对韩侂胄来说应该已习以为常。在这种情况下,刘过再说什么"归来异姓真王",无疑是在刻意揭示韩侂胄的郡王并非"真王",似不当如此。其次,在宋代制度规定外戚不得生封真王的情况下,若刘过果然在期盼韩侂胄更进一步,生前成为名副其实的"真王",就会如同后来人的指责那样,是意在引导韩侂胄图谋不轨。刘过与韩侂胄关系并非如此密切,很难想象他会作此想法,并颇为冒失地在贺寿这种公开场合直白地表现出来。可以断定,刘过之词当撰写于庆元五年韩侂胄获封平原郡王之前。

确定了刘过之词的大致时间,再回过头来纵观全诗,可知刘过在此时劝说韩侂胄北伐,亦是因为得到了北方传来的确切消息。一方面金朝发生了严重灾荒,已是民不聊生;另一方面北方陷入五单于争立的混乱局面。面对金朝的内忧外患,他意识到北伐时机业已到来,故希望韩侂胄出来主持恢复大业。《两宋名贤小集》记载有刘过生平,其中有云:"尝以书干用事者,陈恢复方略,谓中原可一战而取。不听。以是落魄无所遇合。"[①]刘过曾上书当权者铺陈恢复设想,认为中原可一战而得。传记将此事系于他参与请求光宗过宫之后,当在宁宗时期,"用事者"或即是韩侂胄。这一立场与词中主旨是一致的。只是很可能其时韩侂胄尚未转向恢复,故上书石沉大海。

可见,随着金朝遭受蒙古侵扰的消息传至南宋,不少官员、士人心中又重新激起了恢复的热情。在庆元年间"安静"的国是下,对金政策不可能出现根本性转变,但一股要求恢复的声浪已在潜滋暗长。当韩侂胄因面临政治危机而寻求化解之道时,很容易与这种恢复声浪找到契合点。金朝在蒙古侵扰下呈现出来的衰亡迹象为韩侂胄谋划北伐提供了现实可能性,而内

---

① 《两宋名贤小集》卷三二五,第559页。

部恢复声浪的出现则为他提供了一批支持者。待嘉泰二年十二月杨皇后获得册立后,前途堪忧的韩侂胄开始将北伐提上日程。

第三节　韩侂胄的北伐之路

韩侂胄决意北伐的根本目的是"立盖世功名以自固",[①]希望通过北伐建立不世功勋以巩固在朝中的地位。然兵凶战危,成败殊难预料,韩侂胄何以敢于赌上自家的前途命运执意北伐呢? 自嘉泰二年、三年之际韩侂胄决意北伐,至开禧二年年中北伐正式开始,中间有三年多时间。在这三年中,韩侂胄是如何谋划北伐的呢? 他对北伐有着怎样的考虑? 是否在决意北伐后就径直向着最终目标走去,而彻底丧失了转圜的可能性? 他对于北伐是否有着较为周密的计划与安排? 这些问题都需要通过对北伐具体发动过程的考察来予以解答。

1. 韩侂胄的第一次北伐之议

韩侂胄决心推动北伐,与邓友龙的出现有着密切关系。《齐东野语》记载:

邓友龙长沙人。尝从张南轩游,自诡道学。既登朝,时论方攻伪学,因讳而晦其事。时外祖章文庄公(笔者按:章良能)为学官,喜滑稽。尝以祀事同斋宿,谈谑之际,友龙不能堪,以语及之云云。章戏之曰:"若然,则又是道学矣。"友龙面发赤,大衔之。未几入台,章公由学士院补外。公本谢丞相客也。会友龙为右史,而宇文绍节自右史代之,于是召文庄为宗政少卿,友龙不能平,以嗾绍节。绍节甫供职,未及受告,首论其事,语侵谢,盖亦见厌于韩矣。章命既寝,谢遂去国,而友龙亦出为

[①] 《建炎以来朝野杂记》乙集卷一八《丙寅淮汉蜀口用兵事目》,第825页;《宋史》卷四七四《韩侂胄传》,第13774页。

淮西漕,日久,谋复入。时金人方困于北兵,且其国岁荐饥,于是沿边不逞之徒号为"跳河子"者,时时剽猎事状,陈说利害。友龙得之以为奇货,于是献之于韩。韩用事久,思钓奇立功以自盖,得之大喜。附而和者虽不一,其端实友龙发之也。①

邓友龙,字伯允,衡州衡阳人,乾道八年进士。② 他与张栻关系密切,本属道学中人。庆元党禁发生后,他有意隐藏道学出身,遭章良能讥笑。《宋史·韩侂胄传》则称邓友龙甚至"以攻伪学久居言路"。③ 在与章良能交恶后,他利用担任左司谏的宇文绍节对后者进行弹劾。宇文绍节,字挺臣,成都人,祖宇文虚中、父宇文师瑗皆因出使金朝而死,他由此荫补入仕,后中进士。④ 他为张栻外弟,学术上深受张栻影响。⑤ 邓友龙能够唆使宇文绍节弹劾章良能,当就有着这层师门渊源的因素。宇文绍节的弹劾直接导致了章良能的宗政少卿新命被停罢,更导致了谢深甫罢相。不过,邓友龙亦被外放淮西转运判官。谢深甫罢相在嘉泰三年正月,⑥邓友龙外放当亦在此前后。邓友龙外放后迫切希望重新回到朝中,故当他在淮西因地利之便得到了金朝发生动乱陷入衰亡的消息后,立即献书韩侂胄鼓吹北伐。这恰好迎合了韩侂胄"思钓奇立功以自盖"的心态,北伐由此展开。周密认为,北伐的发端正是邓友龙的进言。

周密在记载中将邓友龙描绘成迎合投机的小人,似有失偏颇。卫泾后来弹劾邓友龙时提到:"邓友龙,始焉立朝,颇得士誉,慷慨自许,亦足称尚。"⑦卫泾既弹劾邓友龙,自不会故意予以褒扬,这一评价应是客观的。是则邓友龙至少在早年颇有声望。或许与章良能的亲缘关系,令周密对邓友

---

① 《齐东野语》卷一一《邓友龙开边》,第 203—204 页。
② 《南宋馆阁续录》卷七,第 246 页。
③ 《宋史》卷四七四《韩侂胄传》,第 13773 页。
④ 《宋史》卷三九八《宇文绍节传》,第 12116 页。
⑤ 《重校鹤山先生大全文集》卷一九〇《师友雅言》,第 56 页 b。
⑥ 《宋史》卷三八《宁宗本纪》,第 733 页。
⑦ 《后乐集》卷一一《论宫观邓友龙乞赐镌黜状》,第 624 页。

龙有着先天成见。但他对邓友龙与韩侂胄北伐关系的论断是符合实际的。楼钥在娄机神道碑中记载：

> 比岁权臣窃弄威柄，富贵已极，犹以为未足，假恢复之名，以逭危溢之祸，其党又相与哧之平章军国，益无忌惮。……是时权臣虽倡此议，犹未敢自任。邓友龙初不知兵，将漕淮右，腾书投合，妄荐大将。既叨召还，专主此议。①

韩侂胄此前虽已有意北伐，但毕竟事关重大，他起初亦不敢自任，正是邓友龙的迎合助其下定决心。魏了翁称："予自嘉泰三年冬造朝，道淮西，始识邓伯允友龙，慨然以兴复自任。"②可见，邓友龙确实对恢复有着强烈热情。而他能够说服韩侂胄，当与在淮西任上对金朝情况的了解直接相关，他让韩侂胄确信金朝已今非昔比，其内外交困给北伐提供了可乘之机。

另一位与道学关系密切的官员的奏报，进一步坚定了韩侂胄的用兵决心。《朝野杂记》载：

> （嘉泰）三年冬，知安丰军厉仲方言淮北流民有愿过淮者。帅臣以闻。③

厉仲方，字约甫，婺州东阳人，绍熙元年中武举，历任侍卫步军司计议官、武学谕、阁门舍人等职，后出知安丰军。④他为陈亮之婿，又从学于叶适，⑤自属道学中人。安丰隶属淮南西路，与金接壤，是南宋边防要地。厉仲方于嘉泰三年冬奏报金朝淮北地区流民表示希望南渡淮河进入宋境。叶适在厉仲方墓志中对此有着更为详细地记载：

---

① 《楼钥集》卷一○三《资政殿大学士致仕赠特进娄公神道碑》，第1785页。
② 《重校鹤山先生大全文集》卷六三《跋北山戆议》，第5页a。
③ 《建炎以来朝野杂记》乙集卷一八《丙寅淮汉蜀口用兵事目》，第825页。
④ 《水心文集》卷二二《厉领卫墓志铭》，《叶适集》，第421页。
⑤ 《宋元学案》卷五五《水心学案下》，第1817—1818页。

嘉泰中,边事将动,谍妄言:"虏衰有证,宜即取。"君在安丰,尝奏"淮北饥民扣关求救接",初无意也,柄臣遽从夜半下其议。议者因共指君为开隙生事,语闻四方,虽其故友朋及为士者亦交尤之。虏既卒叛盟,而君竟坐贬死。①

嘉泰三年前后,谍报声称金朝已呈现出确凿的衰亡征兆,希望朝廷尽快北伐。在这种舆论背景下,安丰知军厉仲方奏报了淮北饥民请求接纳援救的讯息。叶适认为,厉仲方本意只是如实奏报,并无意鼓吹北伐,但该奏报却得到了"柄臣"即韩侂胄的高度重视,成为其发动北伐的重要依据或者说借口。因此,随着后来北伐失败,厉仲方为千夫所指,此奏即重要罪证。叶适显然意在为厉仲方撇清与韩侂胄及北伐的关系,但墓志叙述厉仲方在知安丰军后的经历称:"王师北讨,赖其能,就权庐州。俄召授左领卫中郎将,虏内侵,朝廷忧在江北,令君建康防守。虏遁归,复还领卫。"②这种经历呈现出的完全是一幅积极投身北伐的形象,故很难说厉仲方的奏报没有引导朝廷乘机北伐之意。但无论厉仲方初衷如何,奏报确实引起了强烈反响。刘宰在吴汉英墓志铭中记载:

时安丰军密奏淮北流民四十万且扣淮。有旨近臣集议,方公谒谢政府,有示以密奏,问计所出。公言:"今边臣不善用间,言未必实,宜静以待之。"而果妄。③

据此,厉仲方不仅仅只是奏报淮北有流民请求接纳,而且声称这批流民有四十万之众。这自然是一个非常可观的数字,若属实足可证明金朝确实发生了严重动乱,故引起朝廷高度重视。宁宗令侍从近臣集议对策,吴汉英认为

---

① 《水心文集》卷二二《厉领卫墓志铭》,《叶适集》,第422页。
② 《水心文集》卷二二《厉领卫墓志铭》,《叶适集》,第422页。
③ 《漫塘刘先生文前集》卷二八《故兵部吴郎中墓志铭》,《宋集珍本丛刊》,第71册,第739页。

边臣普遍不太擅长使用间谍,奏报未必属实,当静观其变,最终果然证实其为妄传。不过,吴汉英只是一下层官员,所言即便真如墓志所载也未必会产生太大影响。开禧三年十二月,韩侂胄已被诛,厉仲方随即遭到弹劾,御史中丞雷孝友指责:

> 仲方奸贪无状,纵吏出兵,撰为淮北有流民数十万,欲过淮南,附会侂胄,摇动事机。①

雷孝友称厉仲方奏报流民"数十万",可与上述刘宰的记载相印证。不过,他认为这完全出自厉仲方杜撰,目的则是附会韩侂胄北伐。这种说法未必符合事实,但至少证明厉仲方的奏报对韩侂胄决定北伐确实起到了重要作用。对于韩侂胄来说,厉仲方的奏报恰可与同在淮西的邓友龙的说法相互印证,进一步确认了金朝的真实情形。

正是邓友龙、厉仲方等边境官员不断传来的金朝衰亡的信息,以及他们对用兵中原的鼓吹,让韩侂胄看到了收复失地的难得机遇,坚定了推动北伐的决心。自嘉泰三年起,他就开始着手调整军事部署,整顿军备,为北伐做准备。嘉泰三年七月,"命殿前司造战舰"。八月,"增置襄阳骑军"。十月,又"命两淮诸州以仲冬教阅民兵万弩手"。② 这些措施涉及两淮与京湖,陆地与海上,表明备战是全方位的。南宋的动向很快引起了金朝注意,《金史·章宗本纪》载:

> (泰和三年十月壬戌)奉御完颜阿鲁带以使宋还,言宋权臣韩侂胄市马厉兵,将谋北侵。上怒,以为生事,笞之五十,出为彰德府判官。③

---

① 《宋会要辑稿》职官七三之四〇,第 4036 页。
② 《宋史》卷三八《宁宗本纪》,第 734 页。
③ 《金史》卷一一《章宗本纪》,第 261 页。

泰和三年即南宋嘉泰三年,其年九月,金遣刑部尚书完颜承晖等为贺宋生日使,①完颜阿鲁带当即是使节中的一员。他观察到南宋整顿兵马的举动,推测南宋将有意对金用兵。此时金章宗似是不愿破坏与南宋的和平关系,以无端生事的罪名对完颜阿鲁带进行了惩处。

但这并不意味着金朝完全丧失了警惕,《宋史·宁宗本纪》载:

> (嘉泰三年冬)金国多难,惧朝廷乘其隙,沿边聚粮增戍,且禁襄阳榷场。边衅之开,盖自此始。②

《朝野杂记》亦载:

> 嘉泰三年冬,虏中盗起,增戍积粮,又禁襄阳榷场,盖惧朝廷乘其隙也。③

至嘉泰三年冬,金朝在边境增加军队,聚集粮草,并单方面关闭了襄阳榷场。李心传等人站在事后立场将金朝的行动解释为"惧朝廷乘其隙"。这或许是实情,但韩侂胄未必会照此理解,他更可能将之解释为金朝意图南侵的挑衅。《朝野杂记》中紧接上文道:

> 朝廷闻其事,即起张肖翁(岩)参政帅淮东,程东老(松)枢密帅淮西。盖以肖翁扬州人,东老池州人,欲使护乡井也。又起丘宗卿(崈)侍郎守四明,以防海道。起辛幼安(弃疾)大卿帅浙东。时武帅郑挺在襄阳,边衅开,惧不能任,力求去,乃召还行在。既又转一官,知婺州。于是文臣无肯行者,遂以李奕为荆、鄂副都统制兼知襄阳。奕与其兄弟爽言世将家皆为戎帅。时东老父丧未免,力辞,改命广帅薛象先(叔似)侍

---

① 《金史》卷一一《章宗本纪》,第 261 页。
② 《宋史》卷三八《宁宗本纪》,第 735 页。
③ 《建炎以来朝野杂记》乙集卷九《嘉泰开边事始》,第 651 页。

郎,而象先不行,留提举佑神观,遂命宇文挺臣(绍节)侍郎代之。辟置参机,皆非常制。又徙幼安以次对守京口,起赵德老(彦逾)资政守四明,出许深甫(及之)知院守金陵。深甫不欲行,乃命宗卿以直学士院代典留钥。其开边盖自此始。①

针对金朝的举动,韩侂胄抓住机会任命张岩、程松两位执政出帅淮东、淮西,所用的名义是"护乡井",即防备金人入侵,但很显然其最终目的在于北伐,所谓"辟置参机,皆非常制"已道出此点。又用丘崈镇守明州以防备海路,辛弃疾帅浙东,已摆出了与金朝一战的架势。

宋金开战在即的形势,让襄阳帅臣郑挺感到难以胜任,力求改迁。郑挺是推动韩侂胄谋划北伐的重要将领之一,蔡幼学后来弹劾郑挺称:"侂胄以其佞己,使帅襄阳,时侂胄兴兵之谋犹未显也。而挺乃引惹边事,震动一方。本路漕臣及旁郡守,皆恐其起衅,托疾丐归。挺外虽张皇,内实畏懦,亦复诡辞求脱,改守婺州。"②为配合韩侂胄发动北伐,郑挺在襄阳有意识地采取了一系列挑衅行动。但北伐果真要展开之时又心生恐惧,借故要求调离。郑挺乃郑兴裔之子,郑兴裔为徽宗郑皇后族人,故郑挺出身与韩侂胄类似,皆属外戚。郑兴裔在孝宗朝颇得重用,担任知阁门事、枢密副都承旨等职务,是孝宗朝的重要近习。③ 值得注意的是,郑兴裔与道学中人往来密切,"夙奉教于杨文靖公时,与道学诸君子交相汲引,年谱所载先后荐举如陆九渊、刘清之、李衡、王希吕、刘过、陈造、龚明之、刘光祖、颜度、蔡元定辈,罔非端人正士"。党禁期间,他还推荐过朱熹弟子潘友恭。④ 因此,郑挺某种意义上也可以说与道学存有渊源。

不仅郑挺因畏惧北伐不安于位,韩侂胄的一系列任命也遭到了抵制,

---

① 《建炎以来朝野杂记》乙集卷九《嘉泰开边事始》,第651—652页。
② 《育德堂奏议》卷二《缴易祓郑挺各降两官辰郴州居住指挥状(得旨,祓更追三官,送融州,挺追两官,送南雄州)》。
③ 《周必大集校证》卷七〇《武泰军节度使赠太尉郑公(兴裔)神道碑(嘉泰四年)》,第1028—1030页。
④ 郑兴裔:《郑忠肃奏议遗集》卷上,《景印文渊阁四库全书》,第1140册,第204—205页。

"文臣无肯行者"。他任命的几位帅臣中,程松以父丧"力辞",薛叔似也予以拒绝,许及之同样"不欲行"。他们起初多支持北伐,程松乃韩侂胄一手拔擢,自不待言。又如许及之,"侂胄诛,中丞雷孝友奏及之实赞侂胄开边,及守金陵,始诡计免行"。①薛叔似,北伐失败后,右谏议大夫叶时弹劾其"迎合侂胄,妄开兵端"。②可见,他们虽皆支持北伐,却似乎不认为嘉泰三年冬是适合的开战时机,纷纷借辞推脱。

恰在此时,临安发生的大火进一步抑制了韩侂胄的北伐意向。嘉泰四年三月"丁卯,临安大火,迫太庙,权奉神主于景灵宫。己巳,避正殿。庚午,命临安府振焚室。辛未,诏修太庙。甲戌,下诏罪己。乙亥,诏百官疏陈时政阙失"。③大火不仅焚毁了为数众多的官府机构和民间房舍,就连太庙也受波及,迫使宁宗不得不继嘉泰元年临安大火之后,再次因火灾下诏罪己。大火也对朝政造成了相当负面的影响:"火之始作也,或为之赋曰:'公议不明,台遂焚于御史。斯文未丧,省仅保于秘书。'其末句云:'自生民以来,未尝见此一火。'"④这种舆论氛围对于韩侂胄的北伐规划自然也会产生不利影响。曾丰在上参知政事费士寅的书中言道:"道途相传,庙堂比建戎议,识者意其用五凤幸匈奴坏乱,欲起而乘之之策也。寻以火正失职,故寖寝,诚然否耶?"⑤曾丰作为普通的下层士人,此前也已知悉了北伐之事。而据他听闻,北伐的中止与临安大火有着直接关系。

一方面是文武官员对北伐的消极抵制,一方面是临安大火带来的负面舆论,让韩侂胄第一次北伐之议暂时打消。嘉泰四年四月,丘崈出知建康府以代替许及之。⑥临行前,韩侂胄对他声言"此事姑为迟之",得到丘崈赞

---

① 《宋史》卷三九四《许及之传》,第12042页。
② 《宋会要辑稿》职官七四之二七,第4064页。
③ 《宋史》卷三八《宁宗本纪》,第735页。
④ 《宋史全文》卷二九下"嘉泰四年三月丁卯"条,第2500页。
⑤ 曾丰:《樽斋先生缘督集》卷一六《上费参政书》,《宋集珍本丛刊》,第65册,北京:线装书局,2004年,第153页。
⑥ 马光祖修,周应合纂:景定《建康志》卷一,《宋元方志丛刊》,第2册,北京:中华书局,1990年,第1339页。

赏:"翻然而改,诚社稷生灵之幸,惟无摇于异议,则善矣。"①韩侂胄已同意将北伐推迟进行。

2. 韩侂胄的第二次北伐之议

同意推迟并不意味着放弃北伐,此后韩侂胄继续为北伐造势。嘉泰四年四月,"立韩世忠庙于镇江府"。五月,又"追封岳飞为鄂王"。② 韩世忠、岳飞皆是抗金的标志性人物,尤其岳飞更是恢复的象征,此时立庙、追封,意图不言而喻。对于韩侂胄来说,北伐遭遇挫折很重要的一个原因就是无法让朝野确信金朝衰亡的事实,无法让朝野确信南宋确实迎来了恢复的天赐良机。当然怀有这种犹疑的恐怕也包括他自己。如何才能确认金朝的现实状况呢?例行的使节往来似乎是一个不错的途径,庆元年间朝廷就已经让赴金使节承担侦察敌情的任务。因此,韩侂胄有意识地通过这一途径来推动北伐。魏了翁称:

> (韩侂胄)自恭淑皇后上仙,虑其不能以久,则又为开边之说以自固,连年遣使,率以同己者为之,皆谓金鞑相持,遗黎内附,若乘机进取,可以尽复故疆。③

韩侂胄在每年赴金使节的选择上有意任用支持北伐者。魏了翁之意,是这些使者皆为韩侂胄刻意安排的亲信,故他们无论在金朝看到了什么,归来后都会遵照韩侂胄的意愿大肆渲染金朝的内忧外患,以凸显恢复时机的到来。这种自欺自人的做法显然有悖常理,试想若金朝确实无机可乘,执意用兵无异自寻死路,韩侂胄何以要做此等蠢事呢?我们认为,韩侂胄的本意应该确实是想通过遣使来弄清金朝的真实情况,他刻意选择支持北伐者担任此一任务,无非是担心任用其他人会因反对北伐而刻意隐瞒真相。只是一个国家的兴盛抑或衰亡,很多时候难以轻易看出,特别是在担负侦察任务的使者

---

① 《宋史》卷三九八《丘崈传》,第12111页。
② 《宋史》卷三八《宁宗本纪》,第735—736页。
③ 《重校鹤山先生大全文集》卷一八《应诏封事》,第23页a。

因身份特殊而行动受限的情况下。这就很容易导致仁者见仁,智者见智,希望北伐者看到的处处都是金朝衰亡的征兆,而反对北伐者看到的则都是金朝实力尚在的迹象。韩侂胄本人亦因渴求北伐,更容易偏信支持北伐者的报告,从而在客观上呈现出魏了翁所说的情形。这在嘉泰四年的遣使中表现得十分突出。

嘉泰四年六月,张嗣古奉命出使金朝贺金主生辰。①《四朝闻见录》载:

> 韩侂胄亟欲兴师北伐,先因生辰使张嗣古(原注:时为左史)假尚书入敌中,因伺虚实。张即韩之甥也。使事告旋,引见未毕,韩已使人候之。引见毕,不容张归,即邀至第,亟问张以敌事。张曰:"以某计之,敌未可伐。幸太师勿轻信人言。"韩默然,风国信所奏嗣古诣金廷几乎坠笏,免所居官。韩败,张未尝以语人也。②

张嗣古为韩侂胄外甥,"权臣之所亲厚",③颇得信任,由此获选出使金朝。他此番出使亦承担了侦察金朝虚实的任务。归来后,张嗣古觐见宁宗尚未结束,韩侂胄已遣人等候,觐见甫一结束就被邀约至府邸,询问金朝事宜,可见韩侂胄的迫切心态。但他告诉韩侂胄,在他看来当前并非北伐的恰当时机,劝韩不要轻信人言。叶绍翁认为,正是这一回复引起了韩侂胄不满,遂寻机将张嗣古罢免。张嗣古罢官事,《宋会要辑稿》记载:"(嘉泰四年十月十三日),侍立修注官、充贺金国生辰国信使张嗣古降一官,阁门舍人、充贺金国生辰副使陈焕降三官放罢,以嗣古坠笏失仪,焕于射处争竞。"④使节在出使过程中应对失当,归来后受到惩处并非不合常规,叶绍翁的说法或许只是事后联想,未必属实。但张嗣古的回复无疑给韩侂胄的北伐热情泼了一盆冷水。

---

① 《宋史》卷三八《宁宗本纪》,第 736 页。
② 《四朝闻见录》乙集《开禧兵端》,第 87 页。
③ 《宋会要辑稿》职官七四之三三,第 4067 页。
④ 《宋会要辑稿》职官七三之三四,第 4033 页。

三个月后,朝廷又遣邓友龙为贺金正旦使。①《鹤林玉露》记载:

> 嘉泰中,邓友龙使金,有赂驿吏夜半求见者,具言虏为鞑之所困,饥馑连年,民不聊生,王师若来,势如拉朽。友龙大喜,厚赂遣之。归告韩侂胄,且上倡兵之书,北伐之议遂决。其后王师失利,侂胄诛,友龙窜。或疑夜半求见之人,诳诞误我。然观金虏《南迁录》,其言皆不诬。此必中原义士,不忘国家涵濡之泽,幸虏之乱,潜告我使。惜乎将相非人,无谋浪战,竟孤其望,是可叹也。②

邓友龙正是鼓动北伐的重要人物,由他出使显然是韩侂胄的刻意安排,此恰可与上引魏了翁的说法相印证。张嗣古与邓友龙出使前后相接,他们面对的金朝显然处于同一状况,然而两人的观感却天差地别。据说邓友龙出使期间,在金朝的驿馆中遇人求见,获悉金朝外遭蒙古侵扰,内遇饥荒连年,民不聊生,若南宋此时挥师北上将成摧枯拉朽之势。邓友龙归来后将消息告知韩侂胄,并在朝廷上积极倡导北伐,从而促成了北伐决议的形成。待北伐失败韩侂胄被诛,邓友龙也被贬谪,世人凭借后见之明怀疑求见邓友龙者乃是故意释放虚假消息误导南宋。但罗大经根据记载金朝情形的《南迁录》等资料,认为其时金朝确实遭逢内乱,求见者所言并无虚假,只是朝廷将相非人,白白浪费了恢复的大好时机。这则故事表明:一者无论邓友龙还是韩侂胄,他们支持北伐都是建立在对金朝现实状况认知的基础上,是在确信金朝已呈衰亡之势,确实有机可乘的情况下才决议北伐;二者,对于金朝现实状况的判断本身是非常困难的,不能从北伐失败的事实反推韩侂胄等人当年的判断亦全无根据,甚至是别有用心地故意无视、歪曲事实。

邓友龙带回的消息再一次激起了韩侂胄的北伐雄心,第二次兴起了用兵之意。《金史·完颜匡传》载:

---

① 《宋史》卷三八《宁宗本纪》,第 736 页。
② 《鹤林玉露》甲编卷四《邓友龙使虏》,第 62—63 页。

(泰和五年三月,)遂平县获宋人王俊,唐州获宋谍者李忭,俊襄阳军卒,忭建康人。俊言宋人于江州、鄂、岳屯大兵,贮甲仗,修战舰,期以五月入寇。忭言侂胄谓大国西北用兵连年,公私困竭,可以得志,命修建康宫,劝宋主都建康节制诸道。①

泰和五年即南宋开禧元年,为金俘获的谍者称南宋"期以五月入寇",似乎韩侂胄已决定于当年五月对金用兵。谍者之言当是有所根据的,开禧元年正月,魏了翁在召试学士院的对策中称:"道路籍籍,皆谓将有此北伐之举,人情恟恟,忧疑错出。金地广势强,未可卒图,求其在我,未见可以胜人之实。盍亦急于内修,姑迨外攘。不然,举天下而试于一掷,宗社存亡系焉,不可忽也。"②开禧元年前后,朝野已在盛传将发动北伐,魏了翁认为金朝实力尚在,南宋则内患丛生,故对可能的北伐予以批判。此策引起了相当震动,"御史徐柟即劾了翁对策狂妄,独侂胄持不可而止"。③ 至同年四月,华岳上疏:"自旬月以来,都城士民彷徨相顾,若将丧其室家,诸军老小隐哭含悲,若将驱之水火,阛阓藉藉,欲语复噤,骇于传闻,莫晓所谓。臣徐考其所自,则侍卫之兵日夜潜发,枢机之递星火交驰,戎作之役倍于平时,邮传之程兼于畴昔,乃知陛下将有事于北征,而为军若民皆如是之皇皇也。"④华岳在临安已明显感受到了战争即将来临的气氛。华岳随即遭到贬谪,送建宁府编管。⑤ 魏了翁与华岳的言辞,从侧面印证了上述谍者的话当是可信的。

南宋的举动引起了金朝的强烈反应。泰和五年四月,金章宗"命枢密院移文宋人,依誓约撤新兵、毋纵入境"。五月,"以平章政事仆散揆为河南宣抚使,籍诸道兵以备宋"。⑥ 仆散揆至汴后,"搜练将士,军声大振"。⑦ 与此同时,金

---

① 《金史》卷九八《完颜匡传》,第 2167 页。
② 《宋史》卷四三七《魏了翁传》,第 12965 页。
③ 《宋史》卷四三七《魏了翁传》,第 12965 页。
④ 华岳:《翠微南征录》卷首《上宁宗皇帝谏北伐书》,《宋集珍本丛刊》,第 78 册,北京:线装书局,2004 年,第 191 页。
⑤ 《宋史》卷三八《宁宗本纪》,第 737 页。
⑥ 《金史》卷一二《章宗本纪》,第 271 页。
⑦ 《金史》卷九三《仆散揆传》,第 2068 页。

又遣使赴宋,"以边民侵掠及增戍来责渝盟"。① 六月,金章宗"召诸大臣问备宋之策"。② 金朝的反应为韩侂胄提供了第二次用兵时机。《宋史·丘崈传》载:

> 侂胄闻金人置平章,宣抚河南,奏以崈为签枢,宣抚江淮以应之。崈手书力论:"金人未必有意败盟,中国当示大体,宜申警军实,使吾常有胜势。若衅自彼作,我有辞矣。"宣抚议遂寝。侂胄移书欲除崈内职,宣谕两淮。崈报曰:"使名虽异,其为示敌人以嫌疑之迹则同,且伪平章宣抚既寝,尤不宜轻举。"侂胄滋不悦。③

与嘉泰三年冬一样,韩侂胄再次将金朝命仆散揆以平章政事宣抚河南的行为,解释成意图攻宋的体现,于是准备任命丘崈为签书枢密院事宣抚江淮以作回应。这种挑衅性的行动势必导致宋金局势的进一步升级,故遭到了丘崈的反对。他认为金朝并无意"败盟",不宜轻举妄动。其时反对韩侂胄出兵的还有陈谦。叶适在陈谦行状中记载:

> 开禧元年,襄阳前帅李奕、后帅皇甫斌,密受韩侂胄意,谋先事扰房,纵亡命劫界外。斌建令献马者补官,得马三千匹,总豪皆破家。先骑士浮客无所仰耕,又籴米随、郢州。岁恶,至拦米搜籴,民食顿竭。由是七州民无强弱,相扇为盗,纵横入房地,复归自寇,商贩路绝。沿汉近山之木皆尽,而邓城镇、屯田、庄府、东门,处处杀掠,城扉昼掩。侂胄不知其情,将遂出师,公谓侂胄:"复仇大义,伐国重事也。丰储实边,教而后战,古人成算既不讲;添大军,给纲马,射铁帘,盖寨屋,今日常文又不用;乃倚群盗剽夺行之,岂得以败亡为戏乎?"既屡论斌、奕罪,力陈四不宜动,且求罢。侂胄患之,弥年不决。④

---

① 《宋史》卷三八《宁宗本纪》,第738页。
② 《金史》卷一二《章宗本纪》,第271页。
③ 《宋史》卷三九八《丘崈传》,第12111页。
④ 《水心文集》卷二五《朝请大夫提举江州太平兴国宫陈公墓志铭》,《叶适集》,第503页。

李奕在嘉泰三年冬郑挺力请调离襄阳后,被韩侂胄任命为荆鄂副都统兼知襄阳。① 皇甫斌于开禧元年四月,以江陵副都统兼知襄阳,接替已调任镇江都统制的李奕。② 两人皆为韩侂胄亲信武将,支持北伐。值得注意的是,皇甫斌与道学颇有渊源,早在淳熙六年,朱熹即在《书伊川先生易传板本后》一文中言道:"华山皇甫斌尝读其书而深好之,盖尝大书深刻,摹以予人,惟恐传者之不广而读者之不多也。"③可见皇甫斌对道学的服膺。庆元党禁期间,他亦遭到惩处,名列李心传记录的"伪学逆党"名单中。④ 李奕、皇甫斌在襄阳任上,对外挑衅金朝,对内积极征调粮草马匹,整军备战,但因过于操切,在地方上引起了严重不满与动荡,遭到了京西转运判官陈谦的抵制。陈谦,字益之,为陈傅良从弟,属道学中人。党禁起后,因是"丞相赵汝愚客,会党论起坐斥"。他在党禁后转而向韩侂胄示好,"晚坐伪禁中废,首称侂胄为'我王',士论由是薄之",很可能也参与到了韩侂胄的北伐谋划中。开禧北伐期间,他一度担任京湖宣抚副使,韩侂胄被诛后遭弹劾罢官。⑤ 不过,他在北伐的具体实施上不认同皇甫斌等人的做法,也不认为其时是发动北伐的合适时机。正因他本身亦为韩侂胄信用,故其意见令韩"弥年不决"。

在丘崈、陈谦等人的反对下,韩侂胄举棋不定,开禧元年的北伐之议再度终止。为缓和局势,当年六月,南宋继续遵照惯例派遣李壁为贺金主生辰使。《宋史·李壁传》载:"壁受命使金,行次扬州,忠义人朱裕挟宋师袭涟水,金人愤甚,壁乞枭裕首境上,诏从其请。壁至燕,与金人言,披露肝胆,金人之疑顿释。"⑥李壁出使及诛杀朱裕的行为,一定程度上打消了金人疑虑。至八月,金朝撤销河南宣抚司。《金史·章宗本纪》载:

(泰和五年)八月辛卯,诏罢宣抚司。时宋殿帅郭倪、濠州守将田俊

---

① 《建炎以来朝野杂记》乙集卷九《嘉泰开边事始》,第651—652页。
② 《续编两朝纲目备要》卷八"开禧元年四月辛卯"条,第149页。
③ 《朱熹集》卷八一《书伊川先生易传板本后》,第4190页。
④ 《建炎以来朝野杂记》甲集卷六《学党五十九人姓名》,第140页。
⑤ 《宋史》卷三九六《陈谦传》,第12079页。
⑥ 《宋史》卷三九八《李壁传》,第12107页。

迈诱虹县民苏贵等为间,河南将臣亦屡纵谍,往往利俊迈之赂,反为游说。皆言宋之增戍,本虞他盗,及闻行台之建,益畏詟不敢去备。且兵皆白丁,自裹粮糒,穷蹙饥疫,死者十二三,由是中外信之。宣抚司以宋三省、枢密院及盱眙军牒来上,又皆镌点边臣为辞。宣抚使揆因请罢司,从之。揆又奏罢临洮、德顺、秦、巩新置弓箭手。①

南宋一方面由边防将领出面积极收买金朝边境官员,通过他们让金朝相信南宋的一系列挑衅行动都只是为了清剿盗贼,绝无北伐之意。另一方面,在遣使以外又通过三省、枢密院移文金朝作出保证。在这种情势下,金章宗随即下诏罢宣抚司,并撤退了沿边新招的弓箭手,双方关系暂时得到缓和。

不过,北伐虽然再度中辍,但金人的强烈反应造成的紧张局势,却为韩侂胄带来了直接的政治利益,于开禧元年七月顺利出任平章军国事,集行政、军政和财政大权于一身,从幕后走向前台,成为名副其实的朝政主导者,其专权的性质也由此完成了从外戚擅权向宰相专政的转变。这可以说是韩侂胄自嘉泰三年以来推动北伐实现的第一个重要政治目标。②

3. 韩侂胄的第三次北伐之议

李壁出使让宋金两国暂时恢复了和平,他在开禧元年十月出使归来后也是"言兵不可轻动"。③ 但韩侂胄及其支持者并未真正死心,依旧密切观察金朝境况,寻找北伐机会。真德秀在李壁行状中称,李壁出使"虏疑顿释,召其臣之宣抚河南者还,而罢签刷兵马。当是时,边患几息。然侂胄意锐甚,邓友龙辈日从臾(谀)不休,公深忧之"。④ 开禧元年九月,陈景俊使金贺正旦。⑤《宋史·陈自强传》称:

---

① 《金史》卷一二《章宗本纪》,第271—272页。
② 关于韩侂胄发动北伐与谋求平章军国事的关系,可参见《南宋宁宗朝前期政治研究》第四章第五节《平章军国事与北伐》,第202—221页。
③ 《建炎以来朝野杂记》乙集卷一八《丙寅淮汉蜀用兵事目》,第826页。
④ 《西山先生真文忠公文集》卷四一《故资政殿学士李公神道碑》,第15页b。
⑤ 《宋史》卷三八《宁宗本纪》,第739页。

> 侂胄将用兵,遣使北行审敌虚实,自强荐陈景俊以往。金人有"不宜败好"之语,景俊归,自强戒使勿言,侂胄乃决恢复之议。①

陈景俊出使依旧肩负着侦察金朝虚实的责任。使金期间,金章宗通过陈景俊等人传话南宋希望继续保持和好,但陈自强令陈景俊刻意向韩侂胄隐瞒此事,最终促成了韩侂胄的决心北伐。

这段记载并不完全与事实相符。金章宗确实向陈景俊表示了和好意向,《金史·章宗本纪》记载:

> (泰和六年正月)丁亥,宋使陈克俊等朝辞。遣御史大夫孟铸就馆谕克俊等曰:"大定初,世宗皇帝许宋世为侄国,朕遵守遗法,和好至今。岂意尔国屡有盗贼犯我边境,以此遣大臣宣抚河南军民。及得尔国有司公移,称已罢黜边臣,抽去兵卒,朕方以天下为度,不介小嫌,遂罢宣抚司。未几,盗贼甚于前日,比来群臣屡以尔国渝盟为言,朕惟和好岁久,委曲涵容。恐侄宋皇帝或未详知。若依前不息,臣下或复有云,朕虽兼爱生灵,事亦岂能终已。卿等归国,当以朕意具言之汝主。②

陈克俊即是陈景俊,因金章宗名完颜璟,出于避讳考虑故改名。从金章宗的话中可知如下事实:一、金朝此前确实因南宋方面移文保证而撤销了河南宣抚司,暂时避免了两国的战争;二、在金朝撤戍后,南宋并没有改变此前侵扰挑衅的做法,仍旧不断在边境滋扰生事。即便如此,金朝仍然不愿开战,金章宗希望陈景俊等返回后奏告朝廷,约束边将,维系和好。

陈景俊返回后是否因陈自强的要求刻意向韩侂胄作了隐瞒呢?《宋会要辑稿》载:

---

① 《宋史》卷三九四《陈自强传》,第 12035 页。
② 《金史》卷一二《章宗本纪》,第 273 页。

> （开禧三年十一月）十日，奉直大夫、主管武夷山冲佑观陈景俊，追五官，送柳州安置。以臣僚言景俊伪造命书，激成兵端，故有是责。①

据此，陈景俊等人似乎确实伪造了金朝传递给南宋的讯息，最终激成了北伐。但卫泾在此一时期所上《应诏论北伐札子》中提到：

> 近者贺正使副陈景俊等回程，窃知北廷尝有文谕，其词委曲，类若退懦，然观其指意，只欲求边臣无生事，盗贼不作，边境安静而已。②

显然金章宗希望保持和好的意思，卫泾已经从陈景俊等人那里得知，表明所谓陈自强令陈景俊等刻意隐瞒之事并不存在。但卫泾的奏疏却透露出另一个重要事实，即金朝的示好意愿在南宋被部分解读为"退懦"。向来以居高临下的强硬姿态对待南宋的金朝，此时竟然主动表示希望维系和议，这让韩侂胄等人看到了金朝衰弱的确凿证据。陈景俊出使归来后的表现，对此种印象的形成起到了推波助澜的作用。他归来后得到了转一官的奖赏，卫泾在转官制书中称：

> 朕慨念神州，勉徇交邻之旧。载驰使传，允资觇国之明。既专对之来归，岂劳还之可后。……属修岁聘，遴简时材。见汉官之威仪，深慰遗黎之望。得月氏之要领，具言亡敌之形。③

陈景俊的转官奖赏除因出使辛苦外，还因在侦察金朝虚实方面的功劳。朝廷认为他在出使中获得了关于金朝的有价值信息，而这些信息则显示出金朝的衰亡之形。这表明陈景俊出使归来后很可能如同此前的邓友龙，盛言金朝衰亡的现实，认为当趁机展开恢复。《朝野杂记》载：

---

① 《宋会要辑稿》职官七三之三八，第4035页。
② 《后乐集》卷一一《应诏论北伐札子》，第616页。
③ 《后乐集》卷一《大理少卿陈景俊奉使回转一官制》，第478页。

（开禧元年）十月，李季章使还，言兵不可轻动。不听。明年正月二十一日癸卯，先命户部薛侍郎（叔似）为京西湖北宣谕使，于是左司谏易袚、大理少卿陈景俊、太学博士钱廷玉上恢扩大计。①

正是在出使归来后不久的开禧二年初，陈景俊与易袚等人一起奏陈"恢扩大计"，这与他在出使期间的见闻当有着直接关系。

与陈景俊一同奏陈恢复者还有易袚、钱廷玉，他们亦是韩侂胄北伐的重要支持者。钱廷玉，字温甫，常州晋陵人，庆元二年进士。② 开禧三年十二月，监察御史章燮弹劾其"初以用兵之议，纵臾侂胄"，③可见他在促成韩侂胄北伐上的作用。与陈景俊、钱廷玉相较，易袚可能扮演了更为重要的角色，他被认为是仅次于邓友龙的北伐鼓吹者。易袚，字彦章，潭州宁乡人，淳熙十一年进士。④ 蔡幼学弹劾称：

> 易袚奋自诸生，有声场屋，稍自爱重，何患不达。而乃谄附苏师旦，侥求美官，为草节度使词命。搢绅耻之……方韩侂胄欲启兵衅，邓友龙为侍御史，袚在谏垣，缔交合谋，更唱迭和，以排忠正之论。及友龙宣抚江淮，袚送以歌词，妄自张大，有"书盛事，有椽笔"之语。……然则袚之逢迎侂胄，其罪亚于友龙。⑤

看来易袚早年在士林中颇有声望，后来谄媚苏师旦，为其起草建节制词，得到擢升。在北伐事上，他与邓友龙相互配合，积极支持韩侂胄。卫泾亦弹劾称：

> 侂胄窃弄威福，怨嫉既多，密图兵柄，以固其位。邓友龙倡用兵之

---

① 《建炎以来朝野杂记》乙集卷十八《丙寅淮汉蜀口用兵事目》，第826页。
② 《南宋馆阁续录》卷七，第261页。
③ 《宋会要辑稿》职官七五之三八，第4093页。
④ 《南宋馆阁续录》卷八，第281页。
⑤ 《育德堂奏议》卷二《缴易袚郑挺各降两官辰郴州居住指挥状（得旨，袚更追三官，送融州，挺追两官，送南雄州）》。

议,易祓和之,更互表里,专务诡随。去年(笔者按:开禧二年)之春,侂胄意虽已决,然未卜人心之从违,祓乃献说张大贼中之事,使廷臣条具。易祓首言:"敌国有必败之势,中国有必胜之理。"又白:"敌国如外强中干之人,仅延喘息。"易祓号为儒生,岂无见于利害之实,徒以意在逢迎,不复体国。侂胄始欲加罪异议,而廷臣言不可者什七八,卒亦无如之何。易祓果得为谏大夫,复力主兵说。①

同样强调易祓与邓友龙相为表里,共同鼓吹北伐。卫泾提到,开禧二年初韩侂胄业已决定北伐,为在朝野获得更多支持,特意举行了群臣集议。易祓在集议中表现尤为积极,极力渲染金朝动乱,声称金朝已是外强中干,一旦出兵必能取胜。

正是在易祓与邓友龙的联合攻击下,开禧二年三月,反对北伐的参知政事钱象祖遭到罢免。随后,又以"钱象祖怀奸避事,夺二官、信州居住"。②时任左司谏的易祓弹劾钱象祖称:

> 比者陛下以虏情叵测,奋发英断,增遣边戍,训阅士卒,招收忠义,此亦有国之所不可废者。象祖参大政复兼本兵之任,宜振举其职以共图事功。而乃独班奏事,抗疏丐去,所谓恝疾以事其君者。③

易祓强调金朝在边境的异动促使朝廷采取增加军备、训练军队、招收忠义民兵等举措的合理性。虽未直言恢复,但事实上就是为北伐做准备。时任参知政事兼知枢密院事的钱象祖,对朝廷的做法不以为然,坚请辞职以示不能苟同。易祓由此弹劾,致其罢政。时任给事中的邓友龙则要求进一步追责钱象祖:

---

① 《后乐集》卷一一《论朝议大夫易祓朝请郎太常少卿兼权吏部侍郎兼侍讲朱质朝奉大夫林行可乞赐镌斥状》,第621页。
② 《宋史》卷三八《宁宗本纪》,第740页。
③ 《宋宰辅编年录校补》卷二〇,第1332页。

方陛下委任元臣,相与倡大义以正人心,而象祖进则面谀,退则腹非,甚至语人曰:"上意不以为然。"象祖参预大政,把握本兵二年于兹,乃始辨论,以为不可,何耶? 乞将与郡指挥寝免,重赐窜责。①

邓友龙较易袚更为直白,没有刻意隐藏恢复意图,径直批评钱象祖阳奉阴违,首鼠两端,致使钱象祖夺两官并勒令信州居住。

钱象祖以执政之尊因抵制北伐而遭此严惩,给予朝野的震动是可想而知的。魏了翁后来回忆道:"是时张伯子、徐文子与地官侍郎王公,皆先后以不合去,大抵皆徐疏也。丁侍郎常任亦能以条具异论去,极于钱伯同之谪上饶。自是莫敢有言者矣。"②钱伯同即钱象祖,在魏了翁看来,其时因为反对北伐而遭到贬谪的官员虽前后相继,但钱象祖的罢政尤具象征意义。正是随着钱象祖的贬谪,反对北伐的声音被彻底压制。这也意味着韩侂胄心意已决,北伐势在必行。约略弹劾钱象祖的同时,开禧二年三月,朝廷任命程松为四川宣抚使,吴曦为宣抚副使。次月,又以薛叔似为兵部尚书、湖北京西宣抚使,邓友龙为御史中丞、两淮宣抚使,吴曦兼陕西、河东路招抚使,郭倪兼山东、京东路招抚使,鄂州都统赵淳兼京西北路招抚使,皇甫斌兼京西北路招抚副使,南宋沿着从江淮至四川的整条宋金边界对金朝发动了全面进攻。与此同时,镇江都统制陈孝庆攻克金朝淮北重镇泗州。③ 在战争初期取得的一系列胜利刺激下,五月,南宋朝廷下诏伐金,④开禧北伐正式拉开帷幕。

余 论

韩侂胄最终走向北伐,大致包括内外两个层面的因素。为在朝廷内部

---

① 《宋宰辅编年录校补》卷二〇,第1332页。
② 《重校鹤山先生大全文集》卷六三《跋北山戆议》,第5页b。
③ 《宋史》卷三八《宁宗本纪》,第740页。
④ 《宋史》卷三八《宁宗本纪》,第740页。

出现的政治危机寻求化解之道,让逐渐动摇的权势地位重新稳固,是其选择北伐的根本动力,这就决定了他谋划北伐既非在嘉泰元年,更非在庆元之初,而是在拥立新皇后的政治斗争失败以后的嘉泰三年左右。但高收益也意味着高风险,北伐用兵成败难料,绝非化解危机的最佳选项,韩侂胄选择北伐很大程度上与此一时期金朝在蒙古侵扰下出现的内忧外患密切相关。金朝呈现出的动荡衰败之势,让南宋看到了恢复中原的可乘之机,在朝廷上下重新激起了恢复声浪,这就在很大程度上降低了北伐的风险性,如此在内部政治危机的压力下,北伐在韩侂胄心目中构成了一个可行的选项。正因如此,韩侂胄的北伐带有相当的投机性质。后世论者多将开禧二年作为韩侂胄北伐的时间节点,从而将嘉泰初至开禧二年之间的四五年时间,皆视作韩侂胄准备北伐的时间,如此韩侂胄的北伐自然是准备相当充分的。① 实际上,从对北伐发动过程的梳理中可以看到,韩侂胄分别于嘉泰三年冬,开禧元年上半年,以及开禧二年三次兴起北伐之议,前两次皆因种种原因而未能付诸实施。其中嘉泰三年冬的决议用兵,距离韩侂胄确定北伐意向不过一年时间,尽管他在此期间也曾做过一些军事上的准备,但对于北伐这样的重大事务,这样的准备显然是颇为仓促的。前两次北伐之议的兴起与中止,充分表明韩侂胄对于北伐并没有一个坚定意向,更没有一个严密周详的全盘式规划,完全是根据南宋内部政情和金朝局势变化在变动,显现出十分突出的投机性质。当然,对于韩侂胄来说,谋划北伐除了用兵收复中原这一终极目标外,还有着更为直接而现实的目的,就是通过北伐氛围的营造来攫取平章军国事的职位与权力,以在丧失外戚身份后实现从外戚秉政向宰相专权的权力性质转化,为长期执政寻找制度化的保障,这也表明韩侂胄北伐的目的是多重的。

　　在韩侂胄的北伐之路上,我们看到了诸多道学中人的身影,他们不全然是被动卷入其中,许多更是扮演了至关重要的角色。典型如邓友龙,作为张栻弟子的他正是促成韩侂胄决心北伐的关键性人物。其他如陈谦、厉

---

① 李传印:《韩侂胄与开禧北伐》,《安庆师范学院学报(社会科学版)》,2000年第4期。

仲方、薛叔似、郑挺、皇甫斌等人,皆与道学有着或直接或间接的关系。宋人就言道,韩侂胄松弛党禁后,不少道学中人"或愤于久郁,乐于乍伸,辄动其弹冠经世之念,则其思犹未熟也。复仇,天下之大义也。张忠献抵死,切齿而不得伸,阜陵二十八年长太息而不得遂者,一旦举而行之,谁曰不可?抑开禧之事,开边也,非复仇也,图不轨也,非为社稷也,而羽之而翼之,可不可也?"①对这些道学中人不能区分复仇与开边,积极投身韩侂胄出于私心发动的北伐提出了批评。韩侂胄与道学的关系从庆元党禁中的敌对到开禧北伐中的合作,呈现出十分明显的转变。在韩侂胄被诛后弹劾抨击的奏疏中,他们参与北伐往往被解释为是对韩侂胄的迎合依附。虽不能否认类似情形的存在,但显然很难相信这些人尽皆从党禁中的"君子"在党禁后一转而为"小人"。他们对韩侂胄的支持,至少当有两个方面的原因:第一,韩侂胄虽是党禁的制造者,但他对道学的态度与京镗等反道学势力存在差别,并在党禁期间对道学中人多有容情之处,党禁的松弛也与他的这一态度有相当关系。这在某种程度上减轻了道学中人对韩侂胄的敌视。叶适在赵彦櫹墓志中言道:"侂胄始得志,郁挫天下士,使不自容。后颇悔曰:'此辈岂可无吃饭处耶?'稍收拾,铢寸与之,士甘其晚悟,未深虑也。侂胄既亟败,忌者反指为党,疑似锄剥不少借。公常痛愤,谓'始坐伪学废,终用兵端斥,苟欲锢士,何患无名。'"②叶适及赵彦櫹之言,一方面,表明道学中人因在北伐期间与韩侂胄的合作而在事后遭到了冲击;另一方面,则告诉我们道学中人与韩侂胄合作的一个重要原因,是他们看到了韩侂胄在党禁期间对道学中人的不为已甚,同时将其松弛党禁视作悔错改过的表现。第二,这些道学中人参与北伐并不能完全归结为对韩侂胄个人的支持,他们本身对于北伐的热情亦当是重要因素,金朝局势的变化让他们看到了恢复的难得时机,重新激起了内心中的恢复热情。不过,道学群体在北伐问题上分歧甚大,并未形成统一立场,固然有不少人成为韩侂

---

① 《续编两朝纲目备要》卷七"嘉泰二年二月"条,第125页。
② 《水心文集》卷二三《故宝谟阁待制知平江府赵公(彦櫹)墓铭》,《叶适集》,第451—452页。

胄北伐的支持者,但反对者亦为数众多,这就决定了在韩侂胄死后道学虽然受到一定冲击,却未再遭类似党禁的全面镇压,他们将继续在南宋的政治舞台上发挥着自身独特的影响。

结　　语

　　恢复、道学、权臣作为贯穿南宋一朝政治的三个重要主题，相互纠缠，相互影响，在很大程度上决定了南宋的政治走向。下面围绕这三个主题来对本文进行简单总结，并就三者之于宋代政治的关系略作申论。

　　第一，恢复与宋代的富国强兵传统

　　恢复是南宋政治的核心议题。言及恢复必然涉及和战选择，这容易让人将恢复简单地视作对外是和是战的政策选择，而忽视了其更为深刻的政治内涵。就孝宗朝来看，孝宗与道学中人在恢复上的主要矛盾并非集中在是和是战，而更多表现为对恢复的不同规划：前者强调先恢复后富民，后者则强调先富民后恢复。将考察恢复的重点转向恢复路线的具体内涵，为认识南宋始终不能收复中原的现实提供了进一步思考的空间。孝宗作为南宋最有恢复志向的君主历来备受赞赏，而学者多将其壮志难酬归结为种种外部环境的制约。但从道学中人的批判来看，富国强兵会不会恰是致其不能恢复的关键因素呢？富国强兵路线下对理财的重视确实可在短时间内积累起雄厚财富，奠定恢复基础。但理财与聚敛不过一步之遥，过分攫取地方财赋导致州县财政匮乏，进而加重百姓负担，使得地方空虚无力，民怨四起，贸然对金用兵或将面临难以预料的风险。可见，对孝宗恢复的认识，除了考虑各种外部因素外，孝宗自身的因素也是值得注意的重要方面。

　　不过，需要追问的是，孝宗为何如此钟情于富国强兵呢？如果将目光转向整个宋代，屡屡可以发现富国强兵的身影，甚至可以说宋代隐然存在着一种富国强兵的政治传统。笔者在考察南宋前期的恢复观念时指出,张浚、吕颐浩等主战派大臣不惜"重敛济师"以图恢复,体现出明显的富国强兵思想。① 但宋代最为后世所熟知的奉行富国强兵思想的时期,莫过于王安石变法。朱熹就称王安石"意欲富国强兵,然后行礼义"。② 与孝宗重视理财一样,理财也成为王安石变法的核心内容。有论者认为变法走向以理财为核心的富国强兵之路并非王安石本意,而是神宗主导下的产物。③ 尽管如此,从客观层面来看,王安石最终都是配合了神宗的富国强兵路线。我们知道,神宗与王安石变法的重要时代背景是宋朝建立后百余年来形成的"积贫积弱"之局,因为"积贫"所以要"富国",因为"积弱"所以要"强兵",这是变法最终走向"富国强兵"的直接动因。但这是否意味着宋代对"富国强兵"的追求始于神宗君臣呢?若然如此,在将王安石变法视作靖康之变根源的南宋时期,孝宗又为何再次走上这条道路呢?纵观王安石变法与孝宗的恢复,两者"富国强兵"的具体内容虽不尽相同,但贯穿其中的基本原则却颇相类似,即积极致力于将地方上、社会上的财赋集中到中央,进而集中到皇帝个人掌控之下,军事上亦然,而后再利用中央掌握的强大财政和军事力量来实现更高目标,或开疆拓土,或收复中原。

明乎此,我们很容易联想到,在宋代最早走上富国强兵之路者并非他人,正是宋太祖赵匡胤。为确保宋代不成为五代之后的第六个短命王朝,赵匡胤采取了一系列举措以强化中央集权,用朱熹的话说就是"兵也收了,财也收了,赏罚刑政一切收了"。④ 中央借此具有了相对于地方更为雄厚的财赋、更为强大的军力,这岂不正是一条富国强兵之路?这也表明,富国强兵与强化中央集权、强化君主权力是相一致的。内藤湖南指出,唐宋之际在政治上的突出表现是贵族政治衰落,君主独裁政治兴起。⑤ 宋代正是君主权

---

① 李超:《南宋前期主战派的恢复观——以张浚为中心的考察》,《求索》2023 年第 3 期。
② 《朱子语类》卷七一,第 1799 页。
③ 张亦冰:《北宋三司财务行政体制研究》,北京:社会科学文献出版社,2023 年,第 169—175 页。
④ 《朱子语类》卷一二八,第 3070 页。
⑤ 内藤湖南:《概括的唐宋时代观》,刘俊文主编,黄约瑟译:《日本学者研究中国史论著选译》,北京:中华书局,1992 年,第 10—18 页。

力空前强化的历史时期,自赵匡胤开始的宋代君主,尤其是类似神宗、孝宗这样的大有为之君,莫不对强化中央集权和君主权力倍加关切。这就决定了宋代君主在为化解危机、摆脱困境而确立政策路线时,必然以不违背高度中央集权的政治体制、不削弱君主的专制权力为基本前提,而强化君主对财赋与军队的掌控,推行富国强兵就顺理成章地屡屡成为他们应对危机与困境的首选之道。换句话说,宋代君主对富国强兵的执着,实质上深深植根于宋代高度中央集权的政治体制与政治文化之中。

第二,道学与宋代的政治革新

长期以来,道学多被视作高谈心性而脱离现实的空疏无用之学,甚至被扣上清谈误国的帽子,成为南宋亡国的因由之一。[①] 但从孝宗朝以来的道学活动看,道学群体积极投身到了现实政治中,有着较为明确的政治主张。尽管闽学、浙学、湖湘学等不同的道学派别,相互间在学术理念上存在诸多差异,并因此而相互争辩乃至攻评,但并不妨碍他们分享着许多基本的政治共识。就恢复而言,不同道学派别皆强调裕民的重要性,并形成了一整套系统的恢复主张,并以此对孝宗的富国强兵路线展开批评。批评道学空谈声浪在孝宗朝的出现,与围绕恢复产生的不同治理路线间的分歧密切相关。孝宗及其支持者既坚信自身恢复路线的绝对正确,道学奉行的相反路线自然成了不切实用的清谈。同时,孝宗君臣指责道学还可以起到镇压"异论"的作用。因此,在看待宋代种种指责道学为空谈的言论时,有必要将其放到特定语境中,仔细探究批评者为何出如此指责,根据何在,又希望达成何种目的,等等。如此才有可能准确判断这些批判究竟是客观的事实陈述,抑或是特定目的下的夸大其词甚至肆意歪曲,以至于仅仅只是一种打击对手的政治名目。

富国强兵在宋代是有着悠久历史的政治传统,是宋代君主在应对危机时的首选之道。与此类似,将裕民作为治理重心也是二程以来道学政治思想的传统。宋代道学发展的两个重要阶段,一是以二程为代表的开创阶段,

---

① 《南宋史稿》,第475—476页。

二是以朱熹为代表的集大成阶段。有意思的是,两个阶段的道学领袖们面对的都是君主强势推行富国强兵的政治现实,而他们也都不约而同成为富国强兵的反对者与批判者。可以说,道学正是在与富国强兵思想的对抗中逐渐发展起来的。道学中人很清楚,富国强兵并非神宗、孝宗等君主的个人偏好,而是植根于宋代的政治文化与政治体制中。本文在讨论叶适、陈亮的恢复观时提到,他们两人不仅将孝宗的富国强兵与神宗、王安石联系起来,更进而与始自宋初的高度中央集权的政治体制联系起来,强调王安石变法的错误在于不仅未能克服宋代政治体制的种种弊端,反而将这些弊端推向了极致。朱熹等道学中人并不否认王安石变法的合理性,认为其错误仅在于走错了道路而已。神宗去世后,元祐大臣理应在废黜新法的同时重启政治革新进程,遗憾的是司马光等人却选择了向祖宗旧制回归。朱熹言道:"介甫变法,固有以召乱。后来又却不别去整理,一向放倒,亦无缘治安。"又称:"自荆公以改法致天下之乱,人遂以因循为当然。天下之弊,所以未知所终也。"①于道学中人而言,变法仍旧是未竟的事业,而其核心就是要将国家治理的重心转向裕民。因此,道学群体在孝宗朝以来不断呼吁推动政治革新,不仅是对孝宗富国强兵恢复路线的反对,更是对宋代开国以来确立之根本政治体制的批判。

既然道学以裕民为核心的治理之道与君主所坚持的富国强兵式治理路线颇相抵触,道学又何以在南宋后期成为官方正统呢?观察道学的发展历程可以看到一个颇为有趣的现象,即道学地位的上升大体与南宋走向衰亡的趋势相一致。道学自诞生后绵延不绝,时有盛衰,但大放异彩并产生广泛影响则始于孝宗朝。正如叶适所说:"乾道五六年,始复大振。讲说者被闽、浙,蔽江、湖,士争出山谷,弃家巷,赁馆贷食,庶几闻之。"②不过该时期的道学并不为孝宗待见,反道学事件屡有发生,至庆元党禁达到高潮。党禁解除后,道学在嘉定年间逐渐为朝廷接受。理宗亲政后,道学地位不断上升,最

---

① 《朱子语类》卷一三〇,第 3095、3101 页。
② 《水心文集》卷一三《郭府君墓志铭》,《叶适集》,第 246 页。

终被官方尊为正统。在国家兴盛时期不受待见的道学,反而在衰亡时期成为正统,个中原因固然甚多,但结合本文论述或可提出一个新的解释,即南宋的逐渐衰亡暴露出宋代既有治国之道的种种弊端,进而从反面凸显出道学以裕民为核心的治理之道可能存在的合理性。在国家走向衰亡的过程中,道学提供的另外一条道路成为朝野上下寄予厚望的新选择。①

第三,权臣与宋代的政治架构

本文着重对韩侂胄的专权进行了考察。韩侂胄专权的形成与维系得益于内廷与外朝两方面的支持,内廷主要指宁宗、吴后代表的皇权,而外朝则主要指京镗为首的反道学势力。韩侂胄凭借外戚兼近习的身份,在内廷与外朝之间扮演着居间沟通协调的角色。这种权力结构保证了韩侂胄长期掌控朝政,但也导致了其权力一直处于不稳定状态。一方面,他与京镗等反道学势力的联合实质是一场政治合作,而非后者对前者的单纯依附,这决定了后者的"忠诚"是有限度的。尽管后来韩侂胄任用更为"忠诚"的陈自强等人取而代之,但这些人却因缺乏政治声望而侵蚀了韩侂胄的权力根基。另一方面,韩侂胄与皇权之间并非真空地带,宦官、后妃等势力充斥其间,他们凭借天然的优势会深刻影响宁宗对韩侂胄的信任。这是韩侂胄难以化解的,他最终走上具有高度风险的北伐之路与在内廷的失势直接相关。可见,类似韩侂胄这样的权臣,要想实现对朝政的牢固掌控从而维系长期专权,不得不同时实现对内廷与外朝的有效控制,控制内廷更是重中之重。这是南宋权臣在专权道路上面对的共同困境,直接关系着他们权力的稳定与持续。

就内廷而言,权臣所拥有的皇帝信任并不是天然不可动摇的。要长期维系皇帝的信任是一项充满挑战性的工作,重点是防止在皇帝身边出现其他的权力竞争者,其中最具威胁性的是宦官、后妃等势力。权臣与这些势力间的恩怨纠葛时有显露。韩侂胄自不待言,后继的史弥远是南宋掌权时

---

① 如史弥远去世后,理宗亲政,实行端平更化,张端义称:"及史同叔之死,天下之人皆曰:'真直院入朝,天下太平可望。'"(《贵耳集》卷下,《全宋笔记》,第6编第10册,第349页)黄震称:"真德秀言论、风采,文行声绩,独重嘉定、宝、绍间,金谓用则即日可太平。"(《古今纪要逸编》,黄震著,张伟、何忠礼点校:《黄震全集》,第10册,杭州:浙江大学出版社,2013年,第3302页)以真德秀为代表的道学群体被赋予了实现天下太平的殷切期望,道学的政治声望达到顶峰。

间最久的权臣,其权力表现出了异常的稳定性,根源即在于他与杨皇后及景宪太子结成的稳固政治联盟。① 又如著名"奸臣"秦桧,为维持权势"又阴结内侍及医师王继先,伺上动静"。② 王继先为高宗佞幸,权势显赫,秦桧积极笼络,"使其夫人诣之,叙拜兄弟,表里引援"。③ 以专权误国著称的贾似道,上台后采取巧妙手段清除了谢氏外戚和董宋臣等理宗亲信宦官,实现了"内庭无用事之人,外阃无怙势之将,宫中、府中,俱为一体"的局面。④ 在处理与外戚、后妃、宦官等势力关系时,权臣会根据情况采取或笼络、或敌对的立场,但归根结底目的皆是一致,即维系皇权的绝对信任,避免其他势力的威胁与挑战。正因如此,权臣对皇权的依赖是颇为强烈的。史书记载中多强调这些权臣如何的权倾朝野,如何的僭越不臣,⑤但多为言者批判攻击之辞,充满了夸张、歪曲,甚至虚构。叶绍翁就指出所谓韩侂胄"僭拟宫闱"的说法并不属实。相反,在给宁宗的奏章中,韩侂胄"至陛下二字,必提空唯谨",表现出了异常的恭敬。叶绍翁断言"或以为韩意叵测者,非也"。⑥ 秦桧的情况亦相仿佛:"秦桧权倾天下,然颇谨小嫌,故思陵眷之,虽桧死,犹不释。"其中一则轶事称,秦桧在明知黄色服饰乃贵贱通用的情况下,依旧阻止其子秦熺穿戴,只因"以色之逼上",⑦凸显出对高宗的尊崇与敬畏。

就外朝而言,权臣要想实现对外朝的完全掌控,一方面需要在朝廷内外的关键机构上安排亲信私人。如秦桧"附己者立与擢用。自其独相,至死之日,易执政二十八人,皆世无一誉。柔佞易制者,如孙近、韩肖胄……郑仲熊之徒,率拔之冗散,遽跻政地。既共政,则拱默而已"⑧又如韩侂胄,"若陈自强则以侂胄童子师,自选人不数年致位宰相,而苏师旦、周筠又侂胄厮役也,

---

① 《南宋宁宗朝前期政治研究》,第284—294页。
② 《宋史》卷四七三《秦桧传》,第13765页。
③ 《宋史》卷四七〇《王继先传》,第13686—13687页。
④ 《癸辛杂识》后集《贾相制外戚抑北司戢学校》,第67—68页。
⑤ 《宋史》卷四七四《韩侂胄传》,第13777页。
⑥ 《四朝闻见录》戊集《考异》,第196页。
⑦ 《四朝闻见录》乙集《秦小相黄葛衫》,第80页。
⑧ 《宋史》卷四七三《秦桧传》,第13765页。

亦皆预闻国政,超取显仕",①反映出权臣任用亲信控制朝政的事实。另一方面,要积极招揽有声望的士大夫为己所用。权臣很清楚安插亲信固然便利掌控朝政,但积累在士大夫中的声望对维系专权亦颇为重要。如韩侂胄当权即"欲网罗四方知名士相羽翼"。② 史弥远亦在理宗继位之初有意"褒表名儒,以兴起士大夫之心"。③ 贾似道同样如此,"既专恣日甚,畏人议己,务以权术驾驭,不爱官爵,牢笼一时名士"。④ 可以发现,南宋权臣虽饱受士大夫群体尤其是道学中人批判,但类似庆元党禁的大规模政治整肃却颇为罕见。多数权臣都会尽力与士大夫和平相处,争取其支持,即便存在对立亦往往不为已甚,表现出较为明显的包容性。

论者指出,宋代的政治架构一言以蔽之,即"皇帝与士大夫共治天下"。⑤ 虽然完全意义上的共治存在时间十分短暂,但毋庸置疑的是,皇帝与士大夫两者确实构成了宋代政治中最为重要的两股力量。表面上看,南宋频现的权臣政治是对共治格局的背离与破坏,但从权臣为维系专权而对皇帝与士大夫群体竞相笼络的事实来看,权臣政治似乎并未彻底突破共治的政治架构。

---

① 《宋史》卷四七四《韩侂胄传》,第 13774 页。
② 《宋史》卷四三三《杨万里传》,第 12870 页。
③ 《宋史全文》卷三一"嘉定十七年九月乙亥"条,第 2615 页。
④ 《宋史》卷四七四《贾似道传》,第 13784 页。
⑤ 张其凡:《"皇帝与士大夫共治天下"试析——北宋政治架构探微》,《暨南学报(哲学社会科学版)》2001 年第 6 期。

参考文献

按作者姓名拼音升序排列

一、古籍

1. 蔡戡：《定斋集》，《景印文渊阁四库全书》，第 1157 册，台北：台湾商务印书馆，1983 年。

2. 蔡幼学：《育德堂奏议》，北京：中华书局，1987 年。

3. 曹彦约著，尹波、余星初点校：《曹彦约集》，成都：四川大学出版社，2015 年。

4. 陈傅良著，周梦江点校：《陈傅良先生文集》，杭州：浙江大学出版社，1999 年。

5. 陈桱：《通鉴续编》，《景印文渊阁四库全书》，第 332 册，台北：台湾商务印书馆，1983 年。

6. 陈骙、佚名著，张富祥点校：《南宋馆阁录·续录》，北京：中华书局，1998 年。

7. 陈亮著，邓广铭点校：《陈亮集》（增订本），北京：中华书局，1987 年。

8. 陈思编：《两宋名贤小集》，《景印文渊阁四库全书》，第 1364 册，台北：台湾商务印书馆，1983 年。

9. 陈渊：《默堂先生文集》，《四部丛刊三编》，上海：上海书店，1989 年。

10. 程敏政辑，何庆善、于石点校：《新安文献志》，合肥：黄山书社，2004 年。

11. 方大琮：《宋宝章阁直学士忠惠铁庵方公文集》，《宋集珍本丛刊》，第79册,北京:线装书局,2004年。

12. 房玄龄等:《晋书》,北京:中华书局,1974年。

13. 冯从吾:《少墟集》,《景印文渊阁四库全书》,第1293册,台北:台湾商务印书馆,1983年。

14. 傅增湘:《宋代蜀文辑存》,北京:北京图书馆出版社,2005年。

15. 洪适:《盘洲文集》,《宋集珍本丛刊》,第45册,北京:线装书局,2004年。

16. 胡铨:《澹庵文集》,《景印文渊阁四库全书》,第1137册,台北:台湾商务印书馆,1983年。

17. 华岳:《翠微南征录》,《宋集珍本丛刊》,第78册,北京:线装书局,2004年。

18. 黄榦:《勉斋先生黄文肃公文集》,《宋集珍本丛刊》,第68册,北京:线装书局,2004年。

19. 黄淮、杨士奇等:《历代名臣奏议》,台北:台湾学生书局,1985年。

20. 黄震著,张伟、何忠礼点校:《黄震全集》,杭州:浙江大学出版社,2013年。

21. 黄宗羲著,全祖望补修,陈金生、梁运华点校:《宋元学案》,北京:中华书局,1982年。

22. 黎靖德编,王星贤点校:《朱子语类》,北京:中华书局,1986年。

23. 李俊甫:《莆阳比事》,《续修四库全书》,第734册,上海:上海古籍出版社,2002年。

24. 李清馥著,徐公喜、管正平、周明华点校:《闽中理学渊源考》,南京:凤凰出版社,2011年。

25. 李心传著,徐规点校:《建炎以来朝野杂记》,北京:中华书局,2000年。

26. 李心传著,朱军点校:《道命录》,上海:上海古籍出版社,2016年。

27. 林光朝:《艾轩先生文集》,《宋集珍本丛刊》,第44、45册,北京:线装书局,2004年。

28. 林駉:《古今源流至论》,《景印文渊阁四库全书》,第 942 册,台北:台湾商务印书馆,1983 年。

29. 刘克庄著,辛更儒笺校:《刘克庄集笺校》,北京:中华书局,2011 年。

30. 刘时举著,王瑞来点校:《续宋中兴编年资治通鉴》,北京:中华书局,2014 年。

31. 刘昫等:《旧唐书》,北京:中华书局,1975 年。

32. 刘宰:《漫塘刘先生文前集》,《宋集珍本丛刊》,第 71 册,北京:线装书局,2004 年。

33. 楼钥著,顾大朋点校:《楼钥集》,杭州:浙江古籍出版社,2010 年。

34. 陆九渊著,钟哲点校:《陆九渊集》,北京:中华书局,1980 年。

35. 陆心源:《宋史翼》,北京:中华书局,1991 年。

36. 陆游著,钱仲联校注:《剑南诗稿校注》,上海:上海古籍出版社,2005 年。

37. 陆游著,马亚中、涂小马校注:《渭南文集校注》,杭州:浙江古籍出版社,2015 年。

38. 罗从彦:《豫章罗先生文集》,《宋集珍本丛刊》,第 32 册,北京:线装书局,2004 年。

39. 罗大经著,王瑞来点校:《鹤林玉露》,北京:中华书局,1983 年。

40. 吕中著,张其凡、白晓霞整理:《类编皇朝中兴大事记讲义》,上海:上海人民出版社,2014 年。

41. 吕祖谦:《东莱集》,《景印文渊阁四库全书》,第 1150 册,台北:台湾商务印书馆,1983 年。

42. 吕祖谦:《左氏博议》,《景印文渊阁四库全书》,第 152 册,台北:台湾商务印书馆,1983 年。

43. 吕祖谦:《左氏传说》,《景印文渊阁四库全书》,第 152 册,台北:台湾商务印书馆,1983 年。

44. 马端临:《文献通考》,北京:中华书局,1986 年。

45. 马光祖修,周应合纂:景定《建康志》,《宋元方志丛刊》,第 2 册,北京:中华书局,1990年。

46. 樵川樵叟:《庆元党禁》,《丛书集成初编》,北京:中华书局,1985年。

47. 史浩:《史浩集》,杭州:浙江古籍出版社,2016年。

48. 史弥坚修,卢宪纂:嘉定《镇江志》,《宋元方志丛刊》,第3册,北京:中华书局,1990年。

49. 苏轼:《书传》,《景印文渊阁四库全书》,第54册,台北:台湾商务印书馆,1983年。

50. 孙梦观:《雪窗先生文集》,《宋集珍本丛刊》,第85册,北京:线装书局,2004年。

51. 孙应时纂修,鲍廉增补,卢镇续修:《琴川志》,《宋元方志丛刊》,第2册,北京:中华书局,1990年。

52. 脱脱等:《金史》,北京:中华书局,1975年。

53. 脱脱等:《宋史》,北京:中华书局,1977年。

54. 汪应辰:《文定集》,上海:学林出版社,2009年。

55. 王安石著,王水照主编:《王安石全集》,上海:复旦大学出版社,2016年。

56. 王柏:《鲁斋集》,《景印文渊阁四库全书》,第1186册,台北:台湾商务印书馆,1983年。

57. 王懋竑:《宋朱子年谱》,《新编中国名人年谱集成》第七十辑,台北:台湾商务印书馆,1982年。

58. 王十朋:《王十朋全集》(修订本),上海:上海古籍出版社,2012年。

59. 吴师道:《吴礼部诗话》,载丁福保辑:《历代诗话续编》,北京:中华书局,1983年。

60. 王炎:《双溪类稿》,《景印文渊阁四库全书》,第1155册,台北:台湾商务印书馆,1983年。

61. 王质:《雪山集》,《宋集珍本丛刊》,第61册,北京:线装书局,2004年。

62. 卫泾:《后乐集》,《景印文渊阁四库全书》,第1169册,台北:台湾商务印书馆,1983年。

63. 魏了翁:《重校鹤山先生大全文集》,《四部丛刊初编》,上海:上海书店,1989年。

64. 吴泳:《鹤林集》,《宋集珍本丛刊》,第74册,北京:线装书局,2004年。

65. 徐松:《宋会要辑稿》,北京:中华书局,1957年。

66. 徐自明著,王瑞来校补:《宋宰辅编年录校补》,北京:中华书局,1986年。

67. 薛季宣著,张良权点校:《薛季宣集》,上海:上海社会科学院出版社,2003年。

68. 杨慎编,刘琳、王晓波点校:《全蜀艺文志》,北京:线装书局,2003年。

69. 杨万里:《诚斋诗话》,丁福保辑:《历代诗话续编》,北京:中华书局,1983年。

70. 杨万里著,辛更儒笺校:《杨万里集笺校》,北京:中华书局,2007年。

71. 叶绍翁著,沈锡麟、冯惠民点校:《四朝闻见录》,北京:中华书局,1989年。

72. 叶适著,刘公纯、王孝鱼、李哲夫点校:《叶适集》,北京:中华书局,1961年。

73. 佚名:《朝野遗记》,《全宋笔记》,第7编第2册,郑州:大象出版社,2016年。

74. 佚名:《皇宋中兴两朝圣政》,北京:北京图书馆出版社,2007年。

75. 佚名:《京口耆旧传》,《丛书集成初编》,北京:中华书局,1985年。

76. 佚名著,汝企和点校:《续编两朝纲目备要》,北京:中华书局,1995年。

77. 佚名著,汪圣铎点校:《宋史全文》,北京:中华书局,2016年。

78. 佚名著,王瑞来校笺:《钱塘遗事校笺考原》,北京:中华书局,2016年。

79. 俞文豹著,张宗祥校订:《吹剑录全编》,上海:古典文学出版社,1958年。

80. 员兴宗:《九华集》,《宋集珍本丛刊》,第56册,北京:线装书局,2004年。

81. 袁燮著,李翔点校:《絜斋集》,杭州:浙江大学出版社,2020年。

82. 岳珂著,吴企明点校:《桯史》,北京:中华书局,1981年。

83. 曾丰:《缘督集》,《宋集珍本丛刊》,第65册,北京:线装书局,2004年。

84. 张端义:《贵耳集》,《全宋笔记》,第6编第10册,郑州:大象出版社,2013年。

85. 张栻著,杨世文点校:《张栻集》,北京:中华书局,2015年。

86. 赵翼著,王树民点校:《廿二史札记校证》,北京:中华书局,1984年。

87. 赵翼:《瓯北诗话》,载赵翼著,曹光甫校点:《赵翼全集》,第5册,南京:凤凰出版社,2009年。

88. 真德秀:《西山先生真文忠公文集》,《四部丛刊初编》,上海:上海书店,1989年。

89. 郑兴裔:《郑忠肃奏议遗集》,《景印文渊阁四库全书》,第1140册,台北:台湾商务印书馆,1983年。

90. 郑岳辑:《莆阳文献列传》,《续修四库全书》,第548册,上海:上海古籍出版社,2002年。

91. 周必大著,王瑞来校证:《周必大集校证》,上海:上海古籍出版社,2020年。

92. 周密:《志雅堂杂钞》,上海:进步书局,1912年。

93. 周密著,吴企明点校:《癸辛杂识》,北京:中华书局,1988年。

94. 周密著,张茂鹏点校:《齐东野语》,北京:中华书局,1983年。

95. 周南:《山房集》,《景印文渊阁四库全书》,第1169册,台北:台湾商务印书馆,1983年。

96. 朱熹著,郭齐、尹波点校:《朱熹集》,成都:四川教育出版社,

1996年。

97. 祝穆：《新编古今事文类聚》，台北：中文出版社，1989年。

二、近人论著

1. [日]土田健次郎著，朱刚译：《道学之形成》，上海：上海古籍出版社，2010年。

2. [英]崔瑞德、[美]史乐民编，宋燕鹏等译：《剑桥中国宋代史上卷：907—1279》，北京：中国社会科学出版，2020年。

3. 安倍直之：《南宋孝宗朝の皇帝側近官》，《集刊东洋学》88，2002年。

4. 陈来：《宋明理学》，沈阳：辽宁教育出版社，1991年。

5. 陈润叶：《陈亮规复中原大计评议》，《湘潭师范学院学报》1990年第4期。

6. 陈希丰：《南宋"隆兴北伐"再检讨——侧重宋军组织机制的考察》，《唐宋历史评论》第十二辑，北京：社会科学文献出版社，2023年。

7. 陈希丰：《辛巳之役与南宋孝宗朝边防格局的形成——以江淮、京湖战区为中心》，北京大学博士学位论文，2016年。

8. 陈晓莹：《宋孝宗治国政策与成效之评析》，《甘肃社会科学》2001年第3期。

9. 程志华：《学术与政治：南宋庆元党禁之研究》，台湾清华大学硕士学位论文，1996年。

10. 崔英超、张其凡：《论"隆兴和议"前后南宋主战派阵营的分化与重构》，《甘肃社会科学》2004年第3期。

11. 崔英超：《论南宋孝宗朝"无恢复之臣"的原因——从主战派宰相性格谈起》，《历史教学》2010年第4期。

12. 邓小南：《走向"活"的制度史——以宋代官僚政治制度史研究为例的点滴思考》，《浙江学刊》2003年第3期。

13. 董春林：《和战分途：南宋初年的政治转向——以孝宗朝政策迁移为线索》，《中南大学学报(社会科学版)》2014年第4期。

14. 董春林:《宋代内藏财政研究》,北京:中国社会科学出版社,2019年。

15. 范立舟:《读田浩〈朱熹的思维世界〉》,《北京青年政治学院学报》2005年第2期。

16. 范立舟:《理学的产生及其历史命运》,西安:陕西人民出版社,2001年。

17. 范有芳:《宋孝宗为改变不平等"受书礼"的斗争》,《松辽学刊(社会科学版)》1997年第1期。

18. 方诚峰:《北宋晚期的政治体制与政治文化》,北京:北京大学出版社,2015年。

19. 方诚峰:《南宋道学的政治理论与实践——从真德秀与张忠恕的冲突与"和解"出发》,《北京大学学报(哲学社会科学版)》2023年第1期。

20. 方诚峰:《南宋末年的公田法与道学家》,《中华文史论丛》2023年第1期。

21. 方如金、赵瑶丹:《论南宋浙东学派的军事思想》,《浙江师范大学学报(社会科学版)》2003年第6期。

22. 方如金:《试评宋孝宗的统治》,《浙江师大学报(社会科学版)》2000年第6期。

23. 方燕:《南宋光宗朝过宫流言探析》,《四川师范大学学报(社会科学版)》2015年第6期。

24. 方震华:《复仇大义与南宋后期对外政策的转变》,《"中研院"历史语言研究所集刊》第八十八本,第二分,2017年。

25. 方震华:《朱熹与恢复论——"立场改变说"的检讨》,《唐宋历史评论》第五辑,北京:社会科学文献出版社,2018年。

26. 冯友兰著,赵复三译:《中国哲学简史》,成都:四川人民出版社,2020年。

27. 高纪春:《道学与南宋中期政治——庆元党禁探源》,河北大学博士学位论文,2001年。

28. 葛兆光:《中国思想史》,上海:复旦大学出版社,2001年。

29. 关长龙:《两宋道学命运的历史考察》,上海:学林出版社,2001年。

30. 韩明士、谢康伦编,刘云军译:《为世界排序:宋代的国家与社会》,北京:九州出版社,2022年。

31. 何俊:《南宋儒学建构》,上海:上海人民出版社,2004年。

32. 何忠礼、徐吉军:《南宋史稿》,杭州:杭州大学出版社,1999年。

33. 何忠礼:《南宋政治史》,北京:人民出版社,2008年。

34. 何忠礼:《试论南宋孝宗朝初年与金人的和战——兼论对张浚和史浩的评价》,《浙江学刊》1998年第6期。

35. 何竹淇编:《两宋农民战争史料汇编》,北京:中华书局,1976年。

36. 侯外庐、邱汉生、张岂之:《宋明理学史》,北京:人民出版社,1987年。

37. 胡斌:《隆兴和议誓书"叛亡"条款与乾道初年宋金外交博弈》,《史学月刊》2022年第6期。

38. 胡斌:《宋孝宗时代的"自治"与内政整顿(1155—1181)》,北京大学博士学位论文,2021年。

39. 黄纯艳:《论宋代发运使的演变》,《厦门大学学报(哲学社会科学版)》2003年第2期。

40. 黄宽重:《"嘉定现象"的研究议题与资料》,《中国史研究》2013年第2期。

41. 黄宽重:《从获得制度史迈向新的政治史:综论宋代政治史研究趋向》,《中国史研究》2009年第4期。

42. 黄宽重:《南宋史料与政治史研究——三重视角的分析》,《中国社会科学》2017年第8期。

43. 黄宽重:《孙应时的学宦生涯:道学追随者对南宋中期政局变动的因应》,台北:台大出版中心,2018年。

44. 金柏东等编著:《温州名胜古迹》,北京:作家出版社,1998年。

45. 李超:《南宋宁宗朝前期政治研究》,上海:上海古籍出版社,

2019年。

46. 李超:《相门出相——试论史浩对史弥远之影响》,《宁波大学学报(人文科学版)》,2016年第5期。

47. 李超:《南宋前期主战派的恢复观——以张浚为中心的考察》,《求索》2023年第3期。

48. 李超:《既用且防:史弥远与衡山赵氏家族关系考论》,《南华大学学报(社会科学版)》2018年第5期。

49. 李超:《周必大、赵汝愚与永嘉士人》,《温州大学学报(社会科学版)》2017年第5期。

50. 李超:《朱熹恢复思想再探》,《宋学研究》第三辑,杭州:浙江大学出版社,2022年。

51. 刘春霞:《事功追求与兵学研习——南宋永嘉学派薛季宣军事思想探微》,《安康学院学报》2016年第5期。

52. 刘力耘:《王安石〈尚书〉学与熙宁变法之关系考察》,《中国史研究》2019年第1期。

53. 刘子健:《两宋史研究汇编》,台北:联经出版事业公司,1987年。

54. 刘子健著,赵冬梅译:《中国转向内在——两宋之际的文化转向》,南京:江苏人民出版社,2012年。

55. 柳立言:《南宋政治初探——高宗阴影下的孝宗》,《"中研院"历史语言研究所集刊》第五十七本,第三分,1986年。

56. 吕思勉:《理学纲要》,长沙:岳麓书社,2010年。

57. 束景南:《朱子大传》,北京:商务印书馆,2003年。

58. 寺地遵著,刘静贞、李今芸译:《南宋初期政治史研究》,上海:复旦大学出版社,2016年。

59. 寺地遵著,吴雅婷译:《韩侂胄专权的成立》,《中外论坛》2020年第4期。

60. 田浩著,姜长苏译:《功利主义儒家——陈亮对朱熹的挑战》,南京:江苏人民出版社,2012年。

61. 汪圣铎、乔东山：《史浩与宋金和战——以德顺之败和隆兴北伐为中心》，《浙江学刊》2011年第2期。

62. 王宇：《从庆元党禁到嘉定更化：朱子学解禁始末考述》，《国际社会科学杂志（中文版）》2011年第4月。

63. 王宇：《朱熹"宁宗嫡孙承重"说与庆元党禁的走向》，《浙江大学学报（人文社会科学版）》2022年第3期。

64. 王宇：《永嘉学派研究》，北京：商务印书馆，2021年。

65. 吴铮强：《官家的心事：宋朝宫廷政治三百年》，上海：上海人民出版社，2023年。

66. 吴铮强：《绍熙政变与南宋太上皇政治的垮塌——兼论虚构的赵汝愚主导绍熙政变历史叙述》，《中外论坛》2022年第2期。

67. 小林晃：《南宋宁宗时期史弥远政权的成立及其意义》，邓小南等主编：《宋史研究论文集（2012）》，郑州：河南大学出版社，2014年。

68. 小林晃：《南宋孝宗朝における太上皇帝と皇帝側近政治》，《东洋史研究》第71卷第1号，2012年。

69. 肖建新：《南宋绍熙内禅钩沉》，《安徽师范大学学报（人文社会科学版）》2002年第6期。

70. 谢无量：《中国哲学史》，郑州：河南人民出版社，2016年。

71. 许浩然：《从〈宋文鉴〉的编纂看南宋理学与馆阁之学的分歧》，《中国典籍与文化》2014年第3期。

72. 许浩然：《从周必大〈思陵录〉看淳熙十四年宋金外交之隐秘》，《殷都学刊》2015年第2期。

73. 许浩然：《周必大的历史世界——南宋高、孝、光、宁四朝士人关系之研究》，南京大学博士学位论文，2013年。

74. 杨俊峰：《绍兴辛巳亲征诏草的隐没与再现——兼论和议国是确立后历史书写的避忌现象》，《台湾师大历史学报》第53期，2015年。

75. 杨念群：《皇帝的影子有多长》，桂林：广西师范大学出版社，2016年。

76. 杨宇勋:《从政治、异能与世人态度谈宋代精神异常者》,《成大宗教与文化学报》第 7 期。

77. 杨宇勋:《休兵讲好苏民力:绍兴和议后减免税役的政策论述》,《国际社会科学杂志(中文版)》2020 年第 3 期。

78. 余英时:《朱熹的历史世界——宋代士大夫政治文化的研究》,北京:生活·读书·新知三联书店,2013 年。

79. 虞云国:《南宋行暮:宋光宗宋宁宗时代》,上海:上海人民出版社,2018 年。

80. 虞云国:《宋光宗·宋宁宗》,长春:吉林文史出版社,1997 年。

81. 张邦炜:《战时状态与南宋社会述略》,《西北师大学报(社会科学版)》2014 年第 1 期。

82. 张维玲:《从南宋中期反近习政争看道学型士大夫对"恢复"态度的转变(1163—1207)》,台湾大学硕士学位论文,2009 年。

83. 张义德:《叶适评传》,南京:南京大学出版社,1994 年

84. 赵永春:《宋金关于"受书礼"的斗争》,《民族研究》1993 年第 6 期

85. 朱丹琼、范立舟:《南宋中期政治特性之形成与治国理念之嬗递——以宋孝宗、韩侂胄为例》,《中国矿业大学学报(社会科学版)》2005 年第 2 期。

86. 朱瑞熙:《一论朱熹的政治主张》,载《朱熹与中国文化》,上海:学林出版社,1989 年。

87. 朱瑞熙:《朱熹是投降派、卖国贼吗?》,《历史研究》1978 年第 9 期。

88. 朱学博:《朱熹林栗纠葛新辨——兼论林栗与道学人士交谊》,《历史文献研究》2021 年第 2 辑。

图书在版编目(CIP)数据

恢复、道学、权臣:南宋中期政治研究/李超著.
上海:上海古籍出版社,2025.4--(南宋及南宋都城
临安研究系列丛书)--ISBN 978-7-5732-1566-6

Ⅰ.D691.21

中国国家版本馆 CIP 数据核字第 20257J3P80 号

南宋及南宋都城临安研究系列丛书·专题研究

恢复、道学、权臣:南宋中期政治研究　　李　超　著

责任编辑　陈丽娟　赵澜波
出版发行　上海古籍出版社
　　　　　地址:上海市闵行区号景路159弄1—5号A座5F　邮编:201101
　　　　　(1)网址:www.guji.com.cn
　　　　　(2)E-mail:gujil@guji.com.cn
　　　　　(3)易文网网址:www.ewen.co
印　　刷　上海颛辉印刷厂有限公司
开　　本　787×1092 毫米　1/16
印　　张　18
字　　数　259 千
版 印 次　2025 年 4 月第 1 版　2025 年 4 月第 1 次印刷
书　　号　ISBN 978-7-5732-1566-6/K·3834
定　　价　98.00 元

版权所有　翻印必究　印装差错　负责调换